U0103252

# 儒家的生命情調

——論語義理論叢——

[illegible]題

戴朝福　著

臺灣學生書局印行

# 自序

近百年來，由民主、科學文明所帶給人類高度的物質享受，及政治制度的客觀化，極度凸顯了西方外在文化的成就與優越，相形之下，中國固有內在的文化價值，便爲這股澎湃的西潮所淹沒，致使國人漸對自己的文化失却信心。西方文化之長處，固値得吾人取法，然其「由內以向外膨脹」的根本精神，導致人心物化，只注重「平面」的存在，「數量」的存在，與「效用」的存在，而輕忽了人自身之「整體」的存在，「實質」的存在，與「價值」的存在，於是個人、功利、現實、唯物主義抬頭，人日益趨向於機械化的人生，一味追求、沈溺於多樣的外相，而不知生活在歷史文化之恒常、安定、樸厚之氛圍中，人顯不出其精神生命，心靈無法獲得眞正的安頓，此乃當前西方文化所帶給人類的潛在危機。

補濟之道，即當復興「由外以向內攝受」的中華文化，中華文化之精神生命具有一寬廣開潤之攝受空間的自覺（如釋家之「空」慧、「般若」慧、道家之「虛」慧、「無」慧），依此自覺，以涵攝自然與人間，乃至神靈世界，而與之相感互通，從而成就人間之禮樂，以達之德，而參贊天地之化育者，則爲儒家，儒家所以成爲中華文化之主流，乃因它「致廣大而盡精微，極高明而道中庸。」它重視人的心靈（此「心」指「用理爲性」的心，不同於西方心理學家所研究的那種「用氣爲性」的心），靈則通，通是主動的「感」而不是被動的「應」，能主動的「感」，人才能在心中生發自主自律的道德意志，而不爲物役，才能走出聲色犬馬的迷霧，把住生命的價值方向，成爲一個眞實而自由的人；能主動的「感」，亦才能肯定世間多元的價值，善採異派之長處，不專固，不傾軋，而無偏枯之弊（法家只有政府，而無個人、社會，道家只有個人，而無政府、社會，墨家只有社會，而無個人、政府，皆失之偏頗），此即儒家所特具的生命情調。

孔子是儒家的宗師，其精神生命盡在論語中顯，故吾人可謂論語的精神生命即代表了孔子的精神生命，亦代表了中華文化的精神生命，要窺探中華文化之堂奧，最便捷之路，當即先研讀論語。

論語是「人學」的聖書，所謂人學，乃使人成人，人成爲人，即是成就一切事物之本。人之最可貴處，即在人之自身，而論語即在引導吾人不要忘了自己是人，且當徹底超化只以抽象概念看人的心習，使人我各回到其個人眞實的具體存在，兼不消泯人我之特殊性與普遍性，而將人我之關係，化爲一互爲眞實存在的倫理關係，人人能自覺人我皆爲一眞人，文化才能爲「人」文化成的眞文化；亦唯人人自覺彼此爲一眞人，生命主體才顯其健康充實而有活力，無內在病痛，對生命主體之力產生自信，吾人才有一精神的立足點，如是，才眞能消受得了西方的民主、科學文明，涵容之，進而超越之轉化之，中華文化才能邁向「內聖外王」的新理想境界。

論語是孔子及其弟子日常生活的語錄，單從章節看，似格言，零碎而無系統，又像家常談話，平淺而不露精彩，實則論語詞約義豐，其義理廣遠，恒寓諸文言之外。宋儒程伊川云：「經，所以載道也，誦其言辭，解其訓詁，而不及道，乃無用之糟粕耳。」又云：「論語有讀了後全無事者，有讀了後其中得一兩句喜者，有讀了後知好之者，有讀了後不知手之舞之足之蹈之者。」讀論語，不只要求字面的清楚解釋（文字只是通往義理的工具，不是義理之自身），更必須超越文字表相之外，去把握章旨的精神，如是，才能了悟生命的價值，體會人之精神生命的莊嚴性，進而了解中華文化之宏蘊，本書對論語的探索，即是朝這個方向努力的。

全書共收論文十篇，凡二十餘萬言，係近年來先後表發於孔孟月刊、孔孟學報、中國文化月刊、哲學與文化、鵝湖月刊等雜誌之作品的結集，內容由天道而人事，由孝而詩、禮、樂、春秋（史）教，終至政治思想，依序編目成書，參比古今中外賢哲之卓見，縱橫綰結，從貌似鬆散而實樸質之章節中，找出論語精神生命的脈絡，作一有系統的論述，冀使孔子思想更顯其具體而有條理，以便於喜好論語及熱愛中華文化之同志，做更進一步的參考與研究。

論語所講的是「人學」，人的學問，重要的不在建立思想體系，而在普遍的樹立獨立自主的道德人格，孔子在論語中所講的皆為啓發式的語言，文簡而攝無量義，吾人要眞能悟會之，契接之，乃必須將它收歸到自己的生活中來印證、體驗而後可，易言之，吾人要善讀論語，不只要知其義，更要踐其行，能落實到人倫日用中去做客觀的道德實踐，這才眞正是讀論語的目的所在，我以此自勉，亦願與讀者交勉之。

孔孟學會陳理事長立夫先生為鼓勵後學，特賜本書題簽，謹此申謝。

戴朝福 謹識

民國八十二年八月

# 目次

## 柒、論語論禮及其精神方向

# 論語的宗教精神與宗教情調

## 一、前言



科學愈發達，人愈易淪於「科學唯一」「科學至上」觀，以為世間任何問題，都可由科學獲得圓滿的解決，凡是科學的，即是新的好的，凡不是科學的，都是迷信，都是無意義無價值的，此種人自信科學之力無限的態度，勢必同時相信：人可在世間，以科學的方法，建立一可媲美天國的人國，人之偉大可勝過上帝，人之苦痛可全由科學來克服，社會之罪惡，亦可全賴科學來挽救，此所謂「浮士德」的精神，將使人更自我膨脹，從而誤導吾人深信科學是獨一無二的人學。

其實，科學的研究必須運用人之理智，理智所分析綜合的對象，只是自然界的物質現象，客觀的具體事實，亦即理智所表現的必是撲著一個物，由之而外在化為一平鋪的客觀事實，好便分析綜合，此以平鋪事實為對象，皆只能增加吾人之「物」的知識，而無所謂「價值」，亦無所謂「意義」，然「人」世間除了「事實世界」之外，更有一個「價值世界」「意義世界」，科學只讓吾人知物，而不知人，此即是科學的限度①，而宗教屬「價值」、「意義」的層面，吾人如硬以科學的唯物論來說明神之不存在，此至多只能說明神之不存在於人之科學意識中，並不能證明神之不存在於人之全部意識要求之中，吾人肯定人性，當肯定一切人文意識之要求，如只以科學的意識來牽制人之全部意識的要求，即是自小其心，亦即是侮蔑了人之所以爲萬物之靈的尊嚴性與神聖性。

宗教是人文的「價值世界」、「意義世界」，人能信仰宗教，信仰神，即證明人能打破絕對的唯物宇宙觀，超越只以感官所對的存在，而肯定一有意義之超物質之神的實在，人之願意相信有神，肯定而建立一神靈世界，由是所產生的宗教信仰，即可使吾人之精神不致物化、自然化，不致只視物的世界、自然世界爲吾人託命之所，人因宗教而提升了精神，且自覺地了解人文的價值與意義，故宗教信仰實是吾人生活中所不可或缺者。

然眞正的宗教精神，並非如一般世俗所謂的宗教精神，一般世俗所謂的宗教精神，其表現在宗教生活上的，恒只爲一信仰神之愛吾人，救主之願賜恩於吾人，信仰吾人之將蒙恩而得救，信仰吾人只要眞向神祈求，神即可助吾人成功順遂而獲得幸福，由是而使吾人自感生命有所寄託，有所歸宿，有所安頓，此固可增強吾人生活之意味與勇氣的意志，使吾人在人生道路上一往直前，然終不免陷入純實用功利的窠臼，且也人之有一絕對信仰與堅強意志，其絕對信仰與堅強意志之自身可即是壞的，如以此而泛稱爲宗教精神，則宗教對吾人之爲福爲禍，亦殊難說，故吾人如以世俗所謂宗教精神來看宗教，絕不能透入宗教之核心，亦絕無法確識宗教精神之眞正價值所在。

夫眞正的宗敎精神，乃是一種人先對其自身之苦痛罪惡有一深切的自覺（如基督敎所謂的原始罪惡，佛敎所謂的無明煩惱等），不論此罪惡苦痛是否與生俱來，或是人類第一祖先之傳來，或無量刼傳來，要之，皆深藏於吾人生命或下意識之底，爲吾人一般之理性及自然生命力量所難以拔除、拯救者，故而必須要大懺悔，大悲憫，大謙卑，以沈抑下吾人浮動掉擧之心，自內部翻出一自罪惡絶對解脫的意志，此意志乃是直接求超化吾人之下意識境界之罪惡的「超越意志」，一方懺悔悲憫吾人之罪惡，一方接上宇宙之超越罪惡之意志，從而產生一超越的精神力量，此一超越的精神力量，即是一道德實體，亦即是「神」的表現，故不論吾人相信神之存在與否，只要吾人能具此超越罪惡的意志，具此道德實體，神即實際上已展現於吾人，亦即吾人已接受了神的命令，而人之苦罪無限，吾人願意承擔其苦罪之超越精神意志力量亦無限，此即證明了神性之無限。人之承認自身有罪，由是內心產生的謙卑，才能涵容他人，人我相涵，彼此之情流，才能交互感通，而有眞正的仁愛，人因而亦才能免於相殘互毀，而和平共處，以謀社會之改造，此種以永恒無限的神，對照有罪而渺小的我，指導吾人一方承認自己的罪惡，一方分擔他人的罪惡，由是而化出對自己兼對人的悲憫，使吾人在人生中以謙卑不斷滋養愛與慈悲之生長，此即宗敎之最大的精神價値②。

而儒家不只肯定人有苦罪，更肯定人有仁心仁性，此仁心仁性即是一超越而普遍的道德精神實體，故具有宗敎意義的「神性之實」，「價値之源」，依此仁心仁性，人自可由自己當下之悲憫苦罪，或厭惡苦罪之一念之自覺，而將此悲憫厭惡之情，收歸自己，以識得自己有求超越此苦罪之道德精神實體，同時亦從而推知他人，亦有此精神實體，即此超越苦罪之仁心仁性，不只自己所私有，亦同時爲他人所公有，故一切人皆本同有一能拯救其自己，進而拯救他人，拯救世界之神性，此即儒家所具的宗教精神，而論語是儒家的聖書，故吾人詳玩論語，當可使儒家的宗教精神一一朗現於當前。

## 二、苦罪之緣起與現世人生的肯定

上謂宗教精神乃是人當先對其自身之苦痛罪惡有一深切的自覺，然人對此苦痛罪惡之緣起的認定不同，而有不同的宗教精神，不同的宗教情調，耶教謂人因於亞當之偷食禁果而有原罪③，意即此原罪乃由人類共同之祖先亞當遺傳而來，且外在地賦予後生之一切人之個體中，而爲一切人所共有者，原罪既成一切人之靈魂深處之一普遍者，而將一切人一齊加以綰帶束縛，以成其爲上帝前之罪人，則人只有信仰由上帝降世之「神而人」的耶穌，才能獲得贖罪而升天，否則人將永無法自救。然依佛教，則以爲一切法皆因緣生，人之罪惡亦因緣生，人固有無始以來之罪業種子，然人亦有無始以來即具有的無漏種④，一切罪業種子，其本性只是無常，自無耶教所謂之自性自體的原罪，而常住遍在於人心者，人之罪業，只因於人依無明無知而起的妄執，只要人得智慧，自可從罪業中解脫而拔苦，故不必如耶教之必須直接求一超越現實之神助；然佛家之欲以智慧拔除生生不窮之苦痛，終必使衆生求一究竟的覺悟，使衆生皆入於無住之涅槃而後可，無住涅槃是一永恒的渡化，此渡化乃是渡者求被渡之世界衆生離暗（被渡之世界衆生只是一暗迷），而非化暗本身爲明，此即只是撤消一境域中之活動，而不能在此境域中實現其本性，亦即渡化乃是對現世之否定，以爲現世境域自身無法實現價値，此以捨離現世爲歸宿，又大異於儒家之情調。

依儒家，則不只肯定人有罪惡，且時時都可能在罪惡之中，然一切罪惡，皆因於人心一念之陷溺而來，人心的要求是無限的，此所以人之異於禽獸而爲萬物之靈的精神本質，然此「無限」，乃是人心之求超越現實現象的無限，若一念陷溺於現實，便爲現實對象所拘縶，而轉「超越」現實對象之無限爲「追求」現實對象之無限，於是而有無盡的貪欲，而有罪惡，故罪惡與過錯只是原於人之精神之一種變態，此所以論語：

子曰：「人之過也，各於其黨。觀過，斯知仁矣！」（里仁7）

人之欲，原非不善，如人有求個體生存及男女之欲，而後有人的生命之繼續存在，有人之生命之繼續存在，而後有表現各種高貴的精神活動的人，人之求名求權，原亦可只是求我與他人之精神接觸，求他人之能贊成我之活動，而財力可助益現實存在面上之有意義之活動之推行，故人之求錢財，亦未必即是不好，只要吾人之心不陷溺，則可化男女之欲爲眞正的愛情，化求名求權之念爲一自求光榮的情操，化求錢財之欲爲一成就有意義的客觀事業的心志，如是，則此中自涵蘊有各種自覺的節制品德，及求各種眞善美之價値的實現，故人之欲未必不善，吾人亦不必絕斷欲念，所求者唯當在欲念之不陷溺也，故論語：

子曰：「富與貴，是人之所欲也；不以其道得之，不處也。貧與賤，是人之所惡也；不以其道得之，不去也。君子去仁，惡乎成名？君子無終食之間違仁，造次必於是，顛沛必於是。」（里仁5）

孔子之義，即只要吾人「以其道」，則可處富貴，亦可去貧賤。人既生矣，則為具有形象之個體，個體與外物相遇，人心自然隨物感動而有欲（欲既是人心「自然」隨物感動而有，則人之欲莫非是天性之動，亦莫非是天性之欲），感之不息，則欲之起也亦無已，吾人抑之遏之亦無已，如是，則如治水之壅塞其流，終將使之決於一旦，滔天而不可挽矣，故欲不可禁，唯務轉依，轉依即移「轉」人心之傾向，而令其「依」於善，念念向上，邪念不禁而自伏除⑤，能轉依，則念欲不陷溺，即所謂「以其道」也，此義王船山論之詳闢：

「遏欲有兩層，都未到存理分上：其一，事境當前，欲立著個取舍之分，一力壓住，則雖有欲富貴、惡貧賤之心，也按捺不發。其於取舍之分，也是大綱曉得，硬地執認，此釋氏所謂『折服現行煩惱』也。其一，則一向欲惡上情染得輕，又向那高明透脫上走，使此心得以恒虛，而於富貴之樂，貧賤之苦，未交心目之時，空空洞洞著，則雖富貴有可得之機，貧賤有可去之勢，他也總不起念。繇他打點得者心體清閒，故能爾爾，則釋氏所謂『自性煩惱永斷無餘』也。

釋氏碁力、酒量，只到此處，便為絕頂。繇此無所損害於物，而其所謂『七菩提』、「八聖道」等，亦只在者上面做些水墨工夫。聖學則不然，雖以奉當然之理壓住欲惡、按捺不發者為未至，卻不恃欲惡之情輕，走那高明透脫一路。到底只奉此當然之理以為依，而但繇淺向深，繇偏向全，繇生向熟，繇有事之擇執向無事之精一上做去，則心純乎理，而擇夫富貴貧賤者，精義入神，應乎富貴貧賤者，敦仁守土。繇此大用以顯，便是天秩天敍。所以說『一日克己復禮，天下歸仁』，非但無損於物而以虛願往來也。」⑥

然則吾人當知，眞正罪惡之涵義，並不限於通常所謂的縱慾，此即吾人並不必陷溺於聲色貨利貪名貪權之欲時，才算罪惡，實則只要吾人陷溺於任何活動之中，即構成罪惡，論語：

子張問於孔子曰：「何如斯可以從政矣？」子曰：「尊五美，屏四惡，斯可以從政矣。」……
……子張曰：「何謂四惡？」子曰：「不敎而殺謂之虐，不戒視成謂之暴，慢令致期謂之賊，猶之與人也，出納之吝，謂之有司。」（堯曰2）

心之陷溺於政治活動之中即有罪惡，陷溺於其他活動之中亦同樣有罪惡，一切游思雜念，吾人明知其可不必發生，而竟不免於發生，皆因吾人黏滯於昔日之所習，一切匆遽、浮動、急迫，皆因於吾人黏滯於未來之所求，一切疏忽、蔽塞、癡迷，皆因於吾人黏滯於現在之所務，吾人不能物來順應，意念純一，不能作事井然有條，而致顚倒混亂……，凡此，在在皆因於黏滯陷溺所致。

由是吾人知任何活動，當吾人對之加以反省時，即可將它固定化、符號化爲一現實的對象，從而生一佔獲、隸屬於我之黏滯，而將吾人之精神受限、拘縶於對象，故吾人肯定現實世界，必當同時肯定吾人隨時有犯過、犯罪乃至犯大罪之可能，然只要吾人當下面對現實之對象不生佔獲、隸屬於我之念，時時自覺（仁即是一虛靈明覺），造次必於是，顚沛必於是，則一切活動便不陷溺，罪惡即可不存在，故論語：

子曰：「苟志於仁矣，無惡也。」（里仁4）

吾人當下之不陷溺之心靈，乃是一念自反，即能具有的，蓋吾人才覺有陷溺，知病便是藥，吾人之心便已不陷溺，此不陷溺之心，即是吾人從事一切現實活動之心的「本體」，只怕吾人不自反，才自反，它便存在，一念即可超拔，而通於一切眞，是以吾人雖隨時有犯罪之可能，有犯罪之事實，亦同時有去罪之可能，有湔洗一切罪惡的力量⑦，故論語：

子曰：「仁遠乎哉？我欲仁，斯仁至矣！」（述而30）

心既可因陷溺於現實而爲惡，亦可因超越現實而成善，則人便無所謂「原罪」，人之「精神實在所要求的，即是表現於現實世界，其能表現於現實世界，即所以成其爲精神實在。精神實在之本身是無限，無限必需表現於有限。因爲由有限之超越破除，而後才顯出無限。」⑧則吾人當肯定現世的價值，肯定現世創造的意義，自不必如耶敎佛敎之對現實世界採取捨離的態度。

人世間既是吾人創造意義之所，則任何人所從事之人生文化價值的活動，吾人不但當能欣賞、體驗之，更當對其努力，予以扶持、輔助，以促進其創造、實現可能的價值，改善其所偏與所過，以成其全與中，如是，此現實世界才愈發顯其光明，故論語：

子曰：「君子成人之美，不成人之惡，小人反是。」（顏淵16）

至於人之苦痛，概分爲二，一屬生理上的，一屬精神上的，生理上之苦痛，即因於人有身體結構組織之固定性、限制性，當外境耗費吾人身體中之物質能力過多，以致損傷而破壞到身體組織結構之程度（如疾病、飢餓等），即感苦痛，而吾人無限之欲念或理想要有限之身體去實現而不能實現時，便有精神內部的苦痛，要之，一切苦痛之源，即因於現實世界之有限，身體之有限，而人心之本體無如身體的限制，故無苦痛、罪惡，一切苦痛、罪惡之根據，乃在吾人之把有限的身體當作無限來用，要求有限之身體負擔起超出其能力之限度的責任，如是心之本體便離開其本位的無限，而陷落在有限的身體中，想挾帶其身體，以表現其無限，此即是一種妄執⑨，人心既是一無限，則自亦能破此妄執而去苦，去苦即無憂，論語：

子曰：「賢哉回也！一簞食，一瓢飲，在陋巷，人不堪其憂，回也不改其樂，賢哉回也！」（雍也9）

顏回之樂，即在於他能將其知苦之「知」之本身提起，寧靜的觀照其苦，進而觀照其觀照，其心力全用於如是之自照，故能全然忘卻當前之苦。

心能自照，即表心之能不執，不執，則雖道德心性隨時念念拓展，卻不繫著於固定方向，不以任何目的物之取得爲歸宿，如是無所爲而爲之隨時拓展，乃無限制，而能永保其樂，永忘其憂，此即天理在我心中流行不已也，而孔子即具此修養工夫，論語：

葉公問孔子於子路，子路不對。子曰：「女奚不曰：『其爲人也，發憤忘食，樂以忘憂，不知老之將至云爾』」（述而19）

人心既可樂以忘憂，則一切苦痛之緣由，在原則上，總是可以設法去除的，現實世界之所以爲現實世界，固在於其不斷有苦痛產生，且似永不能去除淨盡，然人心亦永能不斷的超越，不斷地去除苦痛，以展現人生之眞善樂，故吾人如能將吾人之心，同化於心之本體，把眼光放在時間之流上以觀之，則吾心對「眞善樂之永遠表現之歷程」正可一一克制、否定現實世界對「苦痛永遠繼續產生之歷程」，而此現實世界之永遠產生，永遠不能去除淨盡之苦痛，亦正所以使吾心得以永遠求超越，永遠得以有眞善樂的表現，現實世界既爲吾人得以永遠表現眞善樂之場所，爲吾人之心之本體表現其自性之場所，則吾人對現實世界便不當絲毫存有悲觀，肯定之，承擔之，安頓之，以徐待建造此世界爲一天國世界，自不必如耶敎之須在現世之外再找一天國，如佛敎之須捨離人世而求一淸淨心方可，故論語：

子曰：「知者不惑，仁者不憂，勇者不懼。」（子罕29）

司馬牛問君子。子曰：「君子不憂不懼。」曰：「不憂不懼，斯謂之君子矣乎？」子曰：「內省不疚，夫何憂何懼？」（顏淵4）

人心雖可無執而超越於一切苦罪之上，以使其自身之內在矛盾去除淨盡爲一絕對和諧貫通的人格，而成仁者聖者，然仁者聖者一方固當刻刻逆覺以顯其良知之性，一方亦同時當刻刻推愛於此黑暗未淨的世界中，以使他人亦顯其良知之性（唯人人顯其良知之性，我之良知才能獲得安頓，此「成己成物」，正是良知所以爲良知之所在），我之肯定人人有良知存在，而又望人人之良知能充量呈顯其性，由是，「此人人之良知能充量呈顯其性」便成我良知之一擔負，而我對我自己之罪過苦痛之擔負，或可由我之自力逐次加以卸除，然他人良知之不顯所生之罪過與苦痛，乃得由彼自主，由彼主動努力，才能卻掉，非單憑我之自力可以使之化除者，因而此無理由之「良知之不充量呈顯於他人」的頑梗事實，乃成爲我之永恒的苦痛與憂慮，成爲我良知永恒的擔負，故孔子不敢自稱爲聖，一生常在慨嘆之中，而覺得對現實世界没有辦法，此與耶穌、釋迦之處處只感到無窮悲惻，而自願爲人之子，入地獄之精神，同具有莊嚴的宗教情操，故論語：

子曰：「德之不修，學之不講，聞義不能徙，不善不能改，是吾憂也。」（述而3）

子曰：「若聖與仁，則吾豈敢？抑爲之不厭，誨人不倦，則可謂云爾已矣！」公西華曰：「正唯弟子不能學也。」（述而34）

子貢曰：「如有博施於民，而能濟衆，何如？可謂仁乎？」子曰：「何事於仁，必也聖乎！堯舜其猶病諸！夫仁者，己欲立而立人，己欲達而達人。能近取譬，可謂仁之方也已。」（雍也28）

儒家既肯定現實世界爲一提供吾人創造價値的世界，肯定一切人具有良知之性的存在，則孔子對人，自始即以向上的眼光去看，而非以自上而下的眼光去看，其對「良知之未能充量呈顯於他人」之悲惻，亦只是在我與他人之腰間振動，而不在他人之頭上振動，以下救人，亦不在他人之足下振動，而要我擔負他人的罪惡，一切人既與我同具有仁性良心，則我自亦不必祈禱上帝、佛之力量的降臨，唯當時時持「己欲立而立人，己欲達而達人」之一念，「爲之不厭，誨人不倦。」以喚醒他人之良知，由人之良知呈顯處，指點其良知之存在，而使人更自覺其良知的存在，而於此自覺中，逐次增加其自我良知的呈顯，「能近取譬」，以自己之行爲，感動他人之良知的呈顯，此外，更不能再有所爲⑩，故我對「一切人之良知之性的充量呈顯」，只永能希望其然，而不能期其必然，是以我之失望可能永在，我之悲惻亦可能永在，而我與一切人在精神上之互相施與，互相扶持之誠摯，亦因而永遠同在，此肯定「良知本身之不爲我所私有，而爲一切人所公有，一切苦罪，皆須由自力來拔除，而不待他力」的平等精神，正凸顯了儒敎之大異於耶敎的特殊宗敎情調。

## 三、神話、神性與神境

宗敎離不開神，故而亦不免有種種的神話構想，蓋人宗敎精神之要求，原即有一求在現實世界之中無法達到的企望（如長生之企望，極樂世界的企望，絕對正義之實現的企望及去除人所無以自拔的苦痛、罪惡等企望），而人力有限，人要信其願望之必達，自亦必同時會依其心靈想像，相信有一超越的力量可助其達，此一超越的力量或情境，要獲得人之認同與肯定，亦須有一現實的證明，然人之現實存在面上畢竟無此事物或情境呈現，以資佐證，於是乃相信有一超越現實世界之自然律或自然秩序的奇蹟神話存在，則一般常識與科學皆認爲悖理而不可能者，在宗敎中，則皆視爲可能，且實有者。宗敎有此超越現實之奇蹟與神話的寄信，才更易掀起信徒之熱情與信心，而引動其超越現實的宗敎祈望，故耶敎之信耶穌死而復活，信有伊甸園的世界，佛敎之信有三十三天，十八層地獄等等神話，都是極其自然之事。

然在儒家，旣肯定現世人生價值，肯定當下之世界即是可供安身立命之地，肯定依己身自覺即可超拔於陷溺而去苦除罪，則自不必在現實存在面之外，設一所謂的極樂世界、伊甸園世界，亦不必設想一可助吾人達到安樂，去除苦痛的超越現實力量，易言之，即不必信仰奇蹟神話，故論語：

子不語：怪、力、亂、神。（述而21）

神話奇蹟所引生之意像，皆不關乎現實世間之事實，或只關乎一與現實世間之事實脫節之超越事實者，以其「脫節」，故其固可促進吾人宗敎信仰之專誠，然亦可使吾人於想念之時，不能由之以過渡至其他想念，而使吾人之宗敎心靈局限陷溺於此所想念者之中。而儒家所重之富宗教性的三祭（祖先、聖賢、天地），則異於是，在三祭中，人所想念的祖宗、聖賢之事蹟，與天地萬物之形像，則乃是在現實世間曾存在，或仍存在，且在現實世間之自然秩序、歷史秩序中者，因而當吾人想念之，一方即可自諸具體之意像中超拔，而置定之爲一客觀存在者，一方亦同時超越於當前之現實世界而使吾人之心靈不致局限於其中，由是可知儒家之宗敎信仰，不重在神話，而重在神性，神性也者，即一具能起道德創造、宇宙生化之創造眞幾之天理實體之性，吾人之所以信仰祖先之具神性，即在於祖先原爲吾人現實生命之所自來，而其本性上莫不愛其子孫，願分擔子孫之苦罪，是則吾人心目中，父母祖先皆耶穌佛菩薩也，而聖賢之所顯，則爲一通貫天人與古今之人格精神，其所具太和元氣之聖德，誠中形外，旁皇四達，如春風化雨，所存者神，所過者化，故能以其人格精神，改造現實社會，感格家國天下乃至百世之後，其使吾人之人文敎化得以流行，使人之心靈得以向上開展，即所以具神性也，至於天地之能化生萬物，使人類生命得以孳生，其所具之神性更不待贅言。

吾人更進而言之，天地既具神性，則一切天地所化生之萬物，其性皆承自天，故亦皆有天性，有神性，祖先、聖賢爲天地所生，固具神性，當下之吾人亦爲天地所生，亦具神性，吾人如能通過仁愛情志以博觀之，則萬物莫不有神性，莫不當爲吾人所親所敬，論語：

子謂仲弓曰：「犁牛之子，騂且角，雖欲勿用，山川其舍諸？」（雍也4）

孔子以「山川其舍」喻慰仲弓賢才之終不被掩，語調雖輕鬆幽默，然不失其肯定山川之具神性的莊嚴，山川爲天地之一客觀化，其生化、滋長草木等，正見其具「宇宙生化之創造眞幾之天理實體」的性，他如稷爲農神，夔爲樂神，家有灶神……，要之，自人文界推至自然界，只要吾心有親有敬，萬物皆可有神性，此即說明了中國之宗教乃是一多神教，而異於耶教獨信上帝之一神教，論語：

王孫賈問曰：「與其媚於奧，寧媚於竈，何謂也？」子曰：「不然，獲罪於天，無所禱也。」（八佾13）

灶奧原亦具神性，然吾人之心對之一陷於「媚」（媚則扭曲了「敬」的道德創造性），而求其神力之助益，便斷絕了與天性的感通，而灶奧所具之神性亦因而潛伏不顯，故曰：「獲罪於天，無所禱也。」

上述「山川不舍犁牛之子」等語，實已暗示吾人：論語之視神乃是一具有意志的神，亦即爲一具人格意義的神，其視天，亦同樣視爲一有意志之人格神的「天」，天不只具救贖的意志，亦具正義判斷的意志，論語：

子畏於匡，曰：「文王既沒，文不在茲乎？天之將喪斯文也，後死者不得與於斯文也；天之未喪斯文也，匡人其如予何？」（子罕5）

儀封人請見，曰：「君子之至於斯也，吾未嘗不得見也。」從者見之。出曰：「二三子何患於喪乎？天下之無道也久矣！天將以夫子爲木鐸。」（八佾24）

大宰問於子貢曰：「夫子聖者與？何其多能也？」子貢曰：「固天縱之將聖，又多能也。」子聞之，曰：「大宰知我乎！吾少也賤，故多能鄙事。君子多乎哉？不多也。」（子罕6）

子曰：「天生德於予，桓魋其如予何？」（述而23）

「天將以夫子爲木鐸」、「固天縱之將聖」、「天生德於予」在在證明天並非與人隔離而獨自在一莫測的冥冥中創造、設計，乃是將其救贖的意志下降到人之身上，而經由人來實踐，聖賢之受天命，承天意，即表示天提供了人救贖的途徑，然此「救贖」無關乎耶教所謂「原罪」、「墮落」的預設，它只表示出以天爲「道」，人依此天在冥冥中所啓示的「道」來踐履，自可承負起整個「文」（此「文」即代表「天道」）的道統重任，而使人類免於滅亡，故曰：「天之未喪斯文也，匡人其如予何？」

天既託付人來行道、顯道，則人便有一分「自作主宰」的莊嚴，此「自作主宰」非隨妄的放肆，而是在「畏天命」，敬謹奉行天命之原則下的「自作主宰」，而人之所以當敬畏天，即因天具有正義判斷的意志⑫，論語：

子曰：「君子有三畏：畏天命，畏大人，畏聖人之言。小人不知天命而不畏也，狎大人，侮聖人之言。」（季氏8）

子見南子，子路不說。夫子矢之曰：「予所否者，天厭之！天厭之！」（雍也26）

子疾病，子路使門人爲臣。病間，曰：「久矣哉！由之行詐也。無臣而爲有臣，吾誰欺？欺天乎？且予與其死於臣之手也，無寧死於二三子之手乎！且予縱不得大葬，予死於道路乎？」（子罕12）

「無臣而爲有臣」、「予所否者」皆屬當今悖禮之事，當下無禮之事之所以會引天生厭，即說明了天之正義判斷的焦點，不只放在來世，更置於今世，而入於人之歷史文化中，人只要依此天之絕對正義的判斷來踐行，天命自能運行於人世間，而形成永恒的文化理念，使天國在人間實現，人亦自能在現世中安身立命，捨此，則天將依其正義的判斷來懲處，而收回其成命，故論語：

堯曰：「咨！爾舜！天之曆數在爾躬，允執其中。四海困窮，天祿永終。」舜亦以命禹。（堯曰1）

天之具救贖意志與正義判斷意志，皆爲道德理性上事，此即意謂天乃是一道德理性所先驗構成的「道德圓滿之理念」之宗教之情上的人格化，然道德理性如眞充其極，人格化與否，已無關宏旨，而儒家正是既不專將它人格化爲神，且經由道德理性之充其極，把原有人格神的天轉化爲「超越遍在」的天道、天命或仁體、仁性⑬，論語論神性的性格，實皆統此以說。

神性既「超越」又「遍在」，則吾人便不當只視其爲一存在著的「物」來看其存在，不就存在的物內在的分析其存有性，此即不從「是」字入手，靜態地、範疇地着於物而分析其如何構成，有那些特性、樣相、徵象等等，而是要從「生」字入手，動態地、超越地就生向後返，以明其所以生，至於生了之後其所具有何種的樣相等等，皆不在追求之內，因這是知識問題；神性既「超越」於每一人每一物之上，自非爲人之感性經驗所能及，但它又爲一切人物之體內的「遍在」，故吾人對其存在，乃必須依超越的、道德的無限智心來建立，依人或一切理性存有來體現，此「依智不依識」以明神性存在之論，即是儒家對神之「無執的存有論」⑭，故論語：

子貢曰：「夫子之文章，可得而聞也，夫子之言性與天道，不可得而聞也。」（公冶長13）

神性尅就「超越」言，可名曰「天道」，尅就「遍在」言，則天道之在人，即可名曰「性」（仁性），天道與性原本是一，本章用一「與」字，只爲了一方在表明無定在亦無不在的天道，一方亦同時在彰顯天道之在人而爲性，以方便立說耳，並非性與天道爲二也。

天道（神性）無定在亦無不在，則「儒家天道論，與老莊天道論之明顯不同，在老莊善游心於『物之初』『未始有物之先』，此根本態度爲超物的，亦重『無』的。而儒家之天道論，則初爲直對當前之天地萬物，而言其生生與變易。此根本態度爲即物的，亦重有的。但儒家之說，又不同於希臘哲學之依里亞派，肯定一在現象之上的，恒常純一之『大實有』或『太一』之說，亦不同於現象主義之以世界萬物，只爲一相繼之現象之說。此乃由於儒家所視爲有者，並非不變者，亦非只是已呈現之現象。儒家亦肯定一未呈現之『有』，而此『有』，又與當前之現象不離，而為生此現象，成就此現象者。此即天地萬物之生生之性，生生之德。就此性此德之不全呈現於現象而言，則說其為無形，為形而上者亦可說。」⑮「生」與「變易」既皆為神性之功能，則吾人所對之生生不息的變易世界，不論過去曾存在或現實存在，抑或未來才呈現的存在世界，要之，皆在神之雰圍中，古往今來之整個世界，即是神的世界，整個情境亦都是一大神境，故而只要吾人能自覺，便處處可與神性相遇、相感、相通、相契。論語：

子曰：「予欲無言。」子貢曰：「子如不言，則小子何述焉？」子曰：「天何言哉？四時行焉，百物生焉；天何言哉？」（陽貨19）

子在川上曰：「逝者如斯夫，不舍晝夜。」（子罕17）

天不言而四時行百物生，此即見四時之行與百物之生皆在一至寂至默的神境中，而「四時行」「百物生」與「逝者如斯」，又是一現象相繼不絕的歷程，吾人如只以現象主義之觀點以論之，則眼前現象只有呈現與消逝，而無「逝者」，只見眼前四時之象的更迭，而不覺有所將生或將能生的百物，吾人能在不全呈顯於現象的當下，肯定有「逝者」，有所生能生的百「物」，即因於天地萬物有生生與變易（生化）之性與德，離此性與德，則亦無物，故自化生之功用上以說，則性不在其所已化去之形象上，亦不在其所生之形象上，而在其能由化而生，以更易其形象之「幾」上，此「幾」即是「維天之命，於穆不已」之流行之體，此所謂「流行」，不是氣邊事，不是氣化之過程，不是現實存在物之變化過程，乃是指誠體神體寂感眞幾之神用言，故是「即活動即存在」之體⑯，「動而無動靜而無靜」之神體，而不是一往是動之流行，亦非動了又靜靜了又動，有動靜過程之流行，此「天道之神化，太虛神體之大用」的實體，是一本體宇宙論之實有，道德創生之眞幾（有此不已地起作用的創生眞幾，才有氣化之實事，在氣化上始可謂動了又靜，靜了又動，有動靜之過程），此與佛之視陰陽晝夜死生古今爲無明業識之幻妄不同，其幻妄乃是「緣起性空」下的幻妄，是「流轉、還滅」對翻下之流轉邊事，佛言「前後際斷」⑰，「前際斷」即無始，「後際斷」即無終，此似是而實不是儒家的「純亦不已」，「乃是無明煩惱之不已，緣起之不已。無明法性不離，菩提煩惱不已，去病不去法，此是圓融下不離之不已不盡，並非自體上客觀地、創生地肯定『生生不息』也。菩提並不創生煩惱，法性並不創生無明，分解地說，無明煩惱乃是無根的，說斷就斷，說滅就滅，執着就有，不執着就無。無前際無後際之不斷不滅之無盡，乃只是圓融的無礙說，此只是順應而無礙地不已無盡，是消極的無盡，不是積極的無盡。『衆生即涅槃，不復更滅』（維摩詰經），即依此義而說不已不盡。當體即空，當體即寂，即在此當體不離之義下而無礙地維繫著衆生之不已無盡，不增不減。雖無礙的不更滅，卻亦不是自體上客觀的、創生地肯定其『生生不息』也。這種不已無盡，不增不減，似亦有一種必然性。但此必然性是以圓敎爲根據，是由圓敎涅槃而虛籠著而顯的必然性，（不管是何型圓敎），不是由肯定一『本體宇宙論的實體』而然也。」⑱ 由是可知子在川上見「逝者如斯夫，不舍晝夜」，所悟的是天道「流行之體」，其「流行」之「於穆不已」，表示了一道德創生之實體，本體宇宙的實體之立體的直貫，故理爲實理，體爲實體，事爲實事，自非佛之緣起性空如幻如化之論（佛家並無儒之「天命流行之體」之義），此「實理實事」與「空理幻妄」之不同，正是儒與佛最本質最核心之宗教性格的差異。

吾人能隨處隨時體得天道流行之實理實事，體得生化之幾，則天地鬼神之性與德，皆可在無思無爲之生物成物之事上，或與人之自然的感格上見，夫然，天地鬼神之性與德，與其謂爲永恒不變，不如謂爲洋洋如在吾人之上，如在吾人之左右，悠久而無疆，吾人能體此而祭祀，則更能凸顯祭祀的意義，故論語：

> 祭如在，祭神如神在。子曰：「吾不與祭，如不祭。」（八佾12）

「祭如在，祭神如神在。」吾人於此祭祀中，可謂建立了神，創造了神，而同時亦可謂神之顯於人，建立其自己於人，即此可謂人之精神客觀化出神，亦同時可謂神之主觀化於人，天地爲我之天地，我亦爲天地之我，此之謂「天人合一」的神境，此神境，不只無損於神之客觀存在，復能對神有情，從而對吾人產生眞實的宗教精神。

此「天人合一」不只意味著彰顯於事上的「百理」皆備於我，同時意味著表現天理之每一事亦皆具備于我，亦即我具有完足之天理性體而爲一創造之眞幾，故我亦實可彰顯地或潛存地涵攝一切，客觀地表現此天心，推開、伸展此天心而爲對一切人倫之愛，一切人文之愛，如是，則自能從乾枯之神的觀念中超拔，通過吾人對人倫人文之愛而生發建立起與人相應相契的宗教情緒、宗教精神，故儒家大異於西方宗教之初爲離人倫、人文以求神；離人倫、人文以求神，則神無實證處，神境迢迢在天，求神者亦寂寞孤往，則宗教精神終難任持。神境匪遙，擧目皆是，則一切人文人倫世界，無往而不可視之爲人心與人心貫通之憑藉，而見神之實在，於是人間境界皆天上化，皆有相而無相，無相而有相，吾人處此淵淵其淵，浩浩其天之神境中，不只可感通鬼神，亦可感通生人，此又與佛家之重各個人之分別體佛心，而不重在人與人感通關係中，在人倫人文世界中見天心之宗教情調相異⑲。

性與天道不二，人心與天心不二，天上人間化，人間天上化，此儒家之大神境，一可相輔兼成於一切社會倫理文化之意識，而不掉落個人主義的坎陷中，一可在獨尊一上帝之外，推尊祖先、師、聖賢乃至現實存在的衆人萬物，由此更可使吾人培養、生發出一包容並蓄、浩浩無疆的宗教精神，此儒家之所以爲儒家也。

## 四、氣限、理分與知命以契天

「天人合一」之神境在人文世界中時時可悟會，處處可凸顯，在人處，是「純亦不已」心性之道德創造，在天處，是「天命不已」之天道創生萬物之德，此由「理」上言，由道德之「體」上言，天人不只合一，且只是一，然人之個體生命是一現實的氣化存在，就「發用」上言，宇宙天命亦是一無窮複雜的氣化流行，此氣化與個體生命之相順或不相順的分際，從而對個體生命所構成的種種限制（如感性的限制、氣質的限制、遭遇的限制）謂之「氣限」，此「氣限」乃天「命」自然流行「運」轉中所帶來的，故可名曰「命運」，人之幸或不幸在此中顯，此「氣限」是個體現實生命在實踐進程中所遇情況之渺茫不可知的「虛概念」，以其不可用經驗或知識來預測，不可以原則或理由來解說，然人人在日常生活中卻極易感受到者，故雖是一渺茫的「虛意」，一渺茫之「命定」，一渺茫之消極實在，卻不可謂它是迷信，此「氣限」是氣化邊事，是外於人而非人所能逃避、消除、改變、掌握，且求無益於得者，故人對此只能承受，別無選擇⑳，論語：

伯牛有疾，子問之。自牖執其手，曰：「亡之，命矣夫！斯人也，而有斯疾也！斯人也，而有斯疾也！」（雍也8）

凡有生必有死，這是氣限中的「共命」（共同之命定），誰都無法逃脫，道教擬透過修煉以求長生不老，然卻有限而無法達到目的，最後仍要羽化，把軀殼脫掉，佛家之求了生了死，亦只能從涅槃法身來解決，而無法從「色身」上求解決，「色身」無常，人還是不能脫免的。且在人生中個體爲何會如此的存在，爲何會有如此的際遇，爲何此際遇在我身上有，在他人身上沒有，爲何此際遇會在此時此地發生，而不在別地他時發生，此氣限中個別、特殊的「福命」（幸或不幸之「命定」），皆無理由可說；而伯牛之人品素爲孔子所稱許，善人何以竟得惡疾而無福分，除了歸之於渺茫中的「命定」、「氣限」外，實亦無理由可說，也難怪孔子再三嘆惋：「命矣夫！斯人也，而有斯疾也」了。

人之如何死生是命，如何富貴貧賤亦是命，一切既是氣限中的「命定」，則人人自當順而受之，不可違逆，即使人想違逆之，亦違逆不來，然命定是一冥冥中的虛意，上蒼對個體的「命」到底「定」在何處，皆不可知，亦無法妄測，吾人固不可以當下之得爲命定而妄臆來日亦必得，同時不可以當下之失爲命定而妄臆來日亦必失，如此一廂情願地鬆懈自己而聽天由命，所顯的未必即是「正命」（眞正的氣限中之「命定」），人既不知命定之處，則自當時時依道德原則之正以求證此命，盡其道以求，求而有得，即是我命，求而無得，亦是我命，我依正道而求，時時安頓於此得或不得之「正命」，順而受之，了無遺憾，此之謂「順受其正」㉑，求生如此，求富貴亦莫不如此，論語：

子曰：「富而可求也，雖執鞭之士，吾亦爲之；如不可求，從吾所好。」（述而12）

可求或不可求，指的即是「可依正道求而得之」或「不可依正道求而得之」之意，得或不得皆在命，命在外，非我所能掌握，故依正道而求，可能得，亦可能不得，只要盡道而求有得，雖任「執鞭之士」之類的卑賤職務，亦可爲之，蓋富貴名利對成就道德的客觀事業原本有極大的助力，此即其自身對現實條件亦極重要，吾人當予肯定其所具的「正面工具價值」，不可隨妄侮衊、輕忽而自鳴淸高，然求而不得，則不可貪欲，貪欲必不盡道而妄求，如此即使有得，亦無價值，因爲它傷害了人格，減損了人的精神價值，求「工具價值」而捨人的「眞實價值」，即無價值，故「如不可求，從吾所好。」

富貴須求之於外與未來，所好則在己之一心之當前與過去，求之於外與未來，不易掌握，求之於己心，提撕便得，得之自樂，故論語：

子曰：「飯疏食，飲水，曲肱而枕之，樂亦在其中矣；不義而富且貴，於我如浮雲。」（述而16）

「不義而富且貴，於我如浮雲。」於此，孔子轉化了「富貴不可得」之命限的意義，命限是氣化邊事，無論如何都不能消除，故貧賤依舊是一現實的存在，然可以轉化、超越，而孔子轉化「富貴不可得」之命限意義而超越之之後，所以能安貧樂道，乃依乎性體自律之當然，而安於理分之自然，理分也者，即整個依天「理」而「分」得之於大道流行之所命也，宇宙只是一大道（天命）之流行，自天言，流命是道之流命，自個體言，分得是分得於道，流命與分得皆示一源於理之「定向」，此定向在分得與流命之過渡活動中顯，即依此狀態說「命」，此命是以命令與定向定，不是指命運、命限之命，亦不是指生命強度之根命的命，命運命限是個體生命與宇宙氣化乃至歷史氣運間之距離所成之參差與遭遇，而此「理分」之命則是原於理而來的命令與定向，以決定吾人應當如何之定然而必然的方向者，此中理趣，牟宗三先生析之精詳：

「由陰陽不測與義精仁熟所見之道德創生之實體即吾人之性也。性所定之大分與盡性而至此大分，即吾人之『命』也。此是性之所命，亦即『通極于性』之正面之命本分之命也。盡性之所命（義理當然之所命）而不爲吉凶禍福所搖動，一切遭際皆順受之而不違義以躲閃，此即莊子所謂『安之若命』之命，亦即孟子所謂『夭壽不貳，修身以俟之，所以立命也』之命，此是消極意義的負面之命。正面之命是內部性體之所命，此是命令之命。依此命而言『分』。即孟子所謂『大行不加、窮居不損、分定故也』之分，此是吾人之大分，亦曰本分。負面之命是從個體生命與客觀氣化（宇宙的或歷史的）間之距離與參差而見，此是自外而來之限制，此是屬于幸福原則者，依此命而言『限』。屬分者曰『義命』，屬限者曰『福命』。如果福命之限亦有分義，則此『

分』是就吉凶禍福、死生壽夭言，是氣之凝聚與遭際之一定，是屬于氣之分。如果義命之分亦有限義，則此限是就行爲之義不義言，是性體之命所給予吾人之定向，吾人必須盡而至之，乃責無旁貸者，此是屬于理之限。理之限是積極的，由之以成吾人之德，是積極地使吾人成仁取義。氣之分是消極的，由之以節吾人之欲，是消極的使吾人不行險僥倖，不投機取巧，不妄冀非分。無論是由理之分而成限，或是由氣之限而成分，皆是所以成就一義理之當然。理之分所成之當然，是性體自律之當然，氣之限所成之當然是由『順受其正』而不妄爲而反顯。此一當然之完成亦可以說是一幾二用。能盡理之分即能安于氣之限。不能盡理之分亦不能安于氣之限。一幾是發動于性之盡，二用是在命之有分屬。一幾不眞切，二用處必糊塗。理之分與氣之限是『命之分屬』之存有，一幾處（性之盡）之眞切是所以彰著此『命之分屬』之存有（二用）而完成一義理之當然者，說卦傳所謂『順性命之理』即是順通此一幾二用之性命之理也。順通『性之理』即是明性爲道德創生之實體而期有以盡之也。順通『命之理』即是順通『命之分屬之存有』而期有以至之也。」㉒

一切依理分而行，則無可奈何之命限已不重要，所當重者唯在如何進德修業之不可以已，以安於理分，論語：

司馬牛憂曰：「人皆有兄弟，我獨亡。」子夏曰：「商聞之矣：『死生有命，富貴在天』，君子敬而無失，與人恭而有禮，四海之內，皆兄弟也。君子何患乎無兄弟也？」（顏淵5）

「人皆有兄弟，我獨無。」此與「死生有命，富貴在天」一樣，都是氣限，氣限不可消除，然可轉化其「血緣」意義上的兄弟而超越之，轉化、超越之道，即依理分而行，「敬而無失，與人恭而有禮。」以與他人相互感通、同情，連成爲一體，使人人與我互爲天理、精神上的兄弟，如是，我之心靈自可得到安頓，而正受其命。

「敬而無失」即「敬以直內」，「與人恭而有禮」即「義以外方」，此「敬」字亦工夫亦本體，蓋通過此「敬」字，自可體證而無失「純亦不已」之實體，此體是心、是神、亦是理，理由中出以方外，則事事物物皆得其理，義以方之，即貞定而成之，故理是實理，非空理，事是實事，非幻妄，內外唯是敬體、義體之所直貫，自與佛之以緣起性空爲底子之空理者不類也，此義上節已詳及，茲不贅。

吾人如能依乎理分，「敬以直內，義以方外。」澈內澈外地進德修業，即可超越氣限而展現生命的價值，故論語：

子以四教：文、行、忠、信。（述而25）

文行是外在的客觀踐德表現，而忠信則爲內在道德心性的自律自決，孔子所教吾人者，即在此依理分而如如通澈內外也。天理範圍一切，曲成一切，亦限制一切，吾人依乎理分，以天理爲客觀標準，則用之於處事，或曲成而彰顯之，或限制而去除之，一切皆物各付物，順理而行，自無個人之私意私欲夾雜其中，無私無我，依命以行仁，一切「廓然而大公，物來而順應」，所呈顯者唯一通體之仁，一安於理分，安於命限之情緒，故論語：

子罕言利。與命，與仁。（子罕1）

「罕，稀少義。蓋群道終不可不言利，而言利之風不可長，故少言之。與，贊與義。孔子所贊與者，命與仁。命，在外所不可知，在我所必當然。命原於天，仁本於心。人能知命依仁，則群道自無不利。」㉓「道之將行也與，命也，道之將廢也與，命也。」（憲問37）道之將行則利，道之將廢則不利，如是，則命對吾人而言，是利亦或是不利，殊難說，此所以孔子罕言利，然「群道自無不利」，道即使將廢，而人能直下承受，至艱難困阨之境，死生呼吸之際而終不枉尺直尋，全幅精神，皆在自成其志，自求其仁，則一切命，一切逆境，皆可化爲吾人激勵奮發精神之資具，如此，何不利之有？故孔子與命與仁。

依此，則知吾人於求道之時所遭遇之種種橫逆，皆當視爲天命對行道者之善待，而爲義之所當受，故知「依孔子之敎，人而眞欲爲君子，欲爲志士仁人，則其行義達道之事，與其所遇者，乃全幅是義，全幅是命。達則兼善天下，用之則行，而有所爲，是義是道。隱居或乘桴浮海，而舍之則藏，乃有所不爲，皆不主癰疽與侍人瘠環，不枉尺直尋之類；是所以避非義非道之行，而自求其志，獨善其身，仍是義，仍是道。人當此際，外境之於我，實無順逆之分，順是順，逆亦是順，斯人可無怨，天無可尤；而一切順逆之境，無論富貴、貧賤、死生、得失、成敗，同所以成人之志，成人之仁；斯見全幅天命，無不堪敬畏。」㉔於是吾人面對所遇違逆之氣限，便不當求助於鬼神之力來幫我拔除，亦不應將一切拔苦轉業之事，交付佛、耶、上帝，如是，無異全然推卸自身之責任，而貪享現成，徒然坐失天命成我之志、成我之仁的契機，故論語：

樊遲問知，子曰：「務民之義，敬鬼神而遠之，可謂知矣。」問仁，曰：「仁者先難而後獲，可謂仁矣。」（雍也20）敬是敬鬼神的神性，而我亦有神性，故我當由對鬼神之神性的敬轉而對自我神性的自覺，「務民之義」，從現實中去力行，以顯此性，一切依自不依他，則自當遠之，此不是對鬼神之神力的否定，只是要自覺地善盡己力，「先難後獲」，從仁中顯性，以契於天，如此修德進業，安於理分，即是對鬼神的感通，對鬼神的祈禱（祈禱原亦是感通鬼神之一方式），永言配命，自求多福，如眞天能助人，吾人即可在此自助中獲得天助，故論語：

子疾病，子路請禱。子曰：「有諸？」子路曰：「有之；誄曰：『禱爾於上下神祇』」子曰：「丘之禱久矣！」（述而35）

生老病死是人生必經的路程，禱不禱於神祇，都一樣無法擺脫此氣限，人所當爲者，只在知命以契天，安於理分，如如盡道而生，生其所應當生，亦如如盡道而死，死其所應當死，如是而已，故論語：

孔子曰：「不知命，無以爲君子也。……」（堯曰3）

季路問事鬼神。子曰：「未能事人，焉能事鬼？」曰：「敢問死。」曰：「未知生，焉知死？」（先進12）

孔子「未知生，焉知死」義即：知生之道即知死之道，此知不是生物學地知，亦不是依無明業識去知，乃是盡人道之道德價值地知，「死之事即生是也，更無別理。」此理即是天道性命之理，道德創造之眞幾，人生便是盡此理以成德，不是如佛之在緣起性空上證空寂以求解脫，盡此理以成德便是眞解脫、大自在，大貞定，「佛家以生死爲惑染，爲墜墮，儒者不作如是觀，直反己而自了吾所以生之理，此理乃吾與天地萬物所共禀之以有生，至眞至實，至善無染者也。吾人由實修而顯發之，是即人即天也，既即人即天，則已超越物表，遠離小己生死相，何惑染之有？何墜墮之有？論語子路問死，子曰未知生焉知死，聖人只令人反己自求其固有生生不息之眞，而存誠以充之，積健以體之，富有日新，德盛化神，我即天也，天即我也，豈復滯於小己之形，而有死之一字縈其慮哉？故聖人之所謂生，非佛氏生死之生，而佛氏之生死，聖人所不言也。」[25]人人能反識自性，依於理分，知命盡性以契天，則一切形色皆眞，自不見有生死之苦，故無生死之可厭，亦不必否定、捨離現前而直追另一寂靜常樂之涅槃境，如此不見有生死，不見有涅槃，欣厭俱泯，不言無住，乃眞無住。一切直在當下，從性上立定根基，講愼獨的實踐工夫，在進德修業的無限歷程中順受其正命，自也不會怨天尤人了，故論語：

子曰：「莫我知也夫！」子貢曰：「何爲其莫知子也？」子曰：「不怨天，不尤人；下學而上達，知我者，其天乎！」（憲問36）

曾子曰：「士不可以不弘毅，任重而道遠，仁以爲己任，不亦重乎？死而後已，不亦遠乎？」（泰伯7）

「下學而上達」，則人不必通過一媒介（如耶穌），即可在現實的踐德中直接契天，一切在乎「自我」去學去達，此與主體之門不開，無愼獨之實踐工夫的耶教大相異趣，耶教把一切都交付上帝來決定，這是眞正的命定主義者，而儒家只是要吾人從道德實踐中去悟會正命，順受正命，此道德實踐是一「死而後已，不亦遠乎」的無限歷程，亦是一「我欲仁，斯仁至矣」（述而30）之求之在我，求有益于德的事業，故無所謂悲觀，亦無所謂樂觀，吾人時時把重心放在誠敬于「進德修業之不可以已」之「性」上，安於理分，知命以契天，則此命是一雖不能消除卻可以轉化而使之無碍的命，無碍的命，人人順之而通，故差而無差，無差而差，命而無命，無命而命[26]，此即論語說命的性格；命在天亦在我，故盡性即契天，禱己即禱神，此又是論語之一特殊的宗教情調。

## 五、泯所歸能的學達工夫

「命在天亦在我，盡性即契天，禱己即禱神。」足見論語並未將信仰意識全幅地貫注到客觀的天道之轉爲上帝之「所」上，使其形式地站立起來，亦未使呼求之情形式地站立起來，而特重對客觀之「所」的祈禱；人性即涵神性，人道即存天道，則吾人「如何」盡此人性、人道以體現、遙契天道，乃是「下學」工夫所講求的重點，「下」學即指現實存在面之人倫道德的實踐，其終極目標則在從中體現天道以成賢成聖，而體現必通過人的自覺（下學的「學」即涵有「覺」義），故道德實踐不只是依樣「認眞」做、「努力」做即已完足，光講「認眞」「努力」，並不表示眞能清澈生命的渣滓，只有自覺地求將本有的心性、本體實現於個人自己身上，才能從根上消化、去除生命中之非理性反理性的成分，以顯仁性（神性），如是才眞能爲內聖工夫，才眞能下學而上達，故論語：

顏淵問仁。子曰：「克己復禮爲仁。一日克己復禮，天下歸仁焉。爲仁由己，而由人乎哉？」

顏淵曰：「請問其目。」子曰：「非禮勿視，非禮勿聽，非禮勿言，非禮勿動。」

顏淵曰：「回雖不敏，請事斯語矣！」（顏淵1）

「克己復禮」是一從「視、聽、言、動」之日常生活中求復性的下學工夫，「爲仁由己」，復性（仁性）的工夫乃必須一切求諸己，而不求助於上帝，此即一切當先求定住自己，而不滑落到上帝那裏去，如此，才能回鑒反照，回過頭來淸楚地正視自己內在之明，以求步步彰顯，徹底實現之㉗。人之性即具神性，神性淵淵其淵，浩浩無疆，故人之求復性盡性，永遠復不完，也盡不了，因而亦無現實的聖人，此所以儒家敎人要「學不可已矣」。「大而化之之謂聖」，能將人之心德性體全然朗現，依境而化，不黏滯、不執著，才臻於聖境，故成聖是一無盡的奮鬥歷程，以其須「大而化之」，依乎天理之流行而隨緣表現出各種不同的精神生命情調，故儒之聖格對學者而言，實亦無跡可循，此與耶敎徒須依乎耶穌之示現的學達方式大相異趣。

依耶敎三位一體㉘的敎義，耶穌是聖父合一的聖子，是永恒且已完成之上帝的「道成肉身」者，其言行與升天復活之事，只是爲救贖世人而如此顯現或示現，其自身原即爲一永恒性之已完成者，故不須展現一番奮鬥的過程，耶敎徒依效其言行，跟隨之而自超升以與之覿面，使自己有一神人交通的經驗，此固可加強促進其實踐耶穌之言敎與身敎的道德行爲，然此中若一念停滯，即可能視此示現爲世間唯一之永恒且已完成者，而將自己全幅沒入其中，如是便失自我，而使自己成爲一大空虛，或自視與所覿面之已完成者爲同一，而生一大傲慢，不論是大空虛抑或大傲慢，都將不能生化，致使自己之精神閉藏，而不見有自己踐德之自主的主體，亦不自覺有自身的存在，如是之實踐行爲，並不能保證可清澈生命，此所以耶教只教人成爲基督徒，而不能教人自成爲基督。

儒家雖公推孔子爲教主，然正流之儒家自來皆不視孔子在降世前即已是道成肉身，爲上帝之獨生子，孔子之所以爲聖，由學而成，故其之爲教主，乃依其爲學者而爲教主，非如其他宗教之教主，自始即自視爲一已完成且永恒者，論語：

子曰：「吾十有五而志於學，三十而立，四十而不惑，五十而知天命，六十而耳順，七十而從心所欲，不踰矩。」（爲政4）

由「志於學」至「從心所欲不踰矩」，在在看出孔子是在不斷之下學歷程中，步步上達，以完成其聖格，並非其聖格早已永恒地完成，而只對學者如此示現，是以吾人如要依夫孔子爲學之歷程來學聖，亦須時時自覺，從而體現自身原亦是一眞實存在之學聖歷程，而非只盲然「努力」於跟班學樣，以此與孔子爲學之歷程相應而共進，才眞爲儒者學達的態度㉙。

能時時自覺，生命的主體自不麻木，而能從內心全幅地發出悱惻的「道德感」，不斷向外層層感通，而外在之客觀情境有遠近疏親之別，故在步步向外感通過程中，爲了順應人情之常，自會存有差別性、特殊性，此所以儒家所表現的仁愛，由家庭內的父母兄弟，推擴到家庭之外的親戚朋友，以至無生命的一瓦一石，親疏有致，層次井然不亂，依乎人情而不矯飾，此與耶穌所表現之單單只具普遍性、泛博性的博愛不同，畢竟其所謂的博愛全從上帝（所）而來，完全不從自己的生命（能）處立根，亦全不理會人倫日用間之不可避免的差別分際㉚，故而其所表現的「博愛」只是一向後返的過程，而不是儒家之向外推擴的過程。

儒家之下學，由「內」擴充到外，故是一從自己生命處立根的「學」，講層層感通，故重內心的自覺（能），自覺，則一切道德表現才能皆爲「意志底自律」之所從出，一切道德的法則，亦才皆爲意志自身給自己立法，不涉及感覺經驗，亦不涉及任何外在的對象（如依從「上帝底意志」等），只是意志如如遵依其自立的法則，無條件以行；反之，意志如依於他律，涉及任何對象，由對象之特性以決定意志，則所成之道德原則便歧出不眞，意志之決定做某事亦便有條件，而成爲不眞不純的「曲」意志，即此被外來的東西所決定所支配的意志，是被動的意志，不是自主自律而直得起來的意志，因而亦不是道德絕對善的意志，由此吾人自無法建立起有普遍性、必然性的道德法則，誠如康德之見解：道德是要從外在的牽連中收回來，四無傍依地單看吾人自己之「存心」始能顯出來，意志如潛伏於客觀而外在的本質底秩序中，或蜷伏模糊于那「可怕的威權與報復」中或「榮耀與統治」中，其外在的行爲表現，都與道德無關，甚或違反於道德㉛，只有發自內心的自覺，意志自主自律，吾人的性體心體的主宰性才能充分顯朗，而有「存心純正，不爲別的，但爲義故」之大犧牲的道德情操，論語：

子曰：「志士仁人，無求生以害仁，有殺身以成仁。」（衛靈公9）

志士，乃尅就能使自己之意志自主自律者而言，意志能自主自律，便能「承體起用」（自由自主自律的意志之自身即是體，由它直接所指導，不摻雜以任何感性的成分，而生的德業或事業便是用），故志士必會依其自由意志（不爲外力牽連）來決定「應當」做，而直貫到「實踐」上；志者，心之所之也，心、志原本不二，自主自律的意志，即是超越的本心，故義理之能悅我心，即是意志之同時自給法則而悅這個法則，它自己決定自己即是它甘願這樣決定，它願它悅，它自身即是興趣，即是興發的力量，即能生效起作用，並不須要外來的興趣來激發它㉜，此所以當局勢須做大犧牲時，志士義無反顧，而甘於慷慨殉道。至於仁人，乃尅就心性的明覺上說，人心原是虛靈不昧，慧照及於萬物，不容自限自陷而物化，故能情通萬物，及於家，及於國，及於天下，乃至及於自然世界，及於上下千古的歷史文化世界，個人精神依此即能涵攝社會而有成物之情，成物之志，對任何事物之責任，皆視爲其性分之內事，而不敢冀有所息肩，是以必要時亦可自動依其不忍之心而成仁取義，爲天地立心；成物即所以兼以成己，故仁者對其「成仁取義」之舉，自不視爲個人之犧牲也。成物即兼以成己，愛生必求有以繼之，可知志士仁人從容就義之際，必然清明在躬，咸知其死，乃所以續文化之慧命，留民族之正氣，樹百世之風聲，而念念在天下後世，望後人有以繼之也，足見志士仁人之捐軀，着眼在現世間，其英靈浩氣，與世長存㉝。

既着眼在現世間，則儒家的殉道，乃是一關注人間一切具體生活（如家庭、社會、國家等等一切具有具體分際的具體生活）的殉道，故是一倫理道德性的高度情操與表現，此與耶教之「爲求天國的靈性生活，要人戰勝一切拖累，取消一切具體生活中具體分際，不要顧念自己的家庭、親友，而要潔淨純粹，讓自己心靈全幅皈依到上帝處，獨與上帝交往」㉞所表現的宗教性之犧牲生命情調，自不可同日而語。

綜上諸端，可知論語之學達工夫，即是「踐仁盡性以契天」的工夫，踐仁重在主體性的自覺，亦即重在人之性體心體自身的自覺，而盡性復性不是盡復才性氣性之類的性，乃是盡復人之「最內部那天賦然而隱而不見的神性和無限性」；心體性體同時是道德的，又是本體宇宙的，它一方是我們的性，一方又普遍而爲「天地之性」，是宇宙萬物的本體、實體，生化萬物的寂感眞幾，就其超越性而言，它是「所」（客體性），就其內在於吾人而言，它是「能」（主體性），儒家把天道拉進人心，使之「內在化」，故其所講求的學達工夫，即是要吾人以此內在的「能」（主體性）去遙契超越的「所」（客體性）㉟，「爲仁由己」，人人都通過此「能」去踐履，步步體證既內在又超越的「所」，從而使內在於吾人之「隱而不見的神性和無限性」逐步朗現（性體心體只有隱顯，而無生滅），此即內在的遙契，亦即「下學而上達」的眞義；天人合一，「所」、「能」不二，然重心在於展現人之內在的「主體性」，故吾人可謂論語所強調的踐履，即是一「泯所歸能」的學達工夫，論語：

子曰：「人能弘道，非道弘人。」(衞靈公29)

道即天道，從客體性上說，天道處於「自存狀態」，現成地擺於天壤間，正因它只「自存」，所以不能弘人，只倚待人之下學工夫去充顯、恢弘它，否則，它仍只停滯於「潛存」的狀態中。「人不天不因，天不人不成。」㊱依儒家，萬物自性即是道，道既超越又內在，則人只要踐仁盡性，展現出大人格、大生命，就可彰顯、充弘道（上帝），易言之，不通過人之大人格、大生命去彰顯、充弘，道（上帝）仍只是一個抽象的概念，甚或只是一個混沌，其具體而眞實的內容是無法契接於人心的，故曰：「人能弘道」，此義熊十力先生析之甚諦：

「言人能弘大其道，而道不能弘大吾人，所以者何？人雖稟道而生，但人既生，便形成小己，而自有權能，人可以自逞迷妄，而障蔽其固有之道，道雖不離乎此等人，而道究不能令此等人進於弘大、克荷其道也。人能體現大道，克治迷妄，自明自誠自強之功進一步，即道弘大一步，其功之進也無止境，道之弘大亦無止境，道實待人而弘。君子進德修業，以至裁成天地，輔相萬物，而道之弘大無限量矣。弘道是一切人都應盡的本分事，不是就少數聖人說也。」[37]

「弘道是一切人都應盡的本分事」，此即肯定一切人都具有弘道的「能」與弘道的「責任」，然在耶教，不從人的生命主體處（能）立論，卻全幅地把道之主體性（能）與客體性（所）歸併於上帝，要人消解、淨化自己，一切皈依上帝，向耶穌（上帝的化身）跟班學步，此徹底消泯人之「能」，一切都在凸顯上帝，表現上帝，證明上帝之無上價值與存在，深蘊了「證所不證能，泯能而歸所」的宗教色彩[38]，耶教以上帝（神）爲中心，教義早已規定好，問題只在於人之能否虔誠祈禱，至此全然「泯能歸所」，因此人全無力量，不能「弘道」，有的只是「道可弘人」，此與論語所強調的「人能弘道」精神，正是中西文化思想特質的最大分岔處。

## 六、結論

總上所論，「儒家意味之下的宗敎並不從理性預設的前提發展出來，而是在道德生活的實際自我實現歷程與成就中，非常理性地呈現出來。在這個意味下的宗敎與西方所謂之宗敎不同，它並不與理性、自然的客觀性對立，而是主體與客體之一體：它是主體與客體間被體驗之一體的極致。自然界的實在與道德實在皆是這個意味之下的宗敎自我實現的方式（方法）與最終的目的。」㊴此即儒家之對天，不只重視天的超越性，亦重天的內在性，不只肯定天之先人性與天之後人性，同時肯定人之先天性與人之後天性，故而亦尊重人格世界、人文世界的價值與地位，此所以儒家在敬祀天地（祭天，即涵攝了肯定一切拜上帝梵天的回敎、印度敎與猶太敎，及基督敎天主敎之拜上帝，道敎拜玉皇之一面的價值）之外，兼敬祀祖先（親）、聖賢（君、師）人物，試觀夫天地君親師等五者之中，天德開爲二，以成天地乾坤之德，人居其中而爲三，人由其與自然生命世界、人群世界及人格世界、人文世界之種種關係而有君親師三種人物的宗敎，此代表吾人對數種世界的崇敬，證明了儒家崇敬範圍之廣泛，亦證明了論語之宗敎精神乃是一涵具更圓滿的宗敎精神。

天人既皆爲儒家所重視，則吾人所當努力的，即是繼天體仁而立天道於人道，立太極（絕對精神）於人極（主觀精神），人道不只要有內聖的工夫，亦必須同時落實爲外在之道德客觀事業的實踐（此外王事業的客觀精神，吾人可名曰皇極），故太極、人極、皇極三者皆立，百備而盛，乃包含於論語的宗敎精神中，自內聖工夫言，是自覺，自外王事業言，是實現，能將天道（太極）先全自覺爲內在，依此自覺主宰吾人之自然生命力，以實現之於現實生活中，以成就文化，並轉而以所成就的文化直接滋養吾人之精神生命、自然生命，是謂之「自覺地求實現」，此與西方之「跟隨地求表現」的宗教精神不同，「跟隨地求表現」乃是心靈先冒出一企慕追求外在超越的理想，爲求有所貢獻於理想，而將自己之自然生命力，耗竭於此理想之前，以成就一精神光榮，而不直接以文化滋養吾人的精神生命、自然生命㊵，此所以中國文化能悠久，西方文化無論希臘、羅馬，只顯一時光彩，卻一逝不回，唯存於「上帝之永恒的觀照」下之故。

儒家講自覺，佛家亦講自覺，然儒家之自覺根於天命「於穆不已」的眞體，亦即根於道德創造之本心、仁心，佛家則原於證寂證空的「如來藏自性清淨心」，二者所依之實體，差別唯在一是「道德創造的」，一是「非道德創造的」，而依於天之實理實體的「道德創造心」乃是統攝、通往一切無限心之源；任何宗教皆在顯示一無限心，無限心在意義上本皆相容互通而不相碍，然一落入各別限定的教義，便使此無限心成爲有限，致而終相衝突排拒㊶，如基督教信耶穌與上帝爲一體，回教、印度等教皆不信，天主教信耶穌之母無原罪，基督教不信等等即是，蓋各別教義原不必與道德實踐直接相關，各教徒之信其所信，既無直接與道德實踐有關，則此派教徒之有類似之宗教道德實踐者，別教之人即無在其道德良心上必信的理由，於是宗教之各別限定便只特顯無限心之某一義（一般宗教教義之極致，即是要人信仰其所規定之一客觀的「所」），而不能盡其全蘊，只有本乎儒家對道德創造性之本心的自信與自覺（能），人才不致只依其心靈之無限性與超越性，而一往伸展之，以形成種種宗教信仰，而知大回頭，澈見此信仰中之一切莊嚴神聖的價值（佛家證寂證空之無實體的「自覺」不能承擔此任）皆根於吾人之本心本性之自身，如是，方可本此自信的精神，無執地順承人之一切宗教精神，而一一加以肯定。要之，世間一般宗教之所以有衝突，乃由於其重「所」（超越的客體）信，不重「能」（道德的主體）信，重「所」信，必有所執，則信仰之本身的眞實性，因其無公認的客觀事實（以其爲超越事實故）可證，終必導致信者與不信者之間，不能有任何討論與思想的交通，各執其偏，而生種種爭執，偏執之至，必將彼此相互殘殺，而成一生死的爭執，此與各宗教原本所涵具之相容的無限心的意義大相違逆，唯依夫儒家之重「能」信，不重「所」信，才能使信者與不信者間對超越的客體轉移爲二者所同具有的道德主體之自身，使之只見彼此道德人格的可敬可愛處，而獲得精神上的交通與共契，不見其間生死之爭執，更不見生有欲相殘互殺的動機㊷，是以儒教實具有化除一切宗教衝突，進而協調一切宗教的功能，故是一肯定、敬重各宗教，涵蓋、統攝各宗教之最廣大、最博厚之圓盈的教。

## 註釋

①參見牟宗三先生著「道德的理想主義」（台北・學生書局・民國七十一年修訂五版）中「關於文化與中國文化」一文。

②參見唐君毅先生著「人文精神之重建」（台北・學生書局・民國七十三年六版）中「宗教精神與現代人類」一文。

③原罪之說，見舊約創世紀第三章及新約羅馬書第五章。

④漏，漏泄之義，爲煩惱之異名，貪瞋等之煩惱，日夜由眼耳等之六根門漏泄，流注而不止，謂之漏。又漏者，漏落之義，煩惱能使人漏落三惡道，謂之漏，故謂有煩惱之法曰有漏，離煩惱之法曰無漏。語見孫繼之氏編著之「佛學小辭典」（高雄・高雄佛教堂・民國五十八年影印），頁二六九。

又：種即功用之別名，無漏種，義即於見道、修道所起之無漏智的種子，參看法相唯識宗教義。

⑤參見熊十力先生著「十力語要」（台北・洪氏出版社・民國七十二年再版），卷四，頁五六四。

⑥引自王船山著「讀四書大全說」（台北・河洛出版社・民國六十三年台北影印初版），卷四，頁二三七～二三八。

⑦參見唐君毅先生著「道德自我之建立」（台北・學生書局・民國七十二年六版）中「精神之表現」一文之四。

⑧同上，頁一三九。

⑨同上，見「世界之肯定」一文之四。

⑩參見唐君毅先生著「中國人文精神之發展」（台北・學生書局・民國七十三年六版）中「論精神上的大赦（下）」一文之十。

⑪同上，見「宗教信仰與現代中國文化（下）」一文，並見所著「文化意識與道德理性（下冊）」（台北・學生書局・民國六十九年四版）中第七章「人類宗教意識之本性與其諸形態」一文之六。

⑫參見「中國文化論文集（四）」（台中・東海大學出版社・民國七十一年初版）中傅佩榮先生所著「孔子的宗教向度」一文。

⑬參見牟宗三先生著「心體與性體（第一冊）」（台北・正中書局・民國七十二年台五版）第一部第三章第一節「論道德理性三義」。

⑭參見牟宗三先生著「圓善論」（台北・學生書局・民國七十四年初版）之附錄「『存有論』一詞之附注」一文及所著「現象與物自身」（台北・學生書局・民國七十一年三版）第七章之十二「儒家的『無執的存有論』」。

⑮引自唐君毅先生著「哲學概論（下冊）」（台北・學生書局・民國七十一年全集校訂版）第五章第一節，頁七一八～七一九。

⑯同⑬，下冊，第三部分論二，第一章之引言部分。

⑰前後際斷是佛家術語，謂有爲法之前際後際斷絕而不常住也，但觀之似不斷絕者，以前後相續故也，如旋火輪然。維摩經弟子品曰：「法無有人，前後際斷故。」淨影疏曰：「有爲之法，前後相起，前爲前際，後爲後際。」語見「佛學大辭典－卷中」（台北・新文豐出版公司，民國七十四年初版。）

⑱同⑯，頁一一五～一一六。

⑲參見唐君毅先生著「中國文化之精神價值」（台北・正中書局・民國七十三年初版五刷），第十七章「中國未來之文化創造（下）」一文。

⑳同⑭，參見第二章「心、性與天與命」。

㉑語見孟子盡心上。

㉒同⑯，頁九六～九七。

㉓引自錢穆先生著「論語新解」（台北・東大圖書公司・民國七十七年初版），頁三〇一。

㉔引自唐君毅先生著「中國哲學原論—導論篇」（台北・學生書局・民國七十三年六版），頁五一八。

㉕熊十力先生語，見所著「讀經示要」（台北・洪氏出版社・民國七十二年五版），卷二，頁九三。

㉖同⑳。

㉗參見牟宗三先生著「中國哲學的特質」（台北・學生書局・民國七十一年六版）第十講「復性的工夫」。

㉘依黑格爾的思想，基督教的上帝本身、耶穌、以及聖靈，代表三格，三個階段：第一階段稱爲「聖父階段」，聖父即上帝（神）自身，是最高的「自存」，黑格爾名之曰「神之在其自己」，表示客觀原則。第二階段稱爲「聖子階段」，聖子即上帝的獨生子耶穌，是上帝表現自己所

必經的大生命，黑格爾名之曰「神之對其自己」，代表了主觀原則。第三階段稱爲「聖靈階段」，對上帝（父）而言，耶穌只在主觀上是「子」的身份，但客觀上祂仍是上帝的化身，故就客觀說，上帝兼有父子雙重身分，爲表示上帝自己的內容意義爲一「純靈」，爲一普遍性的博愛，上帝的「父」「子」兩格必須合一，構成一「絕對統一性」的形式，把聖父階段與聖子階段推到一個「眞實的統一」，以印證上帝自身之爲純靈博愛，由此而產生三位一體的第三格－靈格，黑格爾名之曰「神之在而且對其自己」，表示主觀性原則與客觀性原則的眞實統一。同上，參見第七講「主觀性原則與客觀性原則」，頁四七～四九；並見黑格爾所著（賀自昭・王玖興譯）「精神現象學」（台北，里仁書局・民國七十三年初版）下卷，第七章之三「天啓宗敎」，第三小節，頁六一八～六三五。

㉙參見唐君毅先生著「中華人文與當今世界（下冊）」第三部之十八「儒家之學與敎之樹立及宗敎紛爭之根絕」一文。

㉚同㉗，第七講。

㉛同⑬。

㉜同上。

㉝同㉙，參見附錄「中西文化之一象徵」一文。

㉞同㉚。

㉟同上，參見第六講「由仁、智、聖遙契性天之雙重意義」一文。

㊱語見揚雄法言重黎第十。

㊲引自熊十力先生著「原儒」（台北・史地教育出版社・民國六十三年初版），下卷，原內聖第四，頁一二四。

㊳同㉚。

㊴引自成中英先生著「知識與價值——和諧、眞理正義之探索」（台北・聯經出版社・民國七十五年初版）中「儒家與宋明儒哲學中的宗教精神與宗教理解」一文，頁二二一。

㊵同⑲，參見第十四章「中國之宗教精神與形上信仰——悠久世界」及第十六章「中國文化之創造（中）」二文。

㊶牟宗三先生云：「無限心既意義相通而不相碍，則繫屬於道心玄智，便是萬物皆自爾獨化；繫屬於般若心智，便是法法皆如；繫屬於知體明覺，便是實事實物：凡此皆亦是相容而不相碍。然則有這些差別者皆是敎之限定。而每一敎既皆顯示一無限心，則就無限心言，便不能有限定。世人將無限心與敎之限定同一化，遂起競爭而互相排拒。是無異於既顯無限心而又使之成爲有限也。是以聖心無諍，知夫敎之限定皆所以特顯無限心之某一義，而不能盡其全蘊；然若知限而不爲其所限，則面對無限心，一義即通全蘊，而不排拒其他，全蘊即是一義，而無剩欠，是即莊子所謂不『隱於小成』之大成也。

然無限心何以必通過敎之限定而彰顯耶？答曰：此蓋依於人之特殊而然。人是有限而可無限的。現實地說，人是有限的；理想地說，人可是無限的。其現實地爲有限者，是因爲他有感性；其理想地可為無限者，是因為他能超越乎其感性而不為其感性所囿。他超越乎其感性而不為其感性所囿，他即呈現一無限心。因此，他即以無限心為體。他之可為無限，是因為他以無限心為體。他若能充分朗現此無限心，他即是一無限的存在。他之為無限是即於有限而為無限的，即是說，他不必毀棄感性而始可為無限。他不毀棄感性而轉化了感性，使它完全從心。此時，感性是透明了的感性，感性即不作感性看，而是知體之著見。」所言甚諦，語見所著「現象與物自身」第七章「執相與無執相底對照」之十三，頁四五〇～四五一。

㊷同㉙。

——孔孟學報第六十三期・民國八十一年三月

# 從論語看儒家的天道與憂患意識

## 一、人生之苦痛與人之內在的眞實存在

吾人自外看，則人恒只是一現實物質界的存在，人之軀體，在時空中與外物相對，亦終將隨外物遷化、流轉而歸於死亡消失，生前，吾不知由何處來，死後，吾亦不知從何處去，人只是此生前死後之無限蒼茫中的一點「有」，而人偏偏在此一點「有」中，爲了求生存、求名利、求愛情……爲了執取周遭環境之一切事物以爲己有，以滿足其內在之無窮欲願，而在環境中掙扎、奮鬥，承荷一切環境與其欲願間所發生之一切衝激、震盪，忍受一切由其內在欲願與外在環境而來的壓迫、威脅、苦痛與艱難。

人之欲願無窮，則人之煩惱苦痛亦必隨之無窮，蓋禍福原本相倚，福無可恃，安無可居，或得或失，一切終歸無常，佛家有鑑於此，於是產生苦業意識，要人消除一切我慢我瞋，進駐於涅槃寂靜的境界，出世解脫，以免恒在業識中動盪流轉，而耶教則以爲一切之苦痛，皆因於人與生俱來之原罪，人只有澈底自我否定，皈依超越存在的上帝，才能獲得救贖而進入天堂，此耶教之

怖慄意識與佛敎之苦業意識，實同導源於吾人之從外在看人生，從負面看人生，從外在、負面看人生，固可徹知人生之艱難，了悟自身去除苦罪能力之有限，從而生發一懺悔心、悲憫心，接受一超越的精神力量，以從事道德文化之實踐，然耶敎之否定自我道德之主體及佛敎之逃避現世人生的態度，畢竟消極，未能徹識人生之眞實；吾人如能從正面、內在看人生，一方「把我放在世界中去看」，如此，則我必能自動將我能認識之精神，升向廣大高明，認識自己之存在於我所認識之他人與自然之世界之內，從而生發我自己與我之所對之他人與自然物之有限性（如體力、才力之有限性）與特殊性（如特定之身體構造，居一特定之社會、國家、人倫關係、及特定之歷史時代等）之自覺，依此自覺，即同時顯其自身爲通於我所知之一切特殊者有限者之一普遍者無限者，從而兼照顧關切自己及所對之他人，以求其活動之相孚相應，以存在，以活動，以各得成就者。一方「把世界放在我以內來看」，如此，則自能放開自己，去迎接世界，或離開我之原來的自己，去承擔世界，以使與我及我所佔有之物成對峙者轉而爲不對峙，同時把我與環境中人物之對峙及由此相峙而產生之一切矛盾衝突與問題，都視爲我自身之內的問題，承擔而求解決之，此「承擔而求解決」之意圖，即是一不逃避的積極入世態度，亦是一具有責任感的憂患意識，而人之能感受、體驗一切世間之苦痛，從而承擔之，以求超拔此苦痛之心靈自覺，便是一內在之道德主體的眞實存在，亦是一宇宙性的客觀存在，而人之有此超拔苦痛之「求」，正根於其自體本身原是超拔於一切苦痛之事之上，而常自感悅樂，常自感平安之故，是以吾人如只視世間爲苦海，只視人生爲罪惡，可謂仍未能識眞實存在之世界之全，而人亦尙無其人生之眞實化①，此人之內在眞實，乃是一切向外之認識與信仰所發之根源，人若能時時自反自覺，使此眞實之昭明靈覺新新不已，自不感空虛而向外求，而可直下承擔當前之所遇，此即是儒家之異於耶、佛的特殊生命情調。

## 二、自覺主動的「成天」使命感與悲憫之積極入世情操

人之自覺內在之眞實存在，其存在之所以爲一宇宙之客觀存在，乃因此存在直接承受於天者，蓋天遍在自然界，而以化生萬物爲事，天包擧自然界，因而亦包擧生於自然界中之人，包擧乃既包而覆之，亦擧而升之，此即天一方不失其超越性，在人之上，一方亦內在於人之中，易言之，天道亦貫注於人身，又內在於人而爲人性，此所以謂人直接承之於天者，故論語：

子曰：「人之生也直，罔之生也，幸而免。」（雍也17）

人性旣直承自天，則天道即人道，人道亦天道，然天道無作意，無選擇，乃是「鼓萬物而不與聖人同憂」②者，其鼓萬物，只是直行乎其所不容已，此所以張橫渠謂：

「天地則何意於仁？鼓萬物而已……天不能皆生善人，正以天無意也。……神則不屈，無復回易，『鼓萬物而不與聖人同憂』，此直謂天也。天則无心，神可以不詘，聖人則豈忘思慮憂患？雖聖亦人耳，焉得遂欲如天之神，庸不害於其事？聖人苟不用思慮憂患以經世，則何用聖人？天治自足矣。聖人所以有憂者，聖人之仁也；不可以憂言者，天也。蓋聖人成能，所以異於天地

。」③

天德高明，地德博厚，唯人（人乃從萬物中發展至最高者，亦是天道之最高度之眞實動力的表現者）能通此高明與博厚，以成就人格、人文世界，裁成自然界，以立人道，故論語：

子曰「人能弘道，非道弘人。」（衞靈公29）

宇宙間既唯人德能承繼天德，唯人道能成終天道，則人當有一自覺主動的「成天」使命感，一方當主動表現於人格之成就，一方當人文之化成於自然界，以使天道因人道而凸顯。然而天道既鼓萬物而無選擇，無作意，使萬物之發展至爲不齊，如論語所謂之「苗而不秀者，有矣夫！秀而不實者，有矣夫！」（子罕22），則人在一息不可離之實際生活中，亦可因受大自然之威逼，受萬物之迫害而困厄無窮，人生之道路上，亦因而有種種的阻遏與矛盾，尤其人之自身雖稟道而生，但人既生，便形成小己，而自有權能，人可以自逞迷妄，而障蔽其固有之道④，故個人之是否能聞道、謀道，是否能弘道、守死善道，乃至家國天下之是否能有道，都是吾人所當重視，所當憂慮的，故論語：

子曰：「朝聞道，夕死可矣！」（里仁8）

子曰：「君子謀道不謀食。耕也，餒在其中矣；學也，祿在其中矣，君子憂道不憂貧。」（衞靈公32）

人之所憂者在道，而道之精神實在所要求的，即是表現於現實世界，其能表現於現實世界，即所以成其爲精神實在，精神實在之本身是無限的，無限必需表現於有限，因爲由有限中超越破除，而後才顯出無限，此即一切形色事物都是道之實現精神的工具，一切工具本身皆爲道之精神所滲透而成透明者，故萬物自性皆是道，道不離一一物而獨在，誠如禪宗所謂的「一華一世界，一葉一如來。」則人之求道，直在當下，直在一息不可離之現實世界中求道之發揚，自不必遺世而別求；且也人既爲萬物之靈長，則所求之道，亦從生人之自身上求，乃是最爲便捷之路；而人要求道，首在消除罪過，然人在世上，一切罪過，都本於人心爲外物所役而引生種種黏滯佔有之念，人既隨時必與事物接觸，則人之活動亦隨時都可能發生陷溺之念，故在不自覺中亦隨時都有犯罪之可能，是以人不可以自我矜許爲萬物靈長而以爲自己道德上無缺憾，當勉於謙抑，時時自覺自反，引以爲憂，故論語：

子曰：「德之不修，學之不講，聞義不能徙，不善不能改，是吾憂也。」（述而3）

人之一切活動既隨時都可能陷溺而犯錯，則人之所貴，不在無錯，乃在於眞實無妄地面對過錯，直下承擔，記取過去之慘痛教訓，使之不成爲生命自我的負擔，而將之凝聚、轉化爲具有幫助自我今後成長之正面意義的智慧，如是，我便可當下補過改過，心胸坦然無愧，「內省不疚，夫何憂何懼？」（顏淵4），我之活動又可依理而行，依天機而動，此之謂天理流行，此之謂以人道顯天道，故論語：

子曰：「主忠信；毋友不如己者；過，則勿憚改。」（子罕25）

子曰：「過而不改，是謂過矣！」（衞靈公30）

一切過錯之去除既賴自力，則人縱要祀天，實亦可只祀在己之天，天道既在我身，自可不必假外求一超越的鬼神，蓋人求超越而外在之神相助，以消己過，雖或未始無功，然一有求神助之一念，便易使自己之精神懈怠，而此時之求神相助之心，又或恒是一方跨過自己過錯，一方意想一無過錯之我，而欲由神助，以獲得一如是之我，此便非「與過錯直接相遇，而加以改易」之道，如此，不免有一功利心之潛存⑤，而吾人踐形盡性爲善，其本身即目的，則當下即可完滿具足，自不必外有所求，故人絕不能重視鬼神過於生人，唯生人，乃吾人精神可直接相與感通者，此所以論語：

季路問事鬼神。子曰：「未能事人，焉能事鬼？」曰：「敢問死。」曰：「未知生，焉知死？」（先進12）

由是吾人更肯定了現實世界乃是吾人精神實在之表現場所，吾人之內心無不表現於外，誠之不可掩，作僞之不可能，只要吾人之內在有一眞實的精神力量，都當可通過身體之動作、容貌、態度、氣象，而直接與人相互感通，此眞精神力量乃人自成其人之能者，則吾人之所憂所患，唯在當如何啓導自己，乃至啓導廣博無量之人類，以期各成人能，論語：

長沮、桀溺耦而耕，孔子過之，使子路問津焉。長沮曰：「夫執輿者爲誰？」子路曰：「爲孔丘。」曰：「是魯孔丘與？」曰：「是也。」曰：「是知津矣！」問於桀溺。桀溺曰：「子爲誰？」曰：「爲仲由。」曰：「是魯孔丘之徒與？」對曰：「然」曰：「滔滔者天下皆是也，而誰以易之？且而與其從辟人之士也，豈若從辟世之士哉？」耰而不輟。子路行以告。夫子憮然曰：「鳥獸不可與同群，吾非斯人之徒與而誰與？天下有道，丘不與易也。」（微子6）

長沮、桀溺「豈若從辟世之士」的處世，皆表現出一冷處以心死，而遊離其精神於清涼之境的心態，其精神與現實隔離，則精神只有進入夢境，所謂文化、價值與理想，自非其所能憂及；而孔子「吾非斯人之徒與而誰與」之大悲胸懷，其攝盡未來際無量衆生而不捨，正顯一強烈的憂患意識，由此生發滿腔的文化理想，而使其自身通體爲一文化的生命⑥。

此悲憫之積極入世的憂患意識，乃一「推己及人，愛人如己」的意識，一方積極地求自我實現人生、文化價值，一方努力去扶持、輔助，促進他人去創造，實現可能之價值，改善其所偏與所過，以成其全與中；此一實現價值是一成德的歷程，亦是一體現天道的歷程，而人之成德體道過程只有在連屬家、國、天下而爲一身，與天地萬物爲一體上，始能充其極而立住其自己，一立一切立，一得救一切得救，只有在「一切立」「一切得救」上，一己才能立，才能得救，故論語：

堯曰：「咨！爾舜！天之曆數在爾躬，允執其中。四海困窮，天祿永終。」舜亦以命禹。曰：「予小子履敢用玄牡，敢昭告于皇皇后帝：有罪不敢赦，帝臣不蔽。簡在帝心。朕躬有罪，無以萬方；萬方有罪，罪在朕躬。」「周有大賚，善人是富。雖有周親，不如仁人。百姓有過，在予一人。」謹權量，審法度，修廢官，四方之政行焉；興滅國，繼絕世，擧逸民，天下之民歸心焉。所重：民、食、喪、祭。寬則得衆，信則民任焉，敏則有功，公則說。（堯曰1）

「曆數，是歲月日星辰運行之法……先王以憲殺生之萌，而詔作事之節也，使萬國不失其業者也，此曆數之義也。」「執中者，執，持義，中謂心也。心備萬理，其通感流行，皆自然有則而不過，故謂之中，如星辰之行，皆有紀律而不過，故準諸天之曆數，以察於身，則見夫吾身之動作，實內自有主，其發用皆有則而不可亂者，此即所謂心是也。」「須知事物非離吾心而外在，即事物之則，本不離吾心而獨存，吾心元是有則而無過差，遍涵而無偏倚，故謂之中，唯其然也，心之了別與處理乎事物，能令一一當理而不悖，合矩而不亂，則以吾心即中而已矣。」「四海困窮，天祿永終者，中心無私，其視天下猶一人也，故能念四海之困窮；窮於德，思所以敎，窮於養，思所以養，此念即中也，天祿永終者，言享天祿能終竟之也，執中即量周四海，爲群生所托命，故終天祿。」⑦堯語舜以執中，舜亦以執中之道命禹，此即求「以心體天道」來相勵互勉；天道無私，道心亦無私，故能視天下猶一人，念四海之困窮，而思所以養之敎之，其所懷積極入世之情操，正所以成其爲堯舜者。而湯之「朕躬有罪，無以萬方，萬方有罪，罪在朕躬。」及周武王之「百姓有過，在予一人」的悲憫胸襟，亦堪與「我不入地獄，誰入地獄」之釋迦與「爲衆生擔荷罪惡」之基督相擬，其德量之宏，自能在心中燃起一股強烈的憂患意識。

## 三、如理的承擔與大雄無畏的道德生命

上謂「人之成德、體道過程只有在連屬家、國、天下爲其一身，與天地萬物爲一體上，始能充其極而立住其自己。」然人力有限，天道無窮，人之德惠畢竟無法彌天蓋地，一一遍及於全宇宙之一切人一切物，人之於天道，亦僅能就其可以透露於性中仁中者體現之，當不能把天道之完

足意義與無限神祕全幅體現出來，此中艱難無窮，困限無窮，因而吾人成德體道之歷程無窮，吾人所具之憂患意識亦無窮，能憂患無窮，便不懈弛鬥志，一心唯時時憂患在「成天」道德工夫之落實，憂患在「如何」於無限之過程中遙契天道，論語：

子貢曰：「如有博施於民，而能濟衆，何如？可謂仁乎？」子曰：「何事於仁，必也聖乎！堯舜其猶病諸！夫仁者，己欲立而立人，己欲達而達人；能近取譬，可謂仁之方也已。」（雍也28）

「己欲立而立人，己欲達而達人」是一踐形盡性的工夫，此工夫全看自己體察自己之欲求，普遍化自己對自己欲求之認識，由此而推及認識當前所遭遇之他人之欲求，於是由自己欲求之所在，即可認識自己道德義務之所在，是以在成德歷程中，吾人不必依持任何固定之標準與教條，只須切己體察，認識自己之欲求，當下再繼以推廣，由己及人，即可以豁開吾人道德義務之世界，從自己欲求中解放，而以他人之心爲心⑧，此欲求既在我身上，所推廣之他人亦在當下與我發生關係的對象上，則我之成德成天的工夫便都直在當下，自不必捨近求遠，此即所謂「能近取譬，可謂仁之方也已。」

此成天成德的使命既在當下，則我在當下即當承體（體即天性、天道，天性、天道即人性、人道）起用，踐形盡性；我當下即是一承「體」之身，一承天道之身，則我心之本體即是一合理之道德努力的泉源，一承天之無上道德命令，我當下之踐德努力即是一受天命而求全幅實現的表現，全幅實現之，即全而歸之，故當下之一切道德努力，只有「成天」的使命感，而無命運感；

一切客觀之艱難、災禍等等橫逆皆爲天之所降，而我之克服一切客觀橫逆之能力亦爲天所降，則我當下所遇之橫逆當視爲一鍛鍊人格之具，而不當以此爲天之不仁於我之證明，故對一切無可奈何的環境，我當虔敬而承擔之，自強不息，以無限之毅力在現實存在面上作永不停滯的道德努力，「當仁，不讓於師。」（衛靈公36）以不負天所賦我之明哲，一切面對之客觀橫逆既只是我之鍛鍊人格之具，則一切我之一時不能不承擔之不合理事實，便都是不應有而有的事實，其本質畢竟是虛幻的，其存在，乃存在於可不存在的虛無之面上，而絕非與吾人之道德努力同樣眞實，於是吾人當深信：在一切不能不承擔的不合理之後之上，應有一絕對合理的彼界，或宇宙眞宰⑨，如是，我對當前所受的一切悵惘與痛苦，都甘願承擔、護惜，而對人對天，同無所怨尤，亦無暇怨尤；我承天知命，「知其不可而爲之」（憲問39），不厭不倦，無絲毫計算之心，因而我之憂患，亦不隨軀殼起念，不「其未得之也，患得之，既得之，患失之。」（陽貨15）當只化爲一出於自然不容已之大雄無畏的奮發，故論語：

子曰：「莫我知也夫！」子貢曰：「何爲其莫知子也？」

子曰：「不怨天，不尤人；下學而上達，知我者，其天乎！」（憲問36）

「下學」在求當下踐形盡性之步步落實，而人之求踐形盡性工夫之落實，須一本認眞負責的態度，與戒愼恐懼的憂患意識，「臨事而懼，好謀而成。」（述而11）絕不可「飽食終日，無所用心。」（陽貨22）亦不可橫衝直撞，盲順自己之氣質以行，須以自由的心靈，對氣質及環境的條件，作最有益的抉擇，以使氣質充分化爲自我實現的助力；而「上達」則是此踐形盡性之無限歷程中之步步對天道的遙契，人由「下學」而「上達」，故當下之每一時之道德努力，都是唯一的價值，每一實現的價值，都是絕對而不可代替的，每一時所實現的價值既是唯一的，則一切的價值不能在一時完全實現，亦正所以表示天道無限，人心之本體含具求實現價值者亦無限。而我所遇之情境，萬變不同，我與人之關係，萬變不同，我之道德責任自亦萬變不同，「宇宙內事，乃己分內事。己分內事，乃宇宙內事。」⑩故我對其他之個人，對集體之家庭、宗族、國家、整個世界人類，對天地萬物之一切，都當依仁心，以求一當如何應之之正道，而對之有一道德責任，此一道德責任，不是要我涵蓋，而自居於家國天下乃至一切事一切物之上，而只是升起我心靈的光輝，以照耀家國天下及一切事一切物，無限人之能共升起其心靈之光輝，互相通過，互相交映，而互爲媒介，便可合成一無限的光輝，以在無限歷程中求完成一至重而無限的道德責任，則當下之我，便永無息肩之日，唯有死而後已了，故論語：

曾子曰：「士不可以不弘毅，任重而道遠。仁以爲己任，不亦重乎？死而後已，不亦遠乎？」（泰伯7）

無限的道德責任，須我與無限的人共同在無限之「當下」之履德中求其完成，則功成不必在古人，亦不必在我，我不念「功成之必在我」而努力不懈，時時懷著「對無限未來」的憂患意識，則必能緊扣「當下」之每一刹那，而作永恒之人性奮鬥，此即是人之至大至剛，恒久韌性的道德生命強度，亦是人所表現的最大力量，故儒家的憂患意識，不是一幽憂的愁苦，不是一陰柔的鬱結，乃是一以大雄無畏的力量持載著大慈大悲的精神表現。

# 四、了無私累的樂道精神

由人之憂患意識所生發之無限道德責任，既須持「功成不必在我」之念，努力不懈，以在無限歷程中求其完成，而每一時之努力都是唯一不可替代的價值，則我之一切思想行為人格之本身價值，便不受他人之毀譽而增損，我之在社會上是否有名有位，亦便純為我外在的事，我能於當下行其心之所安，即或遯世而不見知，亦無所悔，此即是我之為我之無上的尊嚴，故論語：

子曰：「不患無位，患所以立；不患莫己知，求為可知也。」（里仁14）

子曰：「不患人之不己知，患不知人也。」（學而16）

誠然，一人之力有限，故我所表現之價值有限，他人之認識力亦同為有限，我又如何求名位之能上與天齊？我之欲求人知，求人讚賞，將唯重在使自己之意志行為能表現客觀的價值，以感動人之內心，而彼之知我讚賞我與否，非我之欲之求即可得，全在我之所以感動者之如何，於是更增益了我「反求諸己」之意，此一由外求之轉為內求，則我之實現價值，遂全為求諸己之事，而可根本不問他人之是否知我讚賞我，如此，我之求位求名便可漸而全然超化，胸中了無私累。

了無私累，則我之所思所為無非是以全體為心，循正理而行，不受氣質所困所限，而隨時可有一求仁得仁的滿足，夫然，則「仁者不憂」（憲問29），我便可自內在之限制中解脫，體現自由，胸襟開闊，度量宏遠，而呈現一「海闊隨魚躍，天空任鳥飛」的心境，此與心為物役，胸臆豁展不開，消遙不來，竟日愁苦、煩惱、鬱結、沈悶之小人，自不可同日而語，故論語：

子曰：「君子坦蕩蕩，小人長戚戚。」（述而37）

小人之所以長戚戚，都因於一切精神上之痛苦，此痛苦乃由其不識自己身體之組織結構之固定性、限制性，及由此而來之能力的有限性，故當其無法在現實世界中實現其無窮之理想或欲求時，遂折回而與自己發生衝突矛盾；如人能體識那無限清明、廣大、超越時空之心之本體，便可感常樂而無所謂痛苦了。

能識心之本體，則不見天地萬物是外，不見自身是內，內外兩無，渾然與物同體，生活便不打量計算，亦不致情志外繫，於是能超越一切死生、得失、貴賤、利害、禍福之計較，而過著一「絕對樂」的生活，此樂與平常人由手段取得目的而後樂的「相對樂」不同，相對樂取得目的便樂，取不得便苦，苦樂相對，苦去樂來，樂去苦來，便無永遠的樂，亦非眞樂[11]，只有生機不息，情無所溺，天機活潑，無入而不自得，如此的不由於得物，亦不由於絕物而來的樂，才是眞樂，此眞樂，即是人之眞實心的表現，過此生活，當不會被現實遭遇的如意不如意，及生理上之生老病死所影響，而一往直前，不厭不倦，故論語：

子曰：「賢哉回也！一簞食，一瓢飲，在陋巷，人不堪其憂，回也不改其樂。賢哉回也！」（雍也9）

葉公問孔子於子路，子路不對。子曰：「女奚不曰：『其爲人也，發憤忘食，樂以忘憂，不知老之將至云爾。』」（述而19）

生活有此眞樂，則不但能依仁心而肯定自然宇宙的價值，亦能依仁心而肯定吾人當下之自然生命之活動的價值，是以一切最平凡的日常生活，亦同可表現德性，表現價值，故論語：

子之燕居，申申如也，夭夭如也。（述而4）

子曰：「飯疏食，飲水，曲肱而枕之，樂亦在其中矣。不義而富且貴，於我如浮雲。」（述而16）

燕居與曲肱而枕，只是人之純粹的自然生命活動，然其中亦有仁者之生趣洋溢於其中，此之謂「踐形」，形既可精神化，既能充滿德行價值的流露，則人自不當鄙視肉體，不當鄙視當下之生活，乃至不當鄙視現實存在面之一切，不鄙視進而悲憫之，則對自己與天下人之生命，便同時產生一責任感，由是而有「內聖」「外王」之種種憂患意識，由此憂患意識而在當下之踐形盡性的努力中逐一實現價值，亦逐一在實現價值中而有體道之樂，此即有此「無限之道德努力」的代價，才有「無限體道之眞樂」的收穫，正證明了此憂與此樂，乃是心之自性的眞實表現，而人之精神生命即在此一無限之憂道與無限之樂道之相涵相成中展現其莊嚴與意義。

## 五、結論

綜上所論，儒家的憂患意識，乃是一發自吾人「良知」自覺之「成天」責任感，一根於「道德理性」之眞知灼見，一大雄無畏、剛健恒久之「人性」奮鬥，一了無私累之樂「道」精神，而人之「良知」、「道德理性」、「人性」、「道」皆直承自天，則憂患意識之生發，不在於「信神」，而在於「敬天」，敬天不是敬天之威，而是敬天之德，天德既在我身，則「敬」之表現便不向外尋，而是向內求，此義徐復觀先生論之精闢：

「在以信仰爲中心的宗敎氣氛之下，人感到由信仰而得救；把一切問題的責任交給於神，此時不會發生憂患意識；而此時的信心，乃是對神的信心。只有自己擔當起問題的責任時，才有憂患意識。這種憂患意識，實際是蘊蓄著一種堅強地意志和奮發的精神。」「在憂患意識躍動之下，人的信心的根據，漸由神而轉移向自己本身行爲的謹愼與努力，在周初是表現在『敬』、『敬德』、『明德』等觀念裏面。尤其是一個敬字，實貫穿於周初人的一切生活之中，這是直承憂患意識的警惕性而來的精神斂抑、集中，及對事的謹愼、認眞的心理狀態。這是人在時時反省自己的行爲，規整自己的行爲的心理狀態，周初所強調的敬的觀念，與宗敎的虔敬，近似而實不同，宗敎的虔敬，是人把自己的主體性消解掉，將自己投擲於神的面前而澈底皈歸於神的心理狀態。周初所強調的敬，是人的精神，由散漫而集中，並消解自己的官能欲望於自己所負的責任之前，凸顯出自己主體的積極性與理性作用。敬字的原來意義，只是對於外來侵害的警戒，這是被動的直接反應的心理狀態。周初所提出的敬的觀念，則是主動的，反省的，因而是內發的心理狀態。這正是自覺的心理狀態，與被動的警戒心理有很大的分別。」⑫

此以「敬」所貫注之「敬德」、「明德」的觀念世界，來照察、指導自己的行爲，對自己行爲負責的憂患意識，正凸顯了儒家獨特的人文精神，天命、天道即下貫到人的身上，而爲人之主體，則天之降命便由人的道德來決定，人須時時持「敬」的態度，才能保住天命，時時有自己的修養工夫，才能定住承天的「性」，否則天命隨時都可遠離人身⑬，故論語：

子曰：「君子有三畏：畏天命，畏大人，畏聖人之言。小人不知天命而不畏也，狎大人，侮聖人之言。」（季氏8）

性與天命之相貫通既全賴自己，則儒家的憂患意識自不同於否定自己，皈依上帝的宗教意識，更不同於向當下之逆境低頭的危機意識，一切以「敬」爲動力，來成就天所賦予我之道德生命，則「天人合一」的精神便由此而展開，中國人文的精神亦由此而展開。

## 註釋

①參見唐君毅先生著「人生之體驗續編」（台北・學生書局・民國六十九年四版）第四篇「立志之道及我與世界」之七至九及第六篇「人生之虛妄與眞實」之七諸文。

②易繫辭上文。

③引自宋張載撰「張載集」（台北・漢京文化事業公司・民國七十二年初版）中「橫渠易說・繫辭上」文，頁一八九。

④參見熊十力先生著「原儒」（台北・史地教育出版社・民國六十三年初版）上卷，頁四。

⑤參見唐君毅先生著「中國文化之精神價值」（台北・正中書局・民國七十三年初版五刷）中第十四章之三，頁四四二。

⑥參見牟宗三先生著「歷史哲學」（台北・學生書局・民國七十三年八版）第二部第一章第二節。

⑦引自熊十力先生著「讀經示要」（台北・洪氏出版社・民國七十二年五版）卷三，頁二一五至二一七。

⑧參見唐君毅先生著「中華人文與當今世界補編（上册）」（台北・學生書局・民國七十七年初版）中「說『仁』」一文，頁二二六至二二九。

⑨參見唐君毅先生著「中國人文精神之發展」（台北・學生書局・民國七十三年六版）中「精神上的合內外之道」一文之五。

⑩陸九淵語，見「宋元學案」卷五十八「象山學案」。

⑪參見梁漱溟先生著「東西文化及其哲學」（台北・九鼎出版社・民國七十一年初版）中第四章「西洋中國印度三方哲學之比觀」一文，頁一三七。

⑫引自徐復觀先生著「中國人性論史——先秦篇」（台北・商務印書館・民國七十三年七版）第二章「周初宗教中人文精神的躍動」一文之三，頁二一至二二。

⑬參見牟宗三先生著「中國哲學的特質」（台北・學生書局・民國七十一年六版）中第三講及第四講，頁一四至二四。

——中國文化月刊第一二六期・民國七十九年四月

# 論語中的鬼神觀

## 一、引言

人生在世不過百年，誰都不例外正一步步逼近死亡，而死後的日子是無窮的久遠，以有生之年與之相較，簡直是一比諸無限，人雖處此有限，卻不甘於此有限，是以在生活當中，常有求欲使自己成爲一「超然存在」的遐想，企望人死不是生命的消失，只是人生的暫終，人身軀腐朽之後的個體當仍延續在幽冥的世界之中而得到永生，此種寄有限於無限之情，便順理成章地導進了「靈魂不滅」的觀念，承認了鬼神的存在。

中國傳統的看法，認爲一般人死後便成爲鬼，天地間滋長萬物的冥冥自然個體如天、地、山、川等等爲神，此與說文「人所歸爲鬼」、「神，天神引出萬物者也」的說法相若。神既是「引出萬物」，積極的成全萬物生人者，故就人類而言，義士仁人其貢獻卓顯，影響廣泛，典範可資垂後者亦可稱爲神。或許受了佛教思想的影響，世俗爲有別於神，遂有意無意地視鬼爲冥冥中干擾生人者，其實，「人所歸爲鬼」只表明了鬼爲人之靈魂自然延續的個體，原與「干擾」之意無涉。至於鬼與神的特性，概括說來，都認爲祂們在幽冥的世界中不只含有人的意識與情感，且有着超乎生人氣質困限之外的無限能力，甚至對人有着「決定性」與「限制性」，不但可命人以吉凶，命人以壽夭，且命人以智愚，此一通性，常使鬼與神聯結成一體的概念，而不分別立說。

鬼神之力既非生人可擬，由是便肯定了死後的世界，相對的削弱了生前的重要，鬼神的地位就此凌駕在生人之上，是以商殷時代，卜筮問神以意旨，做爲行事之指南，甚至還將死者之妾女侍衞一起殉葬；但「周人尊禮尚施，事鬼敬神而遠之。」①此種對鬼神重大改變的態度，在論語中顯而可見。

論語中提及鬼神（含鬼、神單用或聯用）之處凡七章，未明言但與鬼神有關的如「死，葬之以禮，祭之以禮」等亦多章，足見孔子與世俗一般，並未否定鬼神的存在，而忽視了幽冥的世界，所不同的，只是對祂持着某種亦即亦離的微妙分寸而已。

## 二、鬼神之狀與情

幽冥的世界是一浩瀚的混沌世界，有關鬼神的形貌、特性及其他種種，人可由一己之思慮去自由推想，但由於氣質的有限，人實無從確知所想像的是眞或僞，如硬要將此一不可確知的鬼神狀況做爲知識對象，一味地直視鬼神具有一無限威力，且對人有絕對的「決定性」與「限制性」

，則人在自感無奈之餘，只有逼向皈依一途，透過祭祀，以祈求鬼神的無限力量，來助益自身有限之不足，俾使在現實的生活中事事順遂，至此，人無異解除了自身的精神武裝，喪失了生命本身的創造性與莊嚴性，使自己之明知入幽冥而不返，此所以論語：

> 子不語：怪、力、亂、神。（述而21）

鬼神之狀雖非吾人所能確論，但鬼神之情，則人人可在人世間內證而明。無論天地之神何狀，天生萬物，地持載以育之，其覆載生育之德是可體證而明的；至於人，不管他生前所念的是個人、家庭、鄉土或國家，他孜孜努力而得的成果，甘願留給後人，即表示了他對世人有着顧念祈盼之情，後之人與遙遠的祖宗、先賢彼此相貌雖未可相知，未能相識，但先人對後人寄望之情，即幽入於明，後人對先人仰慕之忱，即明通於幽，如此，人與鬼神超越了幽明的限隔而相遇，從這份「情」的感通來看，孔子雖避談鬼神之狀，不語怪、力、亂、神，卻肯定了祂的存在②，故論語：

> 祭如在，祭神如神在。子曰：「吾不與祭，如不祭。」（八佾12）

人人能於祭祀時，秉存誠摯之心與深厚之情，自會感到鬼神之精神如在我之前，如在我之左右。

## 三、「敬鬼神而遠之」的眞義

由鬼神之情與人之情的相接，吾人不但肯定了鬼神的超越存在，還進一層地體證到祂生生之德開啓了人類精神無限向上之幾，使人自覺生命中蘊含着莊嚴性與神聖性，於是，人由感激祂進而尊敬祂，就這一「敬」，豁開了吾人的智慧，深覺自身有着一種承先啓後的使命感與責任感，不但應珍惜、繼承前人努力的成果，還要進一層地善用現有的情境，去創造未來的文化業績，使人類的生命不斷煥發出光輝，生生不已。

所以吾人對鬼神「敬」，不是一平白由明入幽的「敬」，還要借此「敬」，反過來體證自我的本性，以使自己了悟：原來我之身上，亦有此可敬的道德主體，如此，才能使此「敬」入幽而復返於明，否則，必然將「敬」之內涵悶死，而澈首澈尾地消解了自我的主體，否定了自我存在的意義，如此，人即無價值可言，與萬物就無以簡別了。

從鬼神之狀看來，祂或許可降命於人，人雖無可逃脫，但人卻能在道德上作主，祂或許命我以智慧，但如何使用這「智慧」的權利則掌握在我自己的手中，我若能善用這「智慧」，即展現了生命的價值與意義，因此，「敬」鬼神並不是將吾人的生命主體盲然投注到祂那裏去，而是在「敬」的過程中，通過一己的自覺能力，去肯定自我的價值，即敬祂，卻不皈依祂③，這種由明入幽，復由幽返明的「敬」，才是對鬼神眞正的感通，此「敬而遠之」的「敬」，才是眞「敬」。故論語：

樊遲問知。子曰：「務民之義，敬鬼神而遠之，可謂知矣。」問仁。曰：「仁者先難而後獲，可謂仁矣。」（雍也20）

將智慧用於「務民之義」的現實人生上，由幽返明，這才是智者應有的表現。

## 四、禱告鬼神意在感通，不在索求

人之敬鬼神當然可以有「禱」與「祭」的形式，但形式並不重要，要緊的是含有實質的意義，「禱」「祭」的精神在「敬」，敬即道德，而道德的本質在於透過內心的懇摯以與外界感通。鬼神之所以成爲我之可祭可禱的對象，乃因我與祂之間有着一份值得誠摯感通之情，捨此而祭禱，將陷「敬」於不義，故論語：

子曰：「非其鬼而祭之，諂也。見義不爲，無勇也。」（爲政24）

祭禱既在感通，求幽明之相接，自不當存有絲毫的功利心，不應有索求之意，否則將視鬼神爲一求利的工具，祭之適足以辱之，子路請禱，就跌落於此一坎陷，論語：

子疾病，子路請禱。子曰：「有諸？」子路曰：「有之，誄曰：『禱爾于上下神祇。』」子曰：「丘之禱久矣。」（述而35）

「死生有命」，人之歲壽本屬冥冥中的天數，如硬強求，就是虛妄，人所能做的，只是在他的命限內，盡極人事，而通於天命，使其氣質上的壽命，能合乎天賦的正命，而全然朗現之，如此即「壽」，所謂「仁者壽」（雍也21），亦只是仁者對此正命的歲壽，絲毫沒有蹧蹋與破壞而言，並非仁者氣質上的年歲絕對比別人長久，所以求鬼神之助力以增壽，本質上並無意義。

子路爲孔子請禱，雖屬好意，然其所謂「禱」，乃止於對鬼神之力的肯定，而非對鬼神之德的尊重，畏其力而索其助，此一「索求」，便使「敬」淪於不義，而喪失了「敬」的莊嚴性，因爲「敬」既屬道德，則是不求報償的。

孔子的「禱」則有異於是，他不因「禱」而走向超越外在的他律之路，而是將自身的精神從幽冥不可知的地方拉回來，跳出怖畏的情緒藩籬，轉而自主自律，使自己在人倫日用中，時時體現「敬」鬼神的意旨，以成德成聖，如此的「禱」才能通鬼神，而正視生命中的道德意識，使現實的一己得到精神上的安頓，所以外表雖無「禱」的形式，而實質上，「禱」的眞正精神已蘊存於其中。

由此一無形的「禱」，使吾人了解到儒敎之所以未成爲普通的宗敎形式，乃因「儒家並沒有把意識全幅貫注在客觀的天道之轉爲上帝上，使其形式地站立起來，由之而展開其敎義，在主觀方面也沒有把呼求之情使其形式地站立起來。如使其形式地站立起來，即成爲祈禱，此兩方面在儒家並非沒有，他只是把它輕鬆了。」④畢竟，儒家的重心在於主動體證鬼神之德，而不在透過禱告，被動地求鬼神來福報。

## 五、從不斷創建客觀的道德事業的無限過程中致孝鬼神

人對鬼神的尊敬，可以內心去求感通，也無妨表諸於祭祀的儀式，不論有無形式，尅就敬鬼神的意義言，只是借以誘發吾人培養虔誠敬慎的超越情懷。但若只止於此，便易使這份誠摯之情架

空，因爲天地覆載生育之德及鬼神創建的文化生命，人若止於對祂們懷想感恩，而不知借此激發一己神聖的創造性，去開拓人類的前程，則將使無限的文化生命就此斲斷生機，所以敬鬼神的最終目的，不只求在鬼神的撫慰之下得到安頓，而更是在現實的世間創造一客觀的外王事業的雰圍中得到安頓，使人對鬼神的虔誠敬愼之情，直接落實到人文政治上，讓鬼神之德在人間重現，化而爲客觀的道德事業，到人間來救世救人，論語：

子曰：「禹，吾無閒然矣！菲飲食而致孝乎鬼神，惡衣服而致美乎黻冕，卑宮室而盡力乎溝洫，禹，吾無閒然矣！」（泰伯21）

孔子對禹之所以極力贊賞，即在於他能「致孝乎鬼神」，「致美乎黻冕」，「盡力乎溝洫」，其摒除一切私慾，以承担實際的客觀外王事業來自許，如是，對鬼神之感念，自不淪爲空談。

但人力有限，人永遠無法在客觀的外王事業上達到至善，永遠無法將鬼神無限之德全幅地朗現出來，所以人在世間開創道德事業是一無限的過程，眼前的人事既無以使之完足，現實的生存面既不可盡知，則對那遙遠不可及的幽冥鬼神世界，自更難以洞曉。此所以論語：

季路問事鬼神，子曰：「未能事人，焉能事鬼？」曰：「敢問死？」曰：「未知生，焉知死？」（先進12）

誠然，在未使現實生存面的種種事務完足之前，人已自顧不暇，又如何捨近求遠去專事鬼神？

「生，事之以禮，死，葬之以禮，祭之以禮。」（爲政5）死後的葬祭既與生時一樣都要依於「禮」

，如何能說孔子貴生忽死，重人而輕鬼神？之所以「未能事人，焉能事鬼？」「未知生，焉知死？」只是強調事生事死與事人事神的先後之序而已，人之所以先事人而後事鬼神，實因於生人氣質困限的一種無奈啊！因此，人只有從現實的存在面上去盡性踐仁，在不斷創建客觀之道德事業的無限過程中去求與鬼神遙契，如此即已是「致孝乎鬼神」了。

## 六、結論

綜上所言，論語對鬼神持有如下的幾點態度：

第一，人在有限的生命中，爲使精神獲得安頓，是應求一個永生的世界，以爲個體生命的依託，然「永生」之義不在「必然性」，而在「價值性」；鬼神之狀是必然性的問題，與價值性無涉，只有鬼神之德（情）才是價值。所以求永生不應就鬼神之狀求，應自鬼神之德（情）求，而人之祭禱鬼神，也應只在求與其德其情的感通，別無他圖，從這點看，孔子不但承認鬼神的存在，且進一層地尊重其存在。

第二，人當下既生活在現實的存在面上，就應先誠摯地面對現實，直接從感通鬼神之德的無限心量，衣被到現實的人生界上來，使人間無窮承續的文化事業得到進一層的美化，此盡己心之事，實已兼盡他心，且上酬於千百世鬼神的道德心，此「肫肫其仁，淵淵其淵，浩浩其天」⑤之心光，實已與上下古今遙遙相映，而無生死人神之隔，所以在現實的存在面上創造不朽的價值以求永生，外表看來，雖是生人的事，與鬼神無涉，實則鬼神之德已涵蘊在其中，活躍在其中，因此，人的精神當下即可安，不必求一個無窮的茫昧對象來皈依而後安。

第三，在人世間盡心踐仁，即可通於鬼神而得永生，此「通」是內心的事，不是形式的事，人只要有宗敎性的情緒與虔誠即可，不必定非有宗敎的形式不可，所以儒家不具備普通的宗敎儀式，而是將此儀式轉化爲日常生活軌道中的禮樂，以切適於現實的人生。

第四，由於人的有限，人在現實的世間無法遇事樣樣順遂，必然會有不斷的過錯，且知道不斷去改過，這「知道改過」是人經歷體驗之得，也可說暗隱着鬼神應時的啓示，此應時的啓示，全從個人修身努力中自然得來的，並非乞求才得的，所以孔子並未將意識全幅貫注到鬼神處，而重視對祂的形式祈禱。

總之，論語對鬼神的態度，採取的是「亦即亦離」的微妙分寸，此即避談鬼神之狀，卻攝鬼神之德（情）於人文中，以人文精神的表現來凸顯鬼神之德的不朽，以道德的自覺及道德的事業來打通幽冥的隔限，所以如果說儒家是宗敎，則是一極爲圓成的「即道德即宗敎」的宗敎。

## 註釋

①禮記表記文。

②參見唐君毅先生著「人生之體驗續編」（台北・學生書局・民國六十九年四版）第五章「死生之說與幽明之際」一文。

③參見牟宗三先生著「中國哲學的特質」（台北・學生書局・民國七十一年六版）第三講：「憂患意識中之敬、敬德、明德與天命」一文。

④同上，引自第十二講「作爲宗教的儒教」第四節，頁九六。

⑤中庸第三十二章。

——孔孟月刊第二十四卷第一期・民國七十四年九月

# 論語的學與教之精神

## 一、導言

科學的文明愈發達，社會愈趨向一分工的組織型態；分工，則各行各業亦隨之分化，此雖能增加生產的效率，但由於每一個人都只在龐大的工商組織中承擔極小部分的專門工作，人於是成了「只爲一抽象職務而出現」的人，只要有其同樣的專長與能力，任何人都可頂替此一抽象的職位，而無損於與之發生關係的他人，亦使與之發生關係的他人可不對他加以關注者；易言之，每一抽象的職位，可無一人之整個生命與人格貫注其間，亦不須有一人之整個生命與人格存在其間，此職位只是一「位格」，而無人格，承擔此職務的人，對與之發生關係的他人而言，亦只是「一個人」，而非「這個人」，亦即只是一「任何人」「抽象人」，而非具體生命存在的人；對不相屬之其他組織中的人而言，則我做這份工作，你做那份工作，你的工作與我的工作彼此不同、不懂亦無關，則在彼此的工作生活中，更體會不出對方生命存在的可能；你的工作既可由任何人來替代，則「工作」便不屬於「你」，「你」亦不眞屬於你的「工作」，而你的人格生命即可不眞存在於你的工作生活裏。人以此一眼光視彼此爲一「抽象人」，則亦易以此眼光反視自己爲一「抽象人」，於是便使自己泯失了人格生命的具體存在，人對「失去主體性、自由性與眞實存在性」的問題也因之愈形嚴重，此即是現代人所謂的「失落」。之所以如此，癥結在於現代社會的一切組織，皆賴於人之一抽象目標來形成，每一社會組織所望於他人者，亦皆只是望他人負起一能達此抽象目標之一種特定的抽象職務，因而忽視在此抽象目標前，人之人格生命的具體存在與表現，此化人爲一抽象存在的思想背後，實根於「以科學的理智所推演成之概念來類別人類」的思想，依此概念來看自己，則自己亦只是一外在化的他人，而無自己眞實的存在，人於是可對自己與他人同不存有眞實的感情與關照，而一律以「工具價値、效用價値」的外在物來對待，此「使人忘記或泯失其人格生命的具體眞實存在於概念之前」的危機如不徹底化除，則科學愈進步，愈不見「人之所以異於禽獸」之處，人之精神只有「卷之而退藏於密」，人之文化亦只是一浮華無實的文化。

挽救此現代人類文化禍害之道，絕非只一往崇尚社會科學之研究，以企求更妥當之科學概念所能奏功的，吾人當然不否認社會科學對人類客觀事業的效用與貢獻，但社會科學所重者，在於如何運用概念符號以推演成諸普遍的社會法則、規律、及政策措施等等，使對一切相類似的社會或同情形之下的個人皆爲有效而可應用者，如此，則整個人、物、事都只是社會法則、規律之材料，都只是擬定抽象政策與措施之根據，而非科學精神最後所要直接把握的對象（科學精神最後所要直接把握的，只是諸抽象法則等），如此，則整個人的生命眞實存在，對科學精神而言，只是其所經過之處，而非其歸宿之所；正因社會科學中概念符號的抽象性、概括性自身原本只是一虛幻與無實，故要單從社會科學去了解人之人格生命價值，所得的亦只能是一虛幻的倒影，而無法眞正洞悟由人性人格所發之眞實理想與所求之價值存在，是以無論社會科學如何進步，都無法眞正挽救現代人類文化的禍害，以使人的文化轉化爲外實內眞的文化，使人的人格生命有一具體而眞實的存在①。

任何文化既一一皆爲「人」所創造，則其背後即當具有人之內在價值與精神的眞實存在，吾人只有把「一切以抽象概念來看人看自己」的心習徹底超化，使人重新認識自己，才能使此「眞實的具體存在」復位，唯「復位」，才能使一切學問攝末歸本，再由本以貫末，使人之道德人格所生發之一切精神力量，一切智慧性情，得以表現而貫注於一切世間的學問之中，如此，由抽象的概念知識等所形成之學問，才不致淪於虛幻，而科學自身亦才能眞有其應得的地位。此以「人之人格生命之具體存在」的復位之學，即是爲人之學，道德人格之學，亦即是人之眞性情之學，而論語則是此學之圭臬，整部論語的精神，即籠罩在此學與教之氛圍中。

## 二、人之道德創造性的敬重與大智大仁大勇的教學精神

要使人之人格生命眞實而具體地站立起來，則首當肯定人人皆有一莊嚴而神聖的道德創造

性。論語「性相近，習相遠。」（陽貨2）此中所指的「性」，即是道德的創造性，亦即是「我欲仁，斯仁至矣」（述而30）的仁性②，唯依此性，才能使吾人連續不斷、生生不息地引發出德行之純亦不已，德行之純亦不已，並非原先就有的，乃因於此性體之所創發，使一切人間的客觀事業由不覺而生發出道德的價值與意義的自覺，此性體之創造性自身就是人人皆有的本體，而不再隸屬於任何特殊而有限的機能，故是一絕對的普遍性。此性體亦是判斷一切是非善惡的最後標準，這標準亦不能再依據另一個標準來定自身的善惡，故無善相，亦無惡相，無善無惡，乃是至善，至善亦是絕對善，王陽明所謂：「無善無惡心之體」③，即從此中見義。總之，此道德創造性是一絕對的至善，一絕對的普遍性，故人人都具存，人人亦當彼此對此莊嚴而神聖的「性」予以肯定與敬重，此即是論語中一切「學」與「教」精神之所從出。故此性雖「於質見異於理見同，同以大始而異以殊生」④而「相近」，人亦易在渾噩的生活中沈淪於無明，致使此性「退隱於密」，但只要人時時自反自覺，應可在時「習」中明心見性，而超拔於無明，此即是「習相遠」的眞義。

吾人既敬重此人人皆有的善性，肯定人人皆可由努力以明心見性，以體悟出自身人格的具體存在，則無人不可學，亦無人不可受教，此應然之「異於禽獸」的美質既人人都具有，故智愚之分，文野之別等等，只是教育的問題，而不是自身的問題，是以德性人格的教育，應對一切人開放，此一大平等的教育胸襟，即是論語「有教無類」（衞靈公39）的精神表現。

教師能肯定人之內在的道德創造性，則對人之道德客觀事業的創發力，必能同樣予以肯定與敬重，此性既屬創發，自是一生生不已，一不被規定的形上實在，故任何人不只是現成文化的承受者，亦都可能兼爲一未來文化的創造者，教師能對人致此敬誠，則可全然超越自身現有之知識與文化生活的觀念，而覺自己若一無所有，亦因而不敢絲毫有「來者必不如今」的傲慢，於是內中產生一大虛懷，而對其自身之外的一切人及一切可能有之知識文化都願隨時加以學習，在教學歷程中，受教者之文化活動與人格進步，亦處處都對教師自身有着啓發的作用，由是受教者在此意義下亦是教師的教育者，一切創造我所願學的學術文化之過去的人，亦皆是我師，則教師自身之學習亦因此無以止境，故「學不厭」。

復次，人之道德創發性之自身即是一絕對至善、絕對普遍的性，則教師不但要成就自我人格的進步，亦當豁展出去，兼以普遍成就他人文化生活的陶養與人格的進步，成就他人的人格，正所以成就自己普遍而至善之人格的完足。教師有此悟會，則當順其成就自身的道德意識，而創發爲成就他人的意識，當其一往以成就他人的人格進步爲念，則不復自覺其當下的意識爲一道德的意識，亦忘其教育的行爲是一道德的價値，教師唯一所念所想的，只是如何扶持受教者，使其良知自覺、顯朗，故「教不倦」⑤。但良知雖有能顯朗之應然，卻未必有眞顯之實然，如是，則我對此「良知之不眞顯於他人」之事實，必產生對「希望他人有良知充量呈現的事實」之願相違，由是在我的良知中成了一永恒的負擔，我對此無奈的不合理事實，除了感到無窮的悲惻之外，只有堅守「良知有眞顯之應然」的信心，一往直前，作永無歇止的教育努力。論語：

子曰：「若聖與仁，則吾豈敢？抑爲之不厭，誨人不倦，則可謂云爾已矣！」公西華曰：「

「正唯弟子不能學也。」（述而34）

此謙卑而敢於承擔不合理的無奈，又肯積極而無限實踐的胸襟，正是論語中大智大仁大勇的「學」與「教」的精神表現。

## 三、氣質障蔽之超拔與當下「眞我」的肯定

人之良知之所以不易充量呈顯，乃因於人有著氣質上的障蔽，以致在生活中發生了黏滯陷溺之念，而犯下了種種過錯，諸如一切匆遽、浮動、迫不及待，即因於對未來之所求的種種黏滯，一切疏忽、私蔽、癡迷，即因於對現在之所務的一種陷溺；人之良知一爲物所役，則念慾隱蔽了理性，遂假理智爲工具以行，而不自知。論語：

孔子曰：「君子有三戒，少之時，血氣未定，戒之在色；及其壯也，血氣方剛，戒之在鬥；及其老也，血氣既衰，戒之在得。」（季氏7）

此即是要人不論在任何年齡階段，都當注意順理而行，時時忘人我、物我的對待，從「血氣」之中超拔，以免陷溺黏滯，如此，才能使理性鬆開本能的桎梏，生命亦才能顯其正用。

但人在氣質的障蔽下，要使生命恒顯其正用，實難，故錯誤容易有，亦不時有，是以好學的顏回，亦只能「不二過」（雍也2）而不能無過，只能「其心三月不違仁」（雍也5）而不能恒守住仁，故人要建立人格的尊嚴，要滋長人格的生命，首要之務，即是學習如何知錯改過，如何

「克己復禮」（顏淵1），如何從氣質的障蔽中超拔，此即是論語中「學」與「敎」的初步。事實上，動物依本能而活，幾無過錯可言，更無過錯的自覺，只有人才能知錯改過，所以過錯只是人的事，亦只落在人身上，才能顯出其意義。但在氣質的障蔽下，爲維護所謂「至高無上」之人格尊嚴，人總是怕改過，總是想盡辦法來掩過，以維持其自我之完美的假相，殊不知道德人格不是一空蕩蕩的外形，而是一能時時向善的實體，唯其能時時向善改過，才愈發凸顯出其絕對至善的性，故「過」不但不是吾人德性顯發的障礙，而反是成全德性的一種表現工具，與建立眞正人格尊嚴的一個必要條件⑥，故「過，則勿憚改。」（學而8）

「過而不改，是謂過矣。」（衞靈公30） 人之形軀既離不開氣質，則由氣質障蔽所犯的第一次過錯，人是難以對它負責的，只有遇一過，不拖欠地改一過，使當下呈現着一上揚的「我」，人的良心便可得到安頓，此不斷知過改過的歷程本身，即是人格生命的價值，而「不改」，才是眞正的大過所在，是以道德生命的眞我表現，實只在於當下正活存着的這個我，只要「此我」是一眞誠改過的我，則昨天犯錯的「彼我」，便與我互不掛搭，與我毫不關聯，而對存心上揚而不下墮之他人的「此我」，當下即有一施敎的價值與意義，故論語：

互鄉難與言，童子見，門人惑。子曰：「與其進也，不與其退也，唯何甚！人潔己以進，與其潔也，不保其往也。」（述而29）

此不問受敎者過去之習氣如何泥重，更不問人是否有「原罪」的存在，而只直下肯定現實「眞我」的人格價值，是論語中「敎」的一種精神表現。

## 四、虛靈明覺之心量的開拓與點化教育

論語之學與教，不只要人超拔於氣質之障蔽以改過，更要開拓虛靈明覺之心量來向善，故論語：

子曰：「見賢思齊焉，見不賢而內自省也。」（里仁17）

「思」與「省」是一反求諸己的工夫，其初雖是將自己的聰明向外舖，向外流，而最後則須逆轉而向自己內心與生命浸潤進去，凹入進去，如此，人之才性才能回到它所自發的根裡，再由其根滋養自己，孳生自己，由是而人遂感有一心靈的內在充實，而生一虛靈的明覺，故「思」、「省」不只是一認知，更是一體悟，認知只是知識在心中堆積，人如只止於認知，則此所積存的知識反而限制了心的靈活，唯體悟，才能在心中泛起虛靈明覺，才能自主自覺地運用知識而打破、超越知識對心的限制與陷溺，故論語之學與教，不只是求一「方以智」的智，更是求一「圓而神」的智。

人有虛靈明覺的心量，則可使心眞具主宰的作用，使性復歸於普遍之理，而情運之於特殊之事，如此地依性生情，則普遍與特殊交融，而見全量之情在成就着具體的世界，亦見人之性成爲生動活潑之具體之理，而了無執障，此心性之無限性、涵蓋性、主宰性與無對性，即是吾人開拓虛靈明覺之心量的成果，亦即是一切仁義孝悌忠信等等之德之所從出，故論語所教所學的是：

「毋意，毋必，毋固，毋我。」（子罕4）

「君子之於天下也，無適也，無莫也，義之與比。」（里仁10）

「君子不器。」（爲政12）

反求諸己之「思」雖重要，然則論語並非要吾人只自思而不向人學，人在氣質的困限下，單純的「思」是無以洞悟一切的，故必須學思並重，學，則可知古往今來的他人之「思」，只有走過他人之思，才能使我之思更高遠、更寬闊、更幽微，故論語：

子曰：「學而不思則罔，思而不學則殆。」（爲政15）

子曰：「吾嘗終日不食，終夜不寢，以思；無益，不如學也。」（衞靈公31）

生命智慧之學，原是學如何用工夫把人本有的善性充分實現出來的「學」，亦即是如何發揮「義理之性」的學，此「義理之性」既人人皆有，則「人人皆可以爲堯舜」，故只要肯下工夫，人之實踐道德的性，便不爲天資之高下所囿，否則，在德養上，便是下等人了。故論語：

孔子曰：「生而知之者上也，學而知之者次也，困而學之，又其次也，困而不學，民斯爲下矣！」（季氏9）

「生知」、「學知」、「困知」都是知，而民之所以「斯爲下」，原因就在「困而不學」，故「學」實不可一日鬆弛。

虛靈明覺之心量既由「亦思亦學」而來，則人格生命的智慧教育，不在灌輸，而在點化；羅近溪說：「蓋聖人之學，原是天性渾成，而道心之微，必須幾希悟入其中，本著不得一念，而吾人亦不可以一念著之也。今不求眞訣點化，而強從光景中分別，耿耿一念，以爲光明，執住此念，以爲現在，不知此個念頭，非是眞體，有時而生，則有時而滅，有時而聚，則有時而散，故當其得時，即是失根，當其明時，即是暗根，當其欣喜時，又便是苦根也。」⑦即此之謂也，點化無固定的教育形式，有若無，實若虛，正因其似無似虛，故人於反求諸己的同時，才能空出其心靈前面的道路，正因其亦實亦有，才能感到空出處之充實，而引發出人對自身道德生命的眞實感。論語：

子曰：「吾有知乎哉？無知也。有鄙夫問於我，空空如也，我叩其兩端而竭焉。」（子罕8）

論語「空空如也」即是不着任何顏色，不見任何精彩，似虛無而實有的人格智慧之敎，點化之敎，此智慧之敎，能眞助益人透明無礙地看世間的一切經驗事物、理想事物，於是人雖可照常的有概念知識、理想，却可無執地超越此「有」，此所以孔子對弟子之問仁問孝每有不同之答問之故。

此若無實有的生命學問之敎既重點化，則其語言更不是指示的，亦非宣傳式的，而是啓發式的，指示式的語言只要指一對象即可，宣傳式的語言只用來說服或暗示即可，而啓發式的語言則必求清楚，必求一特殊之實務以供印證⑧，而特殊之實務，乃因於不同之個人的性情、生活等等而顯其特殊，故點化之敎，不能嚴格系統化，必隨人隨事之特殊，應機以敎，尤當待人之「心求通而未得」「口欲言而未能」之「憤」「悱」⑨之時，啓發的時機才告成熟；然啓發只是一心靈提撕的助力，人如不同時借以主動開拓其虛靈明覺的心量，則一味地施教仍是無以爲功的，故此時教師只好點到爲止了。論語：

子曰：「不憤不啓，不悱不發，擧一隅不以三隅反，則不復也。」（述而8）

人心之自主自覺性是莊嚴而神聖的，人如於教師指點之同時，不用力於人人皆有的「義理之性」，「擧一隅而以三隅反」，則教師的「復」，豈非形同姑息？亦豈非對受教者心靈的一種侮衊？只有對肯上進，能自我提撕的中上之人，才值得成全，而予以更高層次的指點，故論語：

子曰：「中人以上，可以語上也；中人以下，不可以語上也。」（雍也19）

然則，此並不意味着對下墮之人的無情與放棄，人之所以下墮，只是不自用心，不自用工夫，但其「義理之性」畢竟不消泯於心的，此時，對「斯爲下」的民，只好應機方便立法，暫以「爲善去惡」爲教，使之有所持循，以免於過了。故論語：

子曰：「民可使由之，不可使知之。」（泰伯9）

民之所以「可使由之」，正見對其向善之性的肯定與尊重，「惟其不能知，愈不可不急使之由，使之由，正所以使之漸而知也。」⑩ 故此暫時的「不可使知之」，只是人現實存在面之施教上的一種艱難與無奈，其欲從「由」以致民「知」，正是仁者教學的精神表現。

## 五、立「學聖學賢」之志與眞誠的學、教態度

人之所以「困而不學」而成爲一「斯爲下」的民，首要原因，在於不能立志。志者，心之所之也，人要立「開拓心靈空間」的志，立「學聖學賢」的志，才能奮然自興，以轉化氣質的才性，而創出自己生命的智慧，如此，人之理性方能眞正相續運行不息，而不斷展擴其精神活動的範圍，故立志，實是求一切道德學問的始點。

子曰：「吾十有五而志於學，三十而立，四十而不惑，五十而知天命，六十而耳順，七十而從心所欲，不踰矩。」（爲政4）

論語明確地指出，孔子之所以能完成其「從心所欲，不踰矩」的聖格，主要即在於他一開始便「志於學」。此學聖學賢的「志」，不同於心理學上所謂的那種意志，亦不同於一般所謂「理想之義」的那種志。心理學上的那種意志，指的只是一切有目的的活動，是不論其活動自身是否有價值的，而所謂「理想」的志，指的是爲心所對的種種合理性的觀念，此理想（如實現一社會理想等等）恒爲人希望由自己或與他人合力加以實現的普遍抽象概念，求道德學問的志，雖也是一種理想，但此所立的理想，是直接爲自己之具體生命存在而立的，故不是抽象的普遍，同時亦不只是心之所對的志，而是自己個人之心靈乃至人格所要體現，而屬於此心靈人格之主體的志，此即是要使此理想眞實地經由知以貫注到行，而成爲屬於自己之實際存在的志，易言之，此志不只是「向」一定之目的，或普遍抽象的社會文化理想、人生理想，而是由當下之我之實際存在，「向」一理想之實際存在，而由前者「之」於後者，此之謂心之所之的「志」，可知此求「道德人格之學問」的志，是具獨特性而不容代替的，凡事可由人代做，凡理想亦可由人代實現，唯此志屬獨一無二的個人，故任何人都不能代人立志，立志的本身是絕對各人立各人的，亦各人遂各人的⑪，是以不立志求道而淪為「斯為下」的民，聖人在世，亦無可奈何，此所以論語中要再三強調立志：

子曰：「三軍可奪帥也，匹夫不可奪志也。」（子罕26）

子曰：「苟志於仁矣，無惡也。」（里仁4）

志一立，人便可執守由自覺心所呈現的道德之理，心之本體方不致離開其本位的無限，而困囿於身體之有限，人從此最清明的自覺出發，心便是絕對的自主，眞正的自由，而不黏滯於物界的形色，否則，所立的志，便是假志，故論語：

子曰：「士志於道，而恥惡衣惡食者，未足與議也。」（里仁9）

人格生命的學問，即是一開拓心靈世界的學問，故吾人立志，當立大志，志、不是人的慾望，而是人所表示的志願，故立大志，不是要人自我膨脹，而是要人於學之前，先直接開拓一精神的大空間，精神空間開拓得愈大，則吾人的情志，恒愈遍運於所接觸的廣大事物與世界，而時時引發吾人智慧的光芒，以處處透入於所接觸的對象，而對之產生一普遍的親和感，此即求仁的精神表現，故吾人立志，不可不大，論語：

顏淵、季路侍。子曰：「盍各言爾志？」

子路曰：「願車馬衣輕裘，與朋友共，敝之而無憾。」

顏淵曰：「願無伐善，無施勞。」

子路曰：「願聞子之志。」

子曰：「老者安之，朋友信之，少者懷之。」（公冶長26）

子路「願車馬衣輕裘，與朋友共，敝之而無憾」的志，其對象只限在「朋友」一倫，亦只限在「車、馬、衣、輕裘」的物質層面，其自覺「敝之而無憾」，卻未關注到「敝之」的朋友心裏承受着因用壞了東西而未予適當處置所產生的「憾」，此未能兼顧主客觀形勢，以各安其位的志，實非人格生命的大志⑫；而顏淵「願無伐善，無施勞」的志，是一「讓德」的志，其將己之功德，讓與自己以外的他人，是「不私據其德，而客觀化其德於人倫關係中與社會中，而升舉他人之人格價值」的志，此正是對人之最高辭讓與敬重的志，故是一大志；而孔子「老者安之，朋友信之，少者懷之」的志，則是一使人人皆得其所，各安其生，「個體落實地還其爲個體」的志，此種全幅讓開（不是把持牽率）、散開（即落實地如其爲個體而還之）的志⑬，不只能內在地成就一己之通暢完整的人格，更能推擴豁開來，以蘄願一個理想世界的完成，故是一「理性之內容表現」極致的志，此志實涵一如「天之無私覆，地之無私載」的博厚心量，所以程子（伊川）贊之爲一「分明天地氣象」⑭的志，故吾人要使自己的人格眞正的站立起來，即當效法孔子與顏回的志。

人立志愈高遠，必然愈難完成，故孔子之宏願，直至今日仍未能實現，一切人實際所能成就之德性及其客觀的道德事業雖極有限，但人格生命的莊嚴，學問的莊嚴，及一切事業的莊嚴，盡在人志願之無限之中，亦在其實際能實現之有限之中，因爲無論人所實際實現的志願如何有限，只要志願無限，人之心量、人之精神空間便已當下體證無限，此體證無限而承擔有限，便是至大的生命莊嚴⑮，故吾人求生命的學問，當立志，更當立大志。

人立下人格生命的大志，便可由衷生一眞正誠固之德，由是而有一「知是知非的良知，與依是是非非而行的無妄。」有一「求去一切不實，否定一切不實」的眞實，故「誠」亦即是一「絕對的恥不善」，一「是是非非而去不善」的成善之志，可見志與誠不離，志立則誠生，誠生則一切生命中的虛妄盡除，君子與小人即從此中分辨，如論語：

子曰：「君子喻於義，小人喻於利。」（里仁16）

喻於利，則對「利」生一無限的要求，此無限的要求即是人對其無限心量所生的一種顚倒相，此即是心靈之虛妄；喻於義，則「不以其道得之不爲也」，此即是能知求「利」之有限而安於此有限，而其心靈已超越此有限，此即是「誠」，即是「求去一切不實，否定一切不實」的眞實。又如：

子曰：「君子求諸己，小人求諸人。」（衞靈公21）

「求諸人」是一好名的顚倒相，「名」原只因我有某種才德的表現而感人之附從結果，而非我之才德感人之眞實所在，亦非全部之我的所在，故「名」是我所表現之才德，在他人心中之一虛映倒影，今欲求此「虛映倒影」內在於他人的稱贊中，即是一心靈的虛妄，一不誠的表現。而「求諸己」則是自求內中涵攝他人之心，自動協助他人，同情他人，以呈朗人與我心靈之形上統一，內在統一⑯，如此，則我若有名，亦只是一自然的結果，而非出於我之好名，故此「求諸己」，即是心靈至誠所生之本源上的淸淨。

他如「君子上達，小人下達。」（憲問24）「君子和而不同，小人同而不和。」（子路23）「君子泰而不驕，小人驕而不泰。」（子路26）「君子坦蕩蕩，小人長戚戚。」（述而37）「君子成人之美，不成人之惡，小人反是」（顏淵16）等等，實亦皆可從人際的關係、心境的通暢、及用世的態度等等之顚倒相來闡辨，茲不贅述。凡此，皆說明了人向學之誠與不誠對人格生命所造成的影響，論語所以不厭覼縷地區辨君子與小人之異，其義即要人立志學爲君子，以契接聖賢，如此，於踐履之中，即或不得中道而行，必也成爲狂狷，而不致淪入鄉愿，故論語：

子謂子夏曰：「女爲君子儒，無爲小人儒。」（雍也11）

唯立志，人才有誠固之德，而無心靈之虛妄，人之人格生命，亦才能眞正建立起來，故「誠」實是論語中教與學之一精神。論語：

子入大廟，每事問。或曰：「孰謂鄹人之子知禮乎？入大廟，每事問。」子聞之，曰：「是禮也。」（八佾15）

大廟中的那些名物度數，都是經驗上的知識，聖人不一定全懂，聖人所懂的，只是爲人當有的「誠」，誠即是天理，亦即是禮的眞正精神所在；正因其心誠而不虛假，故對不懂的，都「每事問」，不知就問，便是天理，聖人無所不知的是此無所不知的天理，無所不能的是此無所不能的天理⑰，孔子以此身教，亦以此言教，故論語：

子曰：「由！誨女知之乎？知之爲知之，不知爲不知，是知也。」（爲政17）

「知之爲知之，不知爲不知」即是「誠」，誠則知其所知，亦知其所不知，其「知其所不知」的「知」，便是一心靈的超拔，一道德的智慧，此智慧的「知」，即是一天理，一人格生命的「眞知」，亦即是「誨女知之乎」、「是知也」中的「知」，生命學問所要講求的，就是這個「誠」，這個德慧的「知」，論語中的學與教，即涵蓋此精神。論語：

子曰：「自行束修以上，吾未嘗無誨焉。」（述而7）

人格教育原本不是對學生強加施授可得的，故在禮節上，必待學生「自行束修以上」，表明了其願學的誠意，然後施教才具有其價值與意義，這固然可說是對學生的一種起碼要求，亦可謂對其人格自由的一種起碼的尊重⑱。

教學中，學生固須心誠以受教，教師當然更應心誠來教導，論語：

子曰：「二三子以我爲隱乎？吾無隱乎爾。吾無行而不與二三子者，是丘也。」（述而24）

道德教育是身教重於言教的，孔子既「無隱」地誠於教，則一切行爲，都是「日用橫來直去，無非道也。」學生亦必須誠摯的「各就自家日用行處體勘」，以「處處與夫子相逢」⑲，才能契入，否則，無論教師如何眞誠，如何全心全力，學生仍是難以確握人格生命之精神的，故教學中的誠，不是單方面的事，而是師生雙方都要具有的。

## 六、從日常生活之踐履中體證道德生命的學與教

論語之學與教，不只求內在的心誠，更求由內誠而外貫到客觀道德事業的實踐。論語：

顏淵問仁。子曰：「克己復禮爲仁。一日克己復禮，天下歸仁焉。爲仁由己，而由人乎哉？」

顏淵曰：「請問其目。」子曰：「非禮勿視，非禮勿聽，非禮勿言，非禮勿動。」

顏淵曰：「回雖不敏，請事斯語矣。」（顏淵1）

「爲仁由己」，此「由己」即是由己之「誠」，而此「誠」須由內形之於外，通過「視」「聽」「言」「動」等一切日常生活的合禮表現來完成，如此，良心才能充分實現其普遍性與創造性，而人的精神亦才能眞正得到安頓。論語：

子以四教：文、行、忠、信。（述而25）

「仁之本原，在人心之忠信，見之於實際的私人生活之謂行，成之爲人類社會所共有的一切文化現實的大全體之謂文。」⑳「忠信」是道德的精神，而「文行」則是一客觀的踐德表現，故論語的學與教，絕不是要人空坐冥想，而是要人經過體會的工夫，去悟證生命之存在與道德人格的價值與意義。此「體會」，即是以吾人之生活與道德命令相遇，而生吾人生命之「體」，「會」合於道德命令而來的，而此道德命令乃是「人的道德思維，依順良心所呈顯的當然之理，要求實現而過渡到行爲」的一種命令㉑，故論語的學與教，必須有「要求實現，要求過渡到行爲」的精神意義，而沿順此意義之所指，以實現之於行爲，歸宿之於行爲，故是一道德實踐的學與教。

論語開宗明義，便直點此學是一種靈活的道德實踐：

子曰：「學而時習之。不亦說乎？有朋自遠方來，不亦樂乎？人不知而不慍，不亦君子乎？」（學而1）

具體的實現便是「習」，而「時習」的時，是「時機」的時，不是「時常」的時㉒，故時習即是應機的道德實踐。任何事情都有其特殊性與限制性，吾人所要學的，即是如何通過事之特殊性而彰顯心靈的普遍性，如何通過事之有限而印證心靈的無限，此即是道德智慧之學，活潑心靈之學；事既有限而特殊，則其實現便不能當下強求，故當本此道德的智慧，俟機而後力行（學而時習之），如此，才能印證天理，而不致使客觀的道德事業扭曲或變質，此自然當幾，了無痕跡的實踐，正顯現了道德心靈的自主與自由，所以才值得由衷的喜悅（不亦說乎）。

道德之學與教，必外貫到客觀事業的實踐，才能彰顯其意義與價值，而事無大小，每一事都有一天理，亦都有提供吾人踐仁盡性的形上意義，故吾人面對一事，都應眞誠踏實地用力從事。論語：

子游曰：「子夏之門人小子，當洒掃、應對、進退則可矣，抑末也；本之則無，如之何？」子夏聞之，曰：「噫！言游過矣！君子之道，孰先傳焉？孰後倦焉？譬諸草木，區以別矣。君子之道，焉可誣也？有始有卒者，其惟聖人乎？」（子張12）

子游妄評子夏之教學，即蔽於不知「天理之遍在，一切事都是吾人道德踐履之所」之故，此章王船山論之精詳：

「灑掃應對，形也。有形，則必有形而上者。精義入神，形而上者也，然形而上，則固有其形矣。故所言治心修身、詩書禮樂之大教，皆精義入神之形也。灑掃應對有道，精義入神有器。道爲器之本，器爲道之末，此本末一貫之說也。」

「物之有本末，本者必末之本，末者必本之末。以此言本末，於義爲叶。而子游之言本末也則異是，以大且精者爲本，小且粗者爲末。乃不知自其形而上者言之，則理一也，而亦未嘗不以事之大小分理之大小。若以其形而下者言之，則彼此各有其事，各有其用，各有其時，各有其地，各有其功，各有其敎，分致而不相爲成，安得謂大且精者爲小者之本乎哉？」

「於行上說，則灑掃應對之授全體於天則，與精義入神之有其天則，一也。而學者之以愼獨爲要，則愼之於灑掃應對，與愼之於身、心、意、知、家、國、天下，亦一也。於知上說，則精義入神之形而下者大，其形而上者精；灑掃應對之形而下者小，其形而上者粗。自非聖人一以貫之，則知之者實各有所知，而不可以此通彼。子游欲於知上統一，而以本貫末，故誤。程子推子夏之意，於知分次第（敎者但能敎人以知，行則存乎其人，非敎者所可傳），而所以行之者一，則雖有次第，而非灑掃應對之得末而喪本也。……」㉓

灑掃應對進退是日常生活的基礎，既是日常生活的基礎，則更便易於吾人之道德實踐，只要人肯用心，便可從生活基礎的事務中契入天理，天理亦原本是離不開生活的，此即是論語學與敎極高明而道中庸之處。論語：

大宰問於子貢曰：「夫子聖者與？何其多能也？」子貢曰：「固天縱之將聖，又多能也。」子聞之，曰：「大宰知我乎！吾少也賤，故多能鄙事。君子多乎哉？不多也。」（子罕6）

「『大而化之之謂聖』，『大』是心德性體之全部朗現，擴大充之，至於其極。『化』是無一毫之黏滯、執著、冰結、與限制。」㉔故聖除了「大」，更要「化」，能大能化，則一切生活基礎中最具體、最切近而一般人都易忽略的所謂「鄙事」，都可在踐履中消融而渾化為道德生命，使自身通體是德慧，如此，人便可謂「多能」。故人氣質之困囿，命運之限制，在我困知勉行的雰圍中，便都限制不了我去踐仁盡性，以成聖成賢，此便是「天縱」，是以學，當自一切客觀的道德事業之實踐中來學，教，亦當自一切日常生活之體證中來教，此即是論語學與教之一精神所在。

## 七、「敏求」、「善誘」與永無休止的踐履

人在世間，便是一連續不斷的生活表現，其一切未知以求知，一切未行以求行，一切欲有所效有所覺之活動，便都是學，故凡有生之時，皆有所學之學，學便永無止境的一日，是以論語勉人當時時為學，不可須臾鬆懈，論語：

冉求曰：「非不說子之道，力不足也。」子曰：「力不足者，中道而廢；今汝畫。」（雍也10）

子之道，雖是聖學之全體大用，遙不可及，但人生原本就是一無限實踐的歷程，學即寄寓於此無限的歷程之中，走一步，便是一種完成，便可與聖道遙遙相契，故只要吾人肯學，肯實踐，

當下即顯現價值與意義，如此，則無所謂力足或不足；如可進而不進，尚未啓程，即已畫地自限，當下便是離道，便失去人格莊嚴，故吾人當努力實踐，永不停滯地學習。論語又云：

子曰：「苗而不秀者，有矣夫！秀而不實者，有矣夫！」㉕（子罕22）

苗之「不秀」、「不實」而喪失其應然的生機，都因於未能及時灌溉，或灌溉而未持之以恒所致，人之爲學，同於此義，當自策自勵，不可鬆懈，人原本具有之人格生命才不致受到傷害。論語又云：

子曰：「譬如爲山，未成一簣，止，吾止也；譬如平地，雖覆一簣，進，吾往也。」（子罕19）

吾人爲學，「論止，則不特始基之時不可止，即垂成之時亦不可止。論進，則不特垂成之時當進，即始基之時亦當進。大意只是當進不當止，而進止之機，總決於吾。」㉖一切阻撓，都是我自己在阻撓，一切誘勸，亦都是我自己在誘勸，此即是人之心靈的自主與自由，吾人所學，即是學此自主與自由，吾人不停的實踐，即在證實此自主與自由的無限，故論語：

子曰：「學如不及，猶恐失之。」（泰伯17）

如不及，當下實尚可及，恐失之，亦尚未眞失㉗，人有此「有若無，實若虛」的謙卑情懷，則心靈之涵融性顯，由是便能敞開胸襟，不恥下問，向一切人學習。故論語：

衛公孫朝問於子貢曰：「仲尼焉學？」

子貢曰：「文武之道，未墜於地，在人；賢者識其大者，不賢者識其小者，莫不有文武之道

焉。夫子焉不學？而亦何常師之有？」（子張22）

心靈之涵融性顯，則不只可對一切人學，亦可對一切事學，故善可學，不善亦可學，論語：

子曰：「三人行，必有我師焉，擇其善者而從之，其不善者而改之。」（述而22）

心靈之涵融性顯，則便可將現實存在面的一切引歸到自己，而不使自己投身到現象之中，以隨物流轉，如此，在生活的周遭裏，便可洞見他人最平凡的行爲中，有一無盡的善在那兒表現，亦可從另一面看到有不善的存在，而一切不善中，亦都時時有善在要求實現。人有此道德的心理體驗，則無論賢或不賢，便都可爲我師，時時都可供我學習，所不同的，只是正面的對我提撕，或負面的予我警惕而已。

吾人可自善中學善，亦可自不善中學如何翻轉不善爲善，故論語的學，便不只是一認知的學，更是一創造的學；認知的學，所得的只是知識，故愈學，則心靈愈爲知識所桎梏，創造的學，所得的則是智慧，故愈學，則愈能超越知識之所限，突破有限以創造無限。故論語：

子夏曰：「日知其所亡，月無忘其所能，可謂好學也已矣！」（子張5）

子曰：「溫故而知新，可以爲師矣。」（爲政11）

人不只可從現實世界中學，更可超越於此一小我身限的現實世界，而擴充到從一個廣大悠久的現實人生世界中學，故古先聖賢的人格精神，都是我學習的對象，我都可時時與之感契，而從中獲得無窮的人生智慧。論語：

子曰：「我非生而知之者，好古敏以求之者也。」（述而20）

一切人生智慧都自「好古敏求」而來，則古人可以爲我師，我便不當以先知者自居，更不當有絲毫「上天下地，唯我獨尊」的傲慢存在，人在世間只有一個「敏求」的眞實心在那裏表現，一顆不厭倦的心在那裏實踐，天下的事無所謂樂觀，亦無所謂悲觀，只有一個理之當然，此即是生活的眞義，眞人的表現。論語：

葉公問孔子於子路，子路不對。子曰：「女奚不曰：『其爲人也，發憤忘食，樂以忘憂，不知老之將至云爾。』」（述而19）

人「敏求」，則當下即可不外待神助，而憑自己之智慧與德性，以安頓其精神於人間，故可「發憤忘食，樂以忘憂，不知老之將至。」此時，人之所重，在盡人道，以求情通於他人及萬物，而爲其所當爲，人之所重，在求人文之化成，內心之自得，以使人格生命向上、向內以通外，而自己之得失、利害、生死，亦皆視義之所在，以定取捨，如此之「敏求」與踐履，可使一切自我的生死問題，皆不置於其心中，而死後是否有繼續存在的生命，亦可不置其心中[28]，故論語：

子曰：「朝聞道，夕死可矣！」（里仁8）

此將一切「私」意放下，只知永不停滯的學習，永不休止的實踐，亦是論語爲學之一精神，由此學而展現的，則是一純亦不已的德性生命；此純亦不已的德性生命，即與「天之所以爲天」之天德相似，具有無限性與圓滿性，其純然的創造性、理想性、與神聖性，亦當然爲企向眞善美的任何人所仰望，所贊嘆，故論語：

顏淵喟然歎曰：「仰之彌高，鑽之彌堅；瞻之在前，忽焉在後。夫子循循然善誘人；博我以

文，約我以禮，欲罷不能；既竭吾才，如有所立，卓爾。雖欲從之，末由也已。」（子罕11）

「仰之彌高，鑽之彌堅，瞻之在前，忽焉在後」的聖賢人格是深不可測，大不可量的，此即是純然德性生命之神祕性與不可思議性，其「循循然善誘」的感召與功化是不可測度的，故可使人融化其生命于其精神人格的無限中，而「欲罷不能」，此亦是論語「教」之一精神。

## 八、以承傳文化生命爲己任的學與教

「仰高鑽堅」是孔子人格精神的高明處，而孔子之大，則大在高明之歸於博厚。唯其博厚，才能持載一切，肯定一切，承認一切。故能敎各類型的人，亦能佩服各類型的人格，能佩服與他相近的人，亦能佩服與他精神相反的人，論語：

楚狂接輿歌而過孔子曰：「鳳兮！鳳兮！何德之衰？往者不可諫，來者猶可追。已而！今之從政者殆而！」

孔子下，欲與之言。趨而辟之，不得與之言。（微子5）

對此等只知諷示，不知面對現實的隱者如楚狂接輿之徒，能心許之而「欲與之言」，這是何等的氣度？正因其博厚如此，故雖欣賞隱者之志，卻不忍依循其志而遂其行，以使自己亦成爲一孤立的個人，一棄人文以返自然的個人。是以論語所學所敎的，則是要人面對現實，以承擔起此一切維護、創造文化生命的責任，論語：

曾子曰：「士不可以不弘毅，任重而道遠。仁以爲己任，不亦重乎？死而後已，不亦遠乎？」（泰伯7）

誠然，我之爲一具體的人，乃一方是一世界中的人，亦是一國家民族中的人，一歷史文化傳統下的人，一家庭中的人，我之是一人，乃是「包涵多方向之關係而屬於多類」之統一的存在㉙，而不只是一自然個人的存在，我活在此存在面上，即是此一事實的證明，故我必須對此中的一切文化生命有所承擔，即令時局不可爲，亦當「知其不可而爲之」（憲問39）即或我之生於此世間是一種無奈，亦能勇於擔當此無奈，此所以人不可以不弘毅，「任重而道遠」，畢竟，「鳥獸不可與同群，吾非斯人之徒與而誰與？」（微子6）鳥獸是生物的生命，生物的生命不是文化生命，避人避世，雖曰高蹈，但也不是文化生命，沒有文化生命，則人間只有日趨墮落荒涼，高蹈亦終歸於烟清雲散，只有愛人間，與千萬人爲伍，同舟共濟，才能使人類之文化生命生生不已，此正是儒家學與教之責任所在，精神所在，論語：

子路問君子。子曰：「修己以敬。」

曰：「如斯而已乎？」曰：「修己以安人。」

曰：「如斯而已乎？」曰：「修己以安百姓。修己以安百姓，堯、舜其猶病諸！」（憲問43）

爲愛護民衆，維護文化的生命，必須以內聖的修養投入於外王的事業上，亦唯通過外王的事業，才能使內聖的人格完足；當然外王牽扯甚多，權勢名位等等的誘引與對抗，都會使人原有之理想性因失落而變質，故人當先守護自己，「修己以敬」，然後再求「安人」、「安百姓」，修己是一目的，安人安百姓亦是一目的。論語：

子夏曰：「仕而優則學，學而優則仕。」（子張13）

要安人安百姓，必須從政。政治是人之道德意識直接實現之一場合，是道德實踐的直接延長，故「學而優則仕」絕不在求一己之名位權利，而在使自己之德養透過一便易而廣被的政治場合來表現，以落實爲客觀的道德事業。是以論語之所謂從政，並不在敎人直接投入實際政治的權力結構與運作中，而是以文化理想與道德生命，來開發政治的理想，貞定政治的活動，論語：

子曰：「道之以政，齊之以刑，民免而無恥；道之以德，齊之以禮，有恥且格。」（爲政3）

由德禮，才能從根上轉化，以喚醒一切人之道德心，使人人悱啓憤發，而恥於爲非作惡以向善，故德治，自始至終，便落足在具體的個人人格上，而視人人自身爲一目的，由其德性之覺醒、向上，以完成自己，以各正其性命，而人類文化的生命即從此無限人「各正其性命」之無限踐履的歷程中，不斷地創發成長，此即是從政的眞義。

文化生命既在無限人「各正其性命」的無限踐履中成長，則吾人所謂的「從政」，自當不限於從事一般人通常所謂狹義的實際政治活動，一切人生文化活動實即都有着政治理想的性質，故從廣義說，實都是一種「政」，論語：

或謂孔子曰：「子奚不爲政？」子曰：「書云：『孝乎惟孝，友于兄弟。』施於有政，是亦

爲政，奚其爲爲政？」（爲政21）

由孝弟親親推出，以仁民愛物，政治的理想即可實現，故以道德倫常敎化人間，便亦是一種「政」，一種創發文化生命的表現。人之現實存在面的事物無限，只要吾人「依於仁，游於藝。」（述而6）則仁是心，仁心之隨所感之人物之不同，便有各種不同的表現；凡爲吾人之一番眞誠的仁心所貫注，所游的都是「藝」，農工商之對物是藝，醫射御之對人身是藝，政治、經濟，治國平天下之對社會是藝……總之，一切人文活動都是藝，都是文化生命的表現，只要不離「人」，不違「人」的活動，都值得去從事，都是一種承傳文化生命的擔當。

## 九、聖賢型的使命感與天人合一的圓學與圓教

論語強調人當擔負起承傳文化的責任，則其學與敎，便是要人在心中引燃一強烈而嚴肅的使命感，此使命感，指的不是「在現實時間過程的機括中，單憑自身之情慾生命，在感覺界的定向上逞能」的那種英雄式的使命感，而是「以圓熟而立體之德性生命，平實地通達於超越」的聖賢式的使命感。英雄式的使命感只能使英雄依順其才、情、氣之奔赴，而將其全幅力量用在「事」上，其生命強度亦只能有一次或至多若干次之創造力之激發，在感覺界的定向上，求某一問題的解決，事一有「定向」，則必有事之機括性，隨之而有機括性的命運感，故他的情慾生命上面，必有一個命運在支配着他，一切受命運支配，則其所謂的使命感，只是一外在的使命感。至於聖

賢，則只有「承體起用」的使命感，承體即是承此「人人原本即有的仁性仁體」，故在他分上，只是「窮理盡性以至於命」。盡性是一過程，此過程的每一步都是一圓足，一絕對，亦是一永恒；盡仁之性，便是窮仁之理，當仁心仁性呈露時，則我不只自覺自身有仁心仁性，亦同時知世間無限的他人都有此仁心仁性，仁心仁性非我所能專獨，故一方直覺其內在於我，亦一方直覺其超越於我，非獨我所賴自力以使之有，而爲天所予我，此即是天命。我盡仁之性，便是至天之所命，受其命而全幅實現之，歸受之，此即是「至命」，故此全歸而「至命」的過程，不是「命運」，而是「直透到超越的最後眞實，由此最後眞實所興發」的一種內在使命㉚。論語：

子畏於匡，曰：「文王旣沒，文不在茲乎？天之將喪斯文也，後死者不得與於斯文也；天之未喪斯文也，匡人其如予何？」（子罕5）

「文不在茲乎？」即是通過文運來表示上天所交付給他的內在使命，此內在的使命感，即涵蘊對人間世精誠惻怛的愛，此愛即是不忍世人隨墮落的時代而將其精神生命下墜成如動物般的清一色之機械的生物生命，此不忍「人人流離失所，落爲非人生活」的惻怛心裏，自然湧現出全幅的文化理想與承擔，此承擔，不只是一我的承擔，更是無限他人之「我」的承擔，「天之將喪斯文也，後死者不得與於斯文也，天之未喪斯文也，匡人其如予何？」人人都有此承擔，故人人都有此內在的使命，此人人都有的「窮理盡性以至於命」之內在使命，所表現的便是一「純亦不已」之創造性的天德，論語所學所敎的，便是要人植養此天德，以消化其定向上的命運感而成爲一「盡性至命」的事。論語：

子曰：「莫我知也夫！」子貢曰：「何爲其莫知子也？」子曰：「不怨天，不尤人；下學而上達。知我者，其天乎！」（憲問36）

「莫我知也夫」是孔子對命運的慨嘆，而當子貢問及「何謂其莫知子也？」孔子即轉化其命運感而淨化其自己，說：「不怨天，不尤人，下學而上達。知我者其天乎！」「不怨天，不尤人。」便是將個人所遭受的一切痛苦與罪過之責任全歸到自己的身上，而不向外推卸，自己只有努力不懈地「下學」，以踐仁工夫來承擔此責任，此外，別無所求。此「下學」的「學」，即是「學而時習之」的「學」，此學不只是從日常生活的累積經驗中追求專門知識的「學」，更是把外在的知識消化於生命，而轉化爲生命所具有之內在德性的「學」，亦即是轉智爲德的「學」㉛，一切外在的事物都是天理在那兒展現，人能將此天理內攝而消融爲自身的德性，便可使自己的生命與天的生命相契接，於是天與人通貫爲一，此之謂「上達」，此時天人的生命相感通，人能由踐仁以喻解天道，天亦反過來喻解人道，此便是「知我者其天」的心境，由是太極與人極遂都一一呈現形而上的究極意義，人心即天心，人之眞心眞性，便是天心天理的直接呈露，而人所要擔當的，便是此「以人性通神性所定之理性化成天下」㉜的使命，「人性通神性所定之理性」便是道，道的表現而爲禮樂，即是「文」，以「道的表現」來成全人，就是以「文」來成全人，此即是「人文化成」。天以顯道，人以成道，以此天道來成人道，即是論語天人合一的圓學，而孔子在其爲學的歷程中自謂「五十而知天命」（爲政4），即是此圓學之一體證。

天道即人道，則天即不是無精神之感覺所對的自然，而爲包涵人之精神生命之本原於其內的自然；此能生無盡之人物的天，即是一充滿無盡之精神生命的整體自然，吾人能透過仁心以觀之，「則自然萬物互相感通應和，而生生不已，即實見天德之仁與禮，由感通而各得其所求，各成就其自己，而各得其正位，即實見天德之義智，以至於凡所謂在時間之生化之事中皆實見有仁，於凡在所謂空間之布列之物中，皆實見有義。」㉝則四時之循環，以及萬物之生生不息，都蘊存有天地創生化育之妙理，故一切自然對吾人而言，都富有人生的敎育意義，論語：

子曰：「予欲無言。」子貢曰：「子如不言，則小子何述焉？」子曰：「天何言哉？四時行焉，百物生焉；天何言哉？」（陽貨19）

天之無言無行，並非其不及言、不及行，而是有言有行，復超乎此言此行以上；超乎言行的天，爲人之所從出，亦爲人之言行所從出，故「太虛寂寥，默然無語」的至空至無境界，實正如聖人「無爲而治，不思而中」的境界；四時運行不息，而秩然不亂，萬物化育於其中，而並行不悖，此生生而有條之天德，即是天不言不行之敎，此天之絕對精神生命的實在，實爲吾人精神生命之最後寄託之所，亦必待吾人盡心知性，存心養性，而後可與天道遙契，此即是論語天人合一的圓敎。其所以爲「圓」，乃因此「與天遙契」的精神境界，一方保持了天之本有的超越性，一方復將天收進來作爲自己內在的仁性之故；若只保持了天之超越性，只重其客體性，則將形成耶敎式的宗敎；能重天之客體性，復能折返而歸於人之主體性，而自覺於此主體，貞定於此主體，踐行於此主體，使人之地位參透於天而成二位一體，成一「眞實的統一」，即是論語圓熟之學與敎的最高精神所在。

## 十、結論

綜上所論，論語之學與教，旨在使吾人從自己的氣質生命中徹底翻出「理性」的自覺，「價值」的自覺，使吾人在個人自私的軀殼生命中，看出一個異質的眞實生命、理性生命，以超越此軀殼的生命，而豁出人格的存在、價值的存在，並以此無限的理性，從事各種道德的實踐，在日常生活中，或純淨化其生命的實踐（改過），或聖潔化其生命的實踐（遷善），以全幅地朗現眞實的人生，而達到天人合一的最高理想境界。

此學與教，既重自覺，則對人之道德價值之莊嚴性、神聖性，和對聖賢人格之存在性，便可當下有一自發的信仰，故不必定要如世間一般哲學一樣，須一一通過各種建構性的哲學理論來印證，而後才自信。此學與教，既重無限理性之生發，則其道德人格教育雖也隨世間之一事一物來實施，卻能時時依附於此一無限統體性的心量，故在道德實踐的歷程中，亦不必如一般道德教訓一樣，爲所遇之一事一物的活動性質所囿限，故當人之行爲應他事他物而有所失當，亦必能不持前事之執而隨時自矯其所不當，此虛靈之心量涵蓋於一切自然物之上，一切現實存在事物之上，故可通於造化之原，通於幽明之際，而貫徹古今，以與天地合德㉞。此學與教，既重在道德的實踐，則人之一切表現，便當依理性之所命來行動，以使人之存在狀態合於理性。因此，「道德實踐必涉及存在。此涉及存在或是改善存在，或是創生一新存在。因此，革故生新即是道德的實踐。革故即是改善，生新即是創生。革故生新即是德行之『純亦不已』。」㉟故不論過去我是如何的一個人，只要當下之我涵泳於理性的潤澤中，則我便是一眞實的存在，一切人涵泳於理性的潤澤中，則一切人亦便都是一眞實的存在，此眞實的存在，即是人活在人間的價值與意義，於是一切人生的活動，皆只是相互貫通、相互照映、相互增益其意義的關係，故無一人可被視爲他人之手段或工具，亦無一事可被視爲另一事之手段與工具，人與事都有其絕對唯一的自身價值，則人人對我，都各爲一目的，都是一眞實的存在，我對人人，亦都各爲一目的，都是一眞實的存在，由此貞定人之意義與價值，則人間一切學問便能攝末歸本，而科學的進步亦才能在此雰圍下彰顯其意義與價值，故論語之學與敎，實是世間一切學問之學與敎之宗本，中華文化之偉大處在此，而吾人之所以應承擔起宏揚文化的責任，以促進世界之大同，其理由亦在此。

## 註釋

①參見唐君毅先生著「中華人文與當今世界」（台北・學生書局・民國六十七年再版），上册，第四章「人的學問與人的存在」一文。

②參見牟宗三先生著「中國哲學十九講」（台北・學生書局・民國七十二年初版），第十九講「縱貫系統的圓熟」一文。

③引自黃梨洲原著（李心莊重編）之「（重編）明儒學案」（台北・正中書局・民國六十八年五版）上册，卷七，「姚江學案（一）」，頁九〇。

④引自王夫之著「讀四書大全說」（台北・河洛出版社・民國六十三年台景印初版），卷七，頁

四七〇。

⑤參見唐君毅先生著「文化意識與道德理性」（台北・學生書局・民國六十九年四版），下册，第九章「體育軍事敎育之文化意識」一文。

⑥參見曾昭旭先生著「且聽一首樵歌」（台北・漢光文化事業公司・民國七十四年二版）中「談改過之道」一文。

⑦引自羅近溪著「盱壇直詮」（台北・廣文書局・民國六十六年三版）下卷，頁一六九。

⑧參見唐君毅先生著「病裏乾坤」（台北・鵝湖出版社・民國七十三年再版）中「人學」一文。

⑨參見朱熹著「四書集注」（台北・世界書局・民國五十六年十一版），上論，卷四，頁四二。

⑩引自日人竹添光鴻著「論語會箋」（台北・廣文書局・民國六十六年再版），上册，卷八，頁四九八。

⑪參見唐君毅先生著「人生之體驗續編」（台北・學生書局・民國六十九年四版），第四篇「立志之道及我與世界」之一。

⑫參見拙著「從『言志』說起——析論論語三章」一文（孔孟月刊第二十三卷第十期・民國七十四年六月）。

⑬參見牟宗三先生著「政道與治道」（台北・學生書局・民國七十二年再版），第七章「政治如何能從神話轉爲理性的」之三。

⑭同註⑨，上論，卷三，頁三二。

⑮參見唐君毅先生著「青年與學問」（台北・三民書局・民國七十三年再版）中「精神的空間之開拓」一文。

⑯同註⑪，參見第七篇「人生之顛倒與復位」一文。

⑰參見王陽明傳習錄下，卷三。見「王陽明全集」（台北・宏業書局・民國七十二年初版），傳習錄，頁七四。

⑱參見曾昭旭先生著「論語的人格世界」（台北・尚友出版社・民國七十一年初版），頁一二五。

⑲同註⑩，頁四四八。

⑳引自錢穆先生著「孔子與論語」（台北・聯經出版事業公司・民國六十四年三版）中「孔子之教與學」一文，頁一〇一。

㉑同註⑤，參見第五章「哲學科學意識與道德理性」之十三。

㉒同註⑱，頁一五〇。

㉓同註④，引自卷七，頁四九三—四九五。

㉔引自牟宗三先生著「中國哲學的特質」（台北・學生書局・民國七十一年六版）中第十講「復性的工夫」一文，頁七八。

㉕論語正義：「李軌法言注云：仲尼悼顏淵苗而不秀，子雲傷童烏育而不苗。……後漢書章帝八

王傳贊：振振子孫，或秀或苗。皆以此章喻人早夭，故成德亦有未至。」朱注：「穀之始生曰苗。吐華曰秀，成穀曰實，蓋學而不至於成有如此者，是以君子貴自勉也。」今採朱義。

㉖同註⑩，頁五七九。

㉗論語正義：「如不及者，已及也；猶恐失者，未失也。言能恐失之，則不失；如不及，則能及也。」

㉘參見唐君毅先生著「中國文化之精神價值」（台北・正中書局・民國六十八年修訂本）中第十四章「中國之宗教精神與形上信仰——悠久世界」一文。

㉙參引自唐君毅先生著「說中華民族之花果飄零」（台北・三民書局・七十三年五版）中「花果飄零及靈根自植」一文，頁五六。

㉚同註⑬，參引第六章「論政治神話與命運及預言」之一。

㉛同註㉔，參見第六講「由仁、智、聖遙契性、天之雙重意義」一文。

㉜參見牟宗三先生著「道德的理想主義」（台北・學生書局・民國七十一年修正五版）中「儒家學術之發展及其使命」一文。

㉝同註㉘，頁四五四。

㉞同註①，下册，參見第十八章「儒家之學與教之樹立及宗教紛爭之根絕」一文。

㉟引自牟宗三先生著「圓善論」（台北・學生書局・民國七十四年初版）第六章「圓教與圓善」

一文，頁三〇六。

——孔孟學報第五十三期・民國七十六年四月

# 論語言孝要義

## 一、家庭倫理之情與義

倫理是中國文化的特色。倫者，倫偶也，指人與人彼此之相與而言，相與之間，情誼由是產生，是以倫理的關係即是情誼的關係，其中涵蘊著相互之種種道德義務與責任，倫理之「理」就在此情此義的層層關係裏凸顯。

誠然，人一生下來，始終須在人際關係中生活，而最先接觸的，則是父子兄弟的關係（言父子已含母女，言兄弟已含姊妹），因此，倫理開始於家庭，人際間之情與義，亦先從家庭中見。

但倫理雖始於家庭，卻不止於家庭，由家庭倫理做基礎，而擴充到社會各層面。由是彼此之情義更濃厚，彼此之關係更家庭化了。是以稱師曰師「父」，稱生曰徒「兒」、徒「弟」，呼鄉鄰之長者爲「伯」「叔」，朋友之間也以「兄弟」互道了。論語：

司馬牛憂曰：「人皆有兄弟，我獨亡。」子夏曰：「商聞之矣：『死生有命，富貴在天』君

子敬而無失，與人恭而有禮，四海之內，皆兄弟也。君子何患乎無兄弟也？」（顏淵5）

子夏視普天下之人皆爲兄弟，情同手足之見，正表達了吾人倫理之情與義由家庭推拓到整個天下之偉大胸襟。

中國以倫理來組織社會，顯而可見，而倫理中之情與義既從家庭萌發而來、醞釀而來，則家庭意識自深植於國人心中。家庭乃由父母（直系血親之尊親屬代表）、子女（直系血親之卑親屬代表）及兄弟（旁系血親之代表）結合而成，其家庭意識不以物質相依之生活爲依據，而以情與義之道德生命爲依據，此中有父母之間互寄夫妻之愛以生子女之生命自我超越之情，有父母寄子女以慈愛之生命順展之情，有子女寄父母以孝思之生命反本上溯之情，及子女寄父母不斷生出爲並立兄弟之友恭之生命順展而分流之情①，故家庭意識乃一縱貫橫施之情與義的意識，此四者交互之情義，一皆通過父母之關係而建立，亦即父母乃家庭意識形成之主導，故子女對父母反本上溯之情與義尤當重視，「孝」由是成了家庭倫理之重心所在。

論語是儒家倫理思想之結晶，其間談孝多處，文簡而意賅，足見先儒對「孝」體悟之獨到，吾人詳玩有關章節，「孝」之偉大精神當一一朗現於目前。

## 二、孝之返本意識及「務本」的意義

有子曰：「其爲人也孝弟，而好犯上者鮮矣，不好犯上，而好作亂者，未之有也。君子務本

，本立而道生，孝弟也者，其爲仁之本與！」（學而2）

論語言孝，開宗明義便直點「務本」，此中有大學問在。「務」之爲義，王船山言之肯綮：「學也者，後覺效先覺之所爲，孝弟卻用此依樣葫蘆不得。雖所爲盡道以事親者，未嘗無學，而但以輔其盡性之功，則輔而非主。……『學』字與『務』字，義本不同；學者，收天下之理以益其心，務者，行己之德以施於天下，知此，則知爲仁也，不犯也，不亂也，皆以見於天下之作用言而一揆也。」②

「務者，行己之德以施於天下」，德貴自覺，故「務本」實即對純粹道德理性之返本意識的提撕。孝之所以當具有返本意識，其義即吾人在現實中當自我絕對超越以向上看自己生命之所由來，從而返於我生命自生之本。吾人當體認我之生命原本是在蒼茫混沌中，在佛家所謂的阿賴耶識③中，此時之我只可說是上帝心中之一理型，是無言之我，無形之我，甚或只是冥冥之一因質；而當今之我是一現實存在性之生命，是一父母精神生命的客觀化，亦即現有之我必須通過父母彼此在愛情上統合努力之歷程以成的，儘管父母之生我當時也許只是彼此本能之一種盲動，但透過我之道德理性的自覺，則父母之生我乃是一善體之流行，其所以爲善，是因不論父母之生我是否出於其自覺，尅就其精神意義而言，乃是父母能超越其現有自我之執而生我，此超越即是一種「公而無私」的精神，即富有道德之價值。所以在父母生我之前，我無現實存在性，我即等於零，我之由零而爲有，乃是父母彼此之精神生命的感通與超越而來的，此由無我而有我，即是父母之一創造④，故姑不論現實存在之父母是否愛我，我必當報之以孝，以謝此由無而有之生命創造，此「不論父母是否愛我，我必當報之以孝，以謝此由無而有之生命創造」即是一超越現實之執的絕對情操，此一絕對之孝的情操（不問對方如何，只問自當如何，故非相對）端繫於返本的意識，只有時時保持返本意識的強烈，始能喚醒孝之道德理性，行孝之精神才能超拔乎氣質之困限而不墜，此所以論語講孝首重「務本」之義。

孝既首重「務本」，務本既在提撕純粹之道德精神，使現實存在之我自我超越，報父母以孝思，以與父母彼此統合共同超越我執以生我之情與義交互感通，心光相映。剋就子女而言，我之絕對超越而回歸我生命所自生之「本」即是「返本」，此中之精神重心不在返本之「所」（本）上，而在返本之「能」上，唯有我之「能」超越自我的現實限隔，始能返於父母之本。萬物皆有本，唯獨吾人始知返本，始能返本，故此「知」此「能」實是吾人能配稱萬物之靈的本質，亦唯如此；才有道德之價值與意義可言，此返本之「能」，要言之，即是吾人仁心仁性之流行。

此返本之「能」，是一公而不執之「能」，唯其不執，故不論父母在不在吾人當前（父母生存或死亡），我都能思以返本，且能層層縱貫溯源，返父母之本更返奕世之列祖列宗之本，此仁心仁性所呈顯之「能」，乃一切道德之發端，故論語：

曾子曰：「愼終追遠，民德歸厚矣。」（學而9）

唯其不執，故能超越血緣之封限而返生無言之我無形之我的宇宙之本，此寄現我之情與義於非現實存在面，即是一有限通於無限的情懷，亦即是宗教之情懷，故孝之精神實亦是宗教之精神。

或謂孝之精神不及宗教精神，因爲「孝弟也者，其爲仁之本與。」宗教之行仁施愛對象無差等，所寄予情義之對象亦無先後，而孝則須先事父母，先返父母之本以寄情義與其交感互映。實則孝之所以先父母，只是囿於存在面的限制，其與宗教施愛及情義之感寄，實無本質上之不同，此義程伊川點得最明切：

「孝弟，順德也，故不犯上，豈復有逆理亂常之事？德有本，本立則其道充大。孝弟於其家，而後仁愛及於物，所謂親親而仁民也。故爲仁以孝弟爲本，論性，則仁爲孝弟之本。」⑤

爲仁，即行仁；仁是無限之感通，故行仁不囿於家庭，更要豁展出去，層層擴充。孝（悌是對兄弟所寄之情義，兄弟乃是現我降世之一路上之先後的人，與我皆本於父母，故悌之爲德，實即孝之分展與橫施；言孝德實已含悌德，故此處言孝而略悌）之所以爲仁心仁性之開始表現處，乃因吾人現有的生命直接承自父母，在現實存在面的限定下，吾人實無法同時對所有的世人負起道德責任，只能從最先接觸我最先施恩於我之父母開始，蓋父母實是奕世祖先距我最近且切實的一環，堪爲列祖列宗之代表，且亦是我生命所來自之天的象徵，故我先事父母之孝行，形式上雖只是仁心仁性之萌發，實質上已涵蓋了寄一切人類永恒生命之深情大義於其中。故孝只規定吾人之道德責任最初表現之所，並未限制吾人超越血緣關係將道德責任擴拓伸展以覆遍於一切之人，由此來談「務本」，才有意義。

## 三、孝中敬與愛之精神

吾人言孝，首重返本，已如上述。此中就返本之「能」而言，是吾人行孝之仁心仁性的朗露，就返本之「所」（本）而言，則是父母爲吾人之所可敬所必敬之莊嚴性的精神彰顯。吾人之所以視父母爲所當返之「所」（本），即在於此「所」（本）有其永恒之可敬性。敬是一己自感不足而自我收斂以承托對方之實的態度，彼實而我虛，故以虛承實爲敬⑥，此爲敬之第一義。父母先我而存在，在父母未生我之前，我是一無言無形之我，混沌之我，我在現有中等於零，故我是一虛位，我以此超越之眼光看父母，則父母恒在一理想境中，故我恒覺不足，恒當收斂自己以敬父母；是以「兼人」的子路問及「聞」「行」所當持之態度時，孔子答以「有父兄在，如之何其聞斯行之？」（先進22）欲誘改其「兼人」的個性，特強調「有父兄在」，其意即在使子路體悟在父兄之前，自己是一虛位，知自己之不足，方有助於「敬」之精神的提撕。

可見就我而言，「敬」是一自我超越的理性表現，理性乃吾人之所以爲萬物之靈的本質，「人之異於禽獸者幾希」的「希」，就在這「超越」的自覺上，故我致孝父母，僅致奉以口體之養，並不算孝，在心靈上，主動自發，提撕孝中之「敬」之純粹精神，忘我同時肯定父母之我以承托虛受之，如此，我之眞誠虔摯之心志才能籠罩在事奉敬養之間，這才是孝的精神，否則，犬馬亦能守禦負乘以養人⑦，我與犬馬之「能養」，就無以簡別了。故論語：

子游問孝。子曰：「今之孝者，是謂能養，至於犬馬，皆能有養，不敬，何以別乎？」（爲政7）

吾人之所以對父母必敬，除因於彼實我虛之外，尚有進一層的意義。原來父母之生我，就精神而言，是一超越我執以順展生命之理的表現，故父母是一絕對精神的化身，亦即是天、上帝的象徵，我必肯定其爲一純精神之人格，視其爲人格神，故我必敬父母，此爲敬之第二義。是以現存之父母所呈顯的雖亦是一夾雜的生命，甚或在受盡病態情境之種種迫害下，其心靈已遭扭曲且產生缺陷，但我在父母身上，所見的只是一心之流行，而不見有物氣，此敬，乃是孝中所顯現之絕對精神的「敬」，故論語：

子曰：「事父母幾諫，見志不從，又敬不違，勞而不怨。」（里仁18）

「又敬不違」是我對父母之精神人格的絕對尊重，但此並不意味我亦對其現有生命之物氣的「盲敬」、「愚敬」，正因非「盲敬」「愚敬」，故我事父母當「諫」，我之所以「諫」，乃因我企望父母能消除現有之物氣，以復其精神之絕對神聖性，此即是我對父母的愛，亦即是我助父母成善之道德責任，此「愛」源自對父母的「敬」，且不離其「敬」，故我應幾以「諫」，不面折庭爭而諫之以「幾」，故我「見志不從，又敬不違。」我對父母之精神人格旣抱持絕對的「敬」，則我必眞信父母終必能復性，眞信我對父母之感格亦終必有效。我以此絕對的信心，一往致孝於父母，由是而我心誠，我信且誠，故我不向外馳心而期父母於何時有效，亦不必外觀我之信誠是否有效，我只內求諸己，全心只存一片信誠，絕無置疑，更不覺委屈，故我終身事父母「勞而不怨」。此因「敬」以致「愛」，施「愛」而成「敬」，即是孝之精神所在。

## 四、以父母之心爲心與承先啓後的使命

「返本」是孝之一基本意識，但論語言孝，則是「返本」兼以「成末」的。因爲若只重返本，則易隔阻超越之我與本能之我的整合與暢通，吾人欲不使孝之意義淪爲空談，而斷遏了自然生命之流行與順展，則必須在返本之同時一併講求成末，不只須將吾人之精神歸返於父母生我之本，同時亦當將吾人之精神逆溯而投入吾人之現實生活當中、本能生活當中。易言之，吾人雖以絕對忘我、絕對超越之情懷返於父母生我之本，但絕不可只顧返本而輕忽、鬆懈、甚或摒棄了現我以成末，此「返本」與「成末」雖是互爲逆向之意識型態，但「返本」並不忽略「成末」，「成末」亦不阻礙「返本」，二者在精神上更是互爲貫通，交相成全的。吾人必須將形上之我與形下之我綰結統整，一面提撕超越之我以成就孝思，一面成就自然生命之流行使之順展⑧，亦即將現實、本能之生活理性化，以父母之心爲心，而淨化自然本能之生活爲一道德生活，故吾人如因致孝父母而輕忽自身之健康是一罪過，父母死而哀過其情，亦是一罪過，故論語：

孟武伯問孝。子曰：「父母唯其疾之憂。」（爲政6）

「父母唯其疾之憂」是父母慈愛之一表現⑨，孟武伯問孝，孔子不從正面解說，反以「慈愛」答問，其中是具有深遠的意義的。原來父母對我之慈愛，從外徵上看，初或出於其本能，但尅就道德精神而言，則是具一生命本體的超越，父母視子女之身體，乃是其自身生命之理的伸展表現，其不惜迎向死亡，鞠育顧復以關照子女，是一善之流行，其因子女而勞瘁，甘爲子女而犧牲，是因在子女之身中已照見其自身，成就子女的生命即是成就其自身生命之永恒，故父母之身軀雖迎向死亡，其精神卻從生命之迎向死亡中超拔乎死亡。故爲人子女的，必須善養身體，不可糟踴，務使我之年壽正受其命，以父母之心爲心⑩，以成就父母愛我望我之心願，此一成全父母愛我之善，即是一至高無上之道德理性。此時，我之善養我身已了無私我之執，而是透過一自我的超越，從「返本」中回歸於「成末」之道德意志。此「從返本中回歸於成末」之意識，即是「承先啓後」的意識，我不只當愛我身軀，以承傳不斷之現有生命，我更要將父母乃至列祖列宗之精神生命、文化業績一脈接繼，發揚光大，使之生生不已；此一方我要上對列祖列宗交待，一方要下對子子孫孫負責，是以我是祖宗與子孫間的樞紐，無我，則無以成就承傳，故我必須保我健我之形軀，以成就一切道德使命，孔子答孟武伯之問孝，其義在此，孔子在詩敎中謂：「關雎，樂而不淫，哀而不傷。」（八佾20）此「哀而不傷」引到孝思上來說，其義亦在此。依此，則「吾人一切所作所爲，都願對往古來今的祖宗（以至於天）與子孫負責，以護持此繼世不絕的大生命的心情，便叫作孝。」⑪

「承先啓後」不只是一種意識，更必須付諸實踐，以行動來完成使命，才有意義，故論語：

子曰：「父在觀其志，父沒觀其行，三年無改於父之道，可謂孝矣。」（學而11）

「志」只是一「承先啓後」的意識，「行」才是重心所在，且「三年無改於父之道」，在長期的執行中不偏離先人精神昭示的原則，始能達成此一神聖的任務，這才是眞孝。

復次，吾人旣肯定「以父母之心爲心」是孝之一表現，則我不忍離開父母身邊亦是一孝行，論語：

子曰：「父母在，不遠遊，遊必有方。」（里仁19）

「父母在」之所以不遠遊，乃因父母無時無刻都在想我念我，此想我念我而望我常在其側之情，非父母欲佔有我，視我爲一防老工具，並期我回報當前之私情，乃本於其精神之愛，從見我形軀之中引證其生命循天理而伸展之公情，正因是公情，故父母不專愛我之私執，亦願我結婚生子以順展生命之理，以拓延更多子女之情，是以父母望我常在其側是一純粹之道德理性，爲人子女的我亦當以父母愛我之心爲心，「不遠遊」以成全其愛，感通其愛，兼以回饋當前，雖在有限之生活條件下，我或迫不得已而遠遊，但亦當「遊必有方」，使父母愛我之情有寄處，不致飄蕩無依，我使父母知我之所在而無憂，以彌補遠遊而致孝未逮之缺憾，亦是一孝行。

## 五、不容已之自然孝情

論語言孝，重「義」亦重「情」。其重孝「義」，故講求「務本」，以喚醒返本意識，提撕孝中之敬愛精神，要吾人時時扣住孝「思」，豁醒孝「智」，俾在實踐之中，不致盲動而扭曲孝之本意，減低行孝「意志」。其重孝「情」，故「孔子答門人問孝，皆就至性至情不容已處啓發之。」⑫此情，非生物性盲動之情，乃與孝「智」綰繫，依孝「義」而存養的不容已之情。論語：

葉公語孔子曰：「吾黨有直躬者，其父攘羊，而子證之。」孔子曰：「吾黨之直者異於是：父爲子隱，子爲父隱，直在其中矣。」（子路18）

「子爲父隱」此「隱」是知其事實而不說不證，非知而文飾，強辯其非以爲是之謂；子所以爲父「隱」，實發乎此不容已之孝情。孝情是天理的伸展，故不爲虛矯的名聲所壓抑，子爲父隱而不出證，正是孝情在其心中奔放而不受委曲，故「直」在其中矣。

不容已之孝情既依於天理，則當是極其自然，絲毫造作不得，我有一分誠摯，才能呈透一分孝情，我胸中欠這份孝情，只在外表上下工夫，仍失行孝之意義，故論語：

子夏問孝。子曰：「色難，有事弟子服其勞，有酒食，先生饌，曾是以爲孝乎？」（爲政8）

全章旨趣，便在「色難」兩字。故論語會箋云：「色難，不說色應如何，應如何便有摹擬，可摹擬便未難矣。隨時易地，其道無方。舜之齊慄，有齊慄之難，老萊子之嬉笑，有嬉笑之難，中有一分孝，外便有一分之色，自然流露，無可揜著，難處原不在色，不在色，色之所以難也。」⑬此段詮釋，把「色難」的內涵說得最剔透。吾人行孝態度，不是在事親之際強顏作笑便得的，我之存一分孝敬之虔誠，才能在容貌上呈朗一分自然孝「色」，此自然之孝情，如何虛假了得？是以我要求的是內裏的赤誠，至於外表的工夫，已無關緊要了。

細玩孝情之所以「不容已」，之所以「自然」而不造作，實因於吾人之仁性，仁性乃是「靈敏易感懇摯惻怛的心」⑭，「靈敏易感」乃來自吾人天性至純至潔的直覺，「懇摯惻怛」則是訴諸理性而感到舒適的情安與心安，故吾人盡孝則情安心安，不盡孝而情安心安，則是一「痲木」的安，痲木即墮落，即不仁，故論語：

宰我問：「三年之喪，期已久矣！君子三年不爲禮，禮必壞；三年不爲樂，樂必崩，舊穀既沒，新穀既升，鑽燧改火，期可已矣！」子曰：「食夫稻，衣夫錦，於女安乎？」曰：「安。」「女安，則爲之！夫君子之居喪，食旨不甘，聞樂不樂，居處不安，故不爲也。今女安，則爲之！」宰我出。子曰：「予之不仁也！子生三年，然後免於父母之懷。夫三年之喪，天下之通喪也；予也，有三年之愛於其父母乎？」（陽貨21）

宰我以爲揆之時情，期可已矣，故舉例以證論。其實，這些都無關宏旨，故孔子不暇闢其禮壞樂崩之語，亦不與細辯三年期月之是非，只拈一個「安」字反問，要他依良心理性自省自覺，自我判斷。宰予說：「安」，其不致孝情而安，心實已痲木不仁，痲木即由於不覺，人喪失了此孝之道德自覺主體性，就墮落成物不成人，如此，自也不屑與他言孝了，孔子「女安，則爲之」的話，痛切之情已溢於言表。

## 六、孝道之實踐及豁展

論語言孝，雖重道德精神之提撕，強調時時自省以思返本，並善養不容已之孝情，卻不淪於概念的灌輸，玄理之參禪，要吾人從主體存養中豁出，讓孝之情義具體而客觀化爲孝「道」，以落實到現有的生活中，誠摯且積極地表現，才有意義，故論語：

子曰：「父母之年，不可不知也，一則以喜，一則以懼。」（里仁21）

孔子之所以儆醒爲人子者要時時憶存父母年齒，一則以喜，一則以懼，「只是這一事上既喜其壽，只這壽上又懼其來日之無多。」⑮此孝子「愛日之誠」，自然會牢握現有的存在，刻刻致父母以孝意，其積極事親的態度，在本章中已彰顯無遺了。

是以今之學者，如徒以讀書窮理爲務，而不知返於人倫之實踐上，是亦未切己之學也，只有盡人倫之道，在生活中竭力以事父母，才不致使學架空，才是眞學，故論語：

子夏曰：「賢賢易色，事父母能竭其力，事君能致其身，與朋友交，言而有信，雖曰未學，吾必謂之學矣！」（學而7）

然則，就時間而言，孝道之實踐，自然不止於現實的存在面，故父母在，我當致之以孝，父母不在，我仍一往致孝之情，孝道永不停滯，故論語：

孟懿子問孝。子曰：「無違」樊遲御，子告之曰：「孟孫問孝於我，我對曰：『無違』」樊遲曰：「何謂也？」子曰：「生，事之以禮，死，葬之以禮，祭之以禮。」（爲政5）

父母生，我「事之以禮」是孝，父母死，我「葬之以禮，祭之以禮。」我在無奈的命限中寄無窮之孝思，以與父母的精神感通，我抱此一超越的情懷，無違於「禮」，以葬以祭，亦不失孝之本質，是亦謂孝。依此，則說文云：「孝，善事父母者。」⑯將孝道囿於「事」上，未貫及「葬」、「祭」，其義似未臻完足。

此中更當一提的，是在孝道之實踐中要「無違」於「禮」，「禮，即理之節文也。」⑰禮既依「正理」而生，則吾人事父母、葬祭父母亦當依「正理」而行，故我事親不盲順愚孝，我依「父父子子」之正理而應幾「幾諫」，我葬親亦依於正理，故「葬，與其易也，寧戚。」（八佾4）

。

孝道之實踐，當然不止於父母一對象，更要寖假以推上，使我之孝思孝情超越現有之存在面，一路與奕世之列祖列宗遙遙相契，遙遙感通，於是我當祭祖，借以誘養我繼志述事的虔誠情懷，故當我「追遠」之時，我不止於焚香祭祀的儀式，我必須在儀式之中「祭如在，祭神如神在。」（八佾12）讓祖先仁心善意與人文業績之創造精神如在我之前，如在我之左右。

當然，列祖列宗只是先人德業創造者的一象徵，而實際以文化事績沾溉我身的，自不止於奕世祖先之一脈，整個歷史文化中的先聖先賢，無一不是我的恩人，都是我應禮敬追懷的對象，由是我致孝思孝情，不止於我之父母祖宗，更當推廣到天地鬼神（指一切共同開創文化業績的先人），由是我對整個文化的薪傳有着一分責任感與使命感，是以孝之實踐不只事親祭祖，更要豁展開來，承擔起開創光大文化的責任⑱，因此，我在當下戮力爲社會服務（社會服務即有文化之創建涵義）是孝，我在人文政治上有好的表現更是孝。論語：

子貢問曰：「何如斯可謂之士矣？」子曰：「行己有恥，使於四方，不辱君命，可謂士矣。」曰：「敢問其次」曰：「宗族稱孝焉，鄉黨稱弟焉。」……（子路20）

士，「本來就是指一個人能超越他自然人或動物的身份，而更能努力地以一個眞正的『人』的身份，發揮人所獨具的良知本性，去彰顯正面的價値的意思。」⑲我以「士」自勉自勵，雖在命限下不能直接從政，沒有機會「使於四方，不辱君命。」但我卻能憑良心在我的境遇中竭我之力，貢獻社會，使「宗族稱孝焉，鄉黨稱弟焉。」此亦是一種孝的實踐型態，論語：

子曰：「禹，吾無閒然矣！菲飲食，而致孝乎鬼神，惡衣服，而致美乎黻冕，卑宮室，而盡力乎溝洫。禹，吾無閒然矣！」（泰伯21）

「致美乎黻冕」是光大文化的軟體建設，「盡力乎溝洫」是創造政績的硬體建設；禹如此兢兢業業，不只繼志述事於父母，更是對鬼神（一切文化開創的先人）致以最高的「孝」意了。

是以論語言孝之實踐，不使孝思孝情斷港絕潢，閟死在事親祭祖的機括中，封限於香火血統之延續上，更由此豁展到政治文化裏，由是點活了孝情孝義，孝道自也跟著活潑化了。

## 七、孝道之政治性格

孝道之實踐既不拘限在事親與祭祖的格局中，自必外貫到客觀的道德事業上，以薪傳文化，創建歷史文化業績，則孝道自含蘊了政治作用，故論語：

或謂孔子曰：「子奚不爲政？」子曰：「書云：『孝乎唯孝，友于兄弟』施於有政，是亦爲政，奚其爲爲政？」（爲政21）

「孝」之所以「施於有政，是亦爲政。」乃從政治的精神上講，不從政治的制度上講。政治精神是吾人與天合德之人性的客觀表現，一切政治教化的目的，亦皆止於協助吾人踐仁盡性，不斷創發一切人生文化的價值上，此外，別無所求，詳言之，「儒家本只以政治爲道德的直接延長，政治即人之道德意識直接實現之一場合。純將政治視爲道德的延長，他所能說的，只須是王者必須聖，而聖者不必王，因視政治為道德的延長，則人所望於政治者，只是政治好，人民養生送死無憾，皆得實現其禮樂等人生文化價值。只要社會教化流行，德澤大治，人人有士君子之行，完成其人格，儒家之理想即達到。儒家只望政治好，能助人之人格之完成，原不以政治上之地位，定人格之品位。故人不能為王，無碍於人人之得盡人之性而平等。」⑳「孝」乃「為仁之本」，我以孝義孝情感通世人，教化人間，助益人人自覺其自身負有承先啓後的神聖使命，負有創造文化光大文化的道德責任，並促推大家戮力以赴，共同上對列祖列宗交代，下對子子孫孫負責，則我即在政治活動當中，我即有一崇高的政治精神，而不失「為政」的本質，如此，我雖未得位以「為政」，實已積極「為政」，任何人雖都未得位以「為政」，任何人實都已在「為政」之中，都在孝道之實踐之中。

任何人都行孝、都為政，理應不必「作之君」以成立政府，但人的現有生命總是一物氣與仁性的夾雜，人不但不一定會積極負起承先啓後的道德事業責任，更可能積極地阻礙、破壞文化價值的實現，畢竟人有心靈上的絕對自主，「破壞」乃人心靈之負面自主，它可以不理受教化，而教化只是一「實」而「虛」的道德力量，本身毫無外在的強制實力，吾人不忍大家努力所得的文化業績受損受毀，故必須扶持一「虛」而「實」的正義「執行」力量，維護一國家的存在，故依天德，承天命，作之「君」，一面付予管理、制裁權力，一面課以維持社會秩序，防止破壞文化價值的道德責任，統整社會各方面的文化，使之並行不悖，並促進、保障其實現，此予君的所謂「權力」，本質上即是一種「義務」，而民之「忠君」實亦源於此一崇高的政治意識。由是所謂

「君」，所謂「臣」、「民」，亦只是「職責」與「名位」之分，無所謂「權力」之分，無所謂「權力」，也就無所謂「君權」，亦無所謂「民權」，是故君與臣民都只是善盡「孝」道，共同肩負創建文化業績的責任，故人格價值是絕對平等的。

君既是一「虛」而「實」的正義力量的「執行」象徵，則君不但亦須自課以道義，且要以身作則，導民以德，才能發揮政治功能，亦不扭曲政治本質，故論語：

季康子問：「使民敬忠以勸，如之何？」子曰：「臨之以莊，則敬；孝慈，則忠；舉善而教不能，則勸。」（爲政20）

「孝」是行仁之本，是人人所當務之本，此所謂「本」，是由父祖而上溯到天的本源；君之所以當自課以孝（慈），乃因在此區區之事親行「孝」中，實已涵攝了對天之虔敬與對一切人類之眷顧，此是一偉大的宗教情懷，一莊嚴而神聖的情懷，君既有其領導、統合一切人擔負創建承傳一切人生文化價值、文化業績之尊位，則自必課此莊嚴神聖之情懷以充實之，使其名分上之尊位由「虛」而落實到人格價值的「實」位，唯有如此，才能感通於民，使民「忠」之。故君「以孝治天下」不是一權術的「治」，乃是一道德實體感召之無上的「治」；尅就臣民而言，孝更不是一奴隸盲從的假道德，一成全專制的假性情，乃是一實實在在應天通人的偉大情操。依於「孝」，則吾人更能推動文化價值的建設，肩擔起人類繼往開來的神聖使命，而政治亦得到實質上的發揮。

## 八、結論

中國文化的基石從倫理中建立，而倫理的精神則在「情」與「義」，故論語言孝，亦自孝中之情與義上說。就孝之「義」言，則提撕返本意識以開其端，續重成末意識以輔其成，使孝之超越精神入乎形上域界，又折返於現實生活之中，以使吾人之本能生活淨化爲道德生活。論孝之「敬」，亦不淪於盲敬而以「愛」濟之，既絕對「敬」父母生我之超越性，又自課以助益現有父母復性之道德責任，以報孝當前。就孝之「情」而言，則層層推溯到仁心仁性的萌發，以提醒吾人自省自覺，時時操持人類原有之神聖道德主體性，以免陷落成物性；此亦形上亦形下之論，足證論語言孝，實具一極高明而道中庸之見解。

論語言孝之精義，尚不止於此，它更強調孝道之實踐，使孝義與孝情落實到日常生活當中，且不封限在事親祭祖之格局內，更進而躍躋到政治之上，由單純地對父母對奕世之列祖列宗承傳，豁展成對整個社會負責，對整個歷史負責，對整個文化業績的開拓創建負責，故論語言孝，實非只重理論，空談情義，乃是重義務，重實行的既圓渾又熟成的人生實踐哲學。論語之偉大處在此，中國文化之精深博大處亦在此。

論語言孝之要義，既在實踐，則吾人研讀孝義，亦不可只就論語中之義理上讀，更要推擴到現實生活之中去實踐，唯有實踐，才能體證孝之眞義，亦唯實踐，才了悟到吾人孝行之不足，孝，原來就是一無限的道德責任與義務啊！

## 註釋

①參見唐君毅先生著「文化意識與道德理性」（台北・學生書局・民國六十九年四版），上冊，第二章「家庭意識與道德理性」第四節。

②引自王夫之著「讀四書大全說」（台北・河洛出版社・民國六十三年台景印初版）卷四，頁一九六。

③意謂在生現有之前的一本因。佛家云：「阿賴耶，第八識名也，或名阿梨耶，譯作藏識。有三義：一、能藏，謂能含藏雜染種故；二、所藏，謂諸雜染法所依處故；三、執藏，謂有情執爲自內我故。然此識乃凡聖之本，根器之由，擅持種之名，作總報之主，建有情之體，立涅槃之因，世出世法，莫不由於斯也。又翻無沒識，取不失之義。」見佛學小辭典（高雄・高雄佛教堂・民國五十八年影印），頁一九九。

④同註①，第三節。

⑤引自「河南程氏經說」卷第六。見「二程集」（台北・漢京文化事業有限公司・民國七十二年初版）下冊，頁一一三三。

⑥同註①

⑦朱子釋「至於犬馬，皆能有養」云：「言人畜犬馬，皆能有以養之，若能養其親而敬不至，則與養犬馬者何異？」箋則曰：「毛奇齡曰：今第以養爲能事，若論養，匪特子能之，即犬馬

皆能之也，彼所不足者，獨敬耳。或疑犬馬焉能養人？舊註犬以守禦，馬以負乘，皆養人者。」今採箋義。見日人竹添光鴻著「論語會箋」（台北・廣文書局・民國六十六年再版），上册，頁一一三。

⑧同註④。

⑨「父母唯其疾之憂」中之「其」字，歷來有二說：一、「其」字指父母而言，如淮南子說林訓：「憂父之疾者子。」高誘註：「論語曰：『父母唯其疾之憂』，故曰憂之者子。」二、「其」字指子女而言，如朱註：「言父母愛子之心，無所不至，唯恐其有疾病，常以爲憂也。」今採朱註。

⑩朱注「父母唯其疾之憂」章云：「言父母愛子之心，無所不至，唯恐其有疾病，常以爲憂也。人子體此，而以父母之心爲心，則凡所以守其身者，自不容於不謹矣，豈不可以爲孝乎？」此「以父母之心爲心」實已緊扣章旨。見四書集注（台北・世界書局・民國五十六年十一版），上論，卷一，頁八。

⑪引自曾昭旭著「道德與道德實踐」（台北・漢光文化事業公司・民國七十二年十月二版）中「試論孝道之本源及其陷落」一文，頁二一六。

⑫引自熊十力著「原儒」（台北・史地教育出版社・民國六十三年初版）上卷，原學統第二，頁三十六。

⑬引自日人竹添光鴻著「論語會箋」（台北・廣文書局・民國六十六年再版），頁一一五。

⑭參見楊一峰先生著「孔子言仁淺測」一文（孔孟學報第六期．民國五十二年九月）。

⑮引自「朱子語類」（台北．漢京文化事業有限公司．民國六十九年初版），上册，卷之二十七，頁二八四。

⑯引自「說文解字段注」（台北．藝文印書館．民國五十五年十一版），頁四〇二，卷十五，八篇上，「孝」字解說。

⑰同註⑩，上論，卷一，頁八。

⑱同註⑪，參見「孝道與宗教」一文，第四節。

⑲引自曾昭旭著「性情與文化」（台北．時報文化出版事業有限公司．民國七十三年六版）中「知識分子的處境」一文，頁一九八。

⑳引自唐君毅著「人文精神之重建」（台北．學生書局．民國七十三年六版）中「中西社會人文與民主精神」一文，頁四一三。

——孔孟學報第五十二期．民國七十五年九月

# 論語之詩教探究



## 一、前言

論語是人生之敎，性情之敎，道德之敎。此所謂人生，乃是人具有一精神、一價値、一意義的生，而非僅指人軀體之現實存在的生，軀體的生，方生方死，是有其限界的，而人之精神、意義與價値，則是古今相感相通，是超越有限而通於無限的，由此而講人生，此生才具永恒，永恒的生，才是最高的生，最高的生，才具有生命的莊嚴性與神聖性。

人旣重永生，重一生生相續之永恒世界的存在，則不只是求一己的生，更是求他人與我相感相通的生，唯他人與我相感相生，則古人雖死，其精神才能因我之存在而復活，我死後，我之精神亦才能因後人之存在而再生，「其人雖已沒，千載有餘情。」①此相感相生，即是人之至情至性的表現。尅就現實存在面而言，則夫婦、父子、兄弟、朋友、君臣等等倫理關係，其義亦一皆以此性情之相感相通而生發，相感相通即具有涵融性，故各倫理之情，不只是依循一單向的貫通，亦可以此情引生他情，作多向的貫通，由是各種情便交互錯綜，相依相結，而增加了其蘊結的強度；不只如此，此情此性，亦可超越於人類之封限，而與宇宙自然界之生命相感相通，「衆鳥欣有託，吾亦愛吾廬。」②物我之生意相通相融，於是天地生化之機，人之生命之充盛，通過吾人至性至情之感通而一一朗現，一一布展。

「人生而靜，天之性也，感於物而動，性之欲也。」③人之性，原本即是一純眞、純善、無外物滲擾於其中的純淨，以其至純如此，故曰「至性」，而情，乃是「感於物而動」的一種「性之欲」，在現實的存在面中，人總必與物、境接觸，故「感於物而動」的情欲，乃人人所必有、所應有，是以人不可以斷滅情欲，若斷滅了情欲，即等於否定了現實的人生。然而，情雖「感於物而動」，卻當依於生命之根源處流出，如此的情，才能湊泊於至性，生命的意義亦才能在與客觀事物接觸的歷程中表現出來，此依「至性」而「感於物而動」的情，才是至情，若只依物盲動，則其情便是一「盲情」，盲情之情，是失了根的情，亦即是役於物的情，由是而生私心私慾，人之精神因而隨之物化，生命之意義與價值亦因而消滅。

人既活在現實，離不開物，則吾人所當求的，不是斷情絕欲，而是在現實存在面中求如何役物而不爲物所役，求如何使吾人之情欲時時受生命根源之主導以「感物而動」，使性與情融合在一起，顯發出其至眞至正，以彰朗生命的莊嚴性與神聖性，而不淪於私欲之盲動。而「德者，情之端也。」④性與情合一而歸於至眞至正，情欲與道德才能圓融不分，才能分別得到安頓與支持，由是道德與生理的抗拒性便因而泯除，人之內發的道德力量，亦便成爲一種生命力的自身要求，易言之，道德便不是一盲目追求標準規範的呆滯教條，而是一至性至情之雰圍中的享受⑤，如此，才有「好之者不如樂之者」（雍也18）的道德情操，而人之心靈亦才能獲得眞正的自主與自由，此即是論語「性情之教」之所從出，而詩教，則是此「性情之教」的一環，故爲孔門所重視。

## 二、「思無邪」的眞義

論語所謂的「詩教」，指的即是「詩經」之教，詩經是我國純文學的鼻祖，是最早的詩歌總集，內容包含了愛情、戰爭、農牧等等的民間歌謠，及廟會、宴饗樂歌，祭神祀祖之頌辭等等。

尚書舜典云：「詩言志。」志者，心之所之也，故志，實即人之心情、意念與志趣。世間之客觀境物無窮，吾人對其描寫、抒發必有選擇，非必一切對象皆可入詩，而此選擇即依於吾人之情志來決定，是以詩如有不表現情志者，實無是處，故顧頡剛先生謂詩之「興」（指賦、比、興的「興」），其意義只是「作一個起勢」，只因「嫌太單調了」，因而「只是隨便說了一番」以求「協韻」⑥之論，似有待商榷。詩既依人之情志要求，則宇宙萬事萬物、人情事理，凡能生發吾人幽深靈妙之感，使吾人喜怒哀樂之情能對客觀境遇、事物有所寄寓者（或欣讚或貶制），皆可抒而爲詩，以其對物境之抒發有所選擇，故是一自由自發的藝術活動，以其是一純粹無待的觀照藝術，故亦原無預設的道德目的；但情志之抒發，原本亦因於客觀對象之「值得表現」而有的，故即或描寫罪惡，其消極之情志仍當兼含一特定類之善的意義或道德意義（如刺醜惡之事，以引人生一厭惡醜惡的共情等等），自非純依其爲罪惡而發的。復次，不論創作或欣賞詩，吾人之精神必凝注於詩中之客觀美境，從而客觀化吾人之情感、慾望，由是對其他生命人物產生同情，此即是生發吾人仁心道德之幾；當吾人體驗到詩之境相本身爲一有形相之美的客觀存在，可在一特定時空中爲諸多人所共賞共享時，即當同時體驗到一價値已成就其客觀普遍性於人我之心中，而我自己之心亦因而擴大，成爲一涵蓋人我之大公無私之心，由是詩（一切藝術亦然）之創造與欣賞之事，便對人之道德修養產生輔助的作用，亦即可從而培養出吾人的道德意識⑦，是以詩雖不必定要直接促進人之道德意識，或直接達到人的道德行爲目標，卻與道德有關，且當符合道德的要求，孔子之詩教，即具此精神，論語：

子曰：「詩三百，一言以蔽之，曰：『思無邪』。」（爲政2）

「思」是「發乎情」的自由想像力，而「無邪」則是「止(合)乎禮義」的自由意志，詩之或創作，或欣賞，如無想像力的自由，則便無達到藝術極限之美(至美)的可能，而意志自身如無法獨立於自然因果律之約束之外，而自主自律，則無眞正之「自由」可言，亦無以達到一切道德的理想極限（至善），孔子「思無邪」的詩教，即是要使「至善」與「至美」合理的配當、統一，以成就人之「圓善」目標，因爲尅就實踐的意義上說，「至美」必須附於「至善」的理念下，才能顯朗其至高無上、圓滿自足的價値，易言之，詩所具有的「思」，乃是一具有方向性、目的性之自主自由的「思」，而非一盲目的放縱，一無法則的混亂，一單憑情欲衝動之自由的「思」

，準此，則「爲藝術而藝術」的「思」，實亦涵攝於「不覺其然而然」的「無邪」中，故「它（指道德善對藝術美的優先性）決定了藝術終極地應符合或成全道德目的，但它並不決定藝術應如何符合或成全道德目的；它給予藝術一個終極目的，但並不給予藝術一個當下的、直接的、主宰性的目的。道德善對藝術活動而言，乃是一個終極的方向，它使藝術活動具有『方向性』或說『目的性』，而並不是對個別特殊的藝術活動，給予決定的方向或目的。換過來說，藝術必須了解其本身所處的相對位置，而尊重道德的優先性；它必須了解到其本身存在之終極理由，乃是其對圓善具有成全作用。」⑧此所以詩敎（性情之敎）即是成就道德之敎之理由所在，故儒家的藝術即是「爲人生而藝術」的藝術，而理想的藝術，便應是一種根源於內在品德之「充實」而自然流露的藝術，亦應是一種道德人格之表達與朗顯的藝術，易言之，詩當以道德之至善爲其終極之依歸，此即是「思無邪」的眞義。

## 三、性情之正與詩之可以興

詩敎有此「思無邪」的意義，便可順此而推得其在敎化上的功用與價値，論語：

子曰：「小子！何莫學夫詩？詩可以興，可以觀，可以群，可以怨；邇之事父，遠之事君；多識於鳥獸草木之名。」（陽貨9）

詩旣依性情而表現，性情又以道德之「至善」爲依歸，則此性情便無「私欲」「無明」之摻雜，而保持了赤子之心的純正，此之謂「性情之正」。而人之性相近，故在「思無邪」之意義下，由本性所抒發之好惡之情，亦必相去不遠，詩人之心便是天下人之心，其好善惡惡之情，亦必是天下人之好善惡惡之情，由是才能彼此感通，古今輝映，詩之所以能感動人，皆根於此，故吾人學詩，除了可通過作品而將詩人之情與自己之情融合爲一外，更可從現實之情境中超拔，提撕自我之善性，從而感發志意，培養出道德的心志，故曰：「詩可以興」。

但詩之「可以」興，只說明了詩有使人「感發志意」之可能，並非有「感發志意」之必能，能或不能，端在學詩者自身的體會功夫，其由詩中之境物所引生之情志之高低、強弱，亦全在體會的工夫上，論語：

子貢曰：「貧而無諂，富而無驕，何如？」子曰：「可也，未若貧而樂，富而好禮者也。」

子貢曰：「詩云：『如切如磋，如琢如磨』其斯之謂與？」

子曰：「賜也，始可與言詩已矣！告諸往而知來者。」（學而15）

「貧而樂，富而好禮」誠愈於「貧而無諂，富而無驕。」蓋「凡人貧而諂者，出於希富貴之私心，而驕者亦出於恃富貴之俗情，天性之崛強者，亦能貧而不諂，天性降挹者，亦能富而不驕，則此二者，天質之美，可得而能焉。若夫樂道好禮，是學問之效，心深知禮之美，而禮之不可離，故能樂之終身，而動必由禮也，故能至於樂道，則不諂不足言矣；能好行道，動必由禮，則不驕不足道矣。」⑨易言之，人所具有之「天質之美」，頂多只能做到「貧而無諂，富而無驕」，在環境之考驗中做消極的矜持，使不失自我的方向而已，唯自我磨鍊後的「學問之效」，才能

「貧而樂，富而好禮。」才能在逆境的考驗中，積極地自我挺立，自我創造，自我主宰，然後才能扭轉客觀之害爲主觀之益。子貢經孔子的點醒，乃頓悟義理之無窮，故引詩經衞風淇奧篇中「如切如磋，如琢如磨」二語之隱喩，以資佐證人之修德當精益求精，日新又新，「不可安於小成，而不求造道之極致，亦不可騖於虛遠，而不察切己之實病。」⑩詩乃以感性爲本質，而以意象之經營爲其表現之方式，故其旨婉微深遠，必待人之用心悟會，才能「感發志意」，以生發向上之心，此所以孔子讚美子貢「可與言詩」之故。

詩是一自由心靈的寫照，一無待之美的創造，故詩之境界，自非一直覺之平舖境界，而是依客觀之境物，使之各居其所，各依其性質之類而不類，不類而類，以相依相涵，交互照明，而構成之立體境界；每一類均爲一度向，亦均爲吾人之情志所涵覆，以合成一整體的內容與境界（境界之高低，係於吾人情志之高低，與境物所可能引生之情志之高低而定），故吾人依詩中之同而異，異而同之境物而引生之情，自激發相異或不必盡同的「志意」，如對「關雎」一詩之欣賞，或謂詠「文王生有聖德，又得聖女姒氏以爲之配」之詩，或謂「賀新婚」之詩，或謂「男性思戀女性不得」之詩等等⑪，雖歷來各家詮釋紛紜，但在「思無邪」之意義下，不但無損於「關雎」之藝術造詣，反烘托出其豐美多向之旨義與複雜高超的性格，故詩敎只有助益吾人道德之陶養，「興」吾人道德之情志，絕不桎梏吾人心靈之自由與活潑，而淪爲呆滯之敎條，論語：

子夏問曰：「『巧笑倩兮，美目盼兮，素以爲絢兮。』何謂也？」

子曰：「繪事後素。」

曰：「禮後乎？」子曰：「起予者商也！始可與言詩已矣。」（八佾8）

孔子答子夏「素以爲絢兮」之問，曰：「繪事後素。」其意謂繪畫敷滿彩後，再用素色勾勒線條，以彰明輪廓，使畫面清楚⑫；此只就詩解詩，以明素對絢有軌約、描述之作用，此中並未涉及人生之譬喻，而子夏「禮後乎」，則是由孔子「繪事後素」一語之不類而類的性質轉到人生之度向上，從而悟出「禮後於忠信（仁）」之義，知人本有孝悌忠信諸美德，而後聖人爲制之禮，如孝有孝之禮，忠有忠之禮，而粲然爲文，以形之於外者；子夏如此之頓悟，實有啓發作用，故孔子美之曰：「起予者商也，始可與言詩矣。」此不只說明了師生之教學相長，更說明了詩教原本可啓導吾人心靈之自由創造，並可陶養吾人性情之活潑，如此，豈可視之爲一黏滯的說教？論語：

南容三復白圭，孔子以其兄之子妻之。（先進6）

白圭乃大雅「抑」之詩篇，「白圭之玷，尚可磨也，斯言之玷，不可爲也」即是此詩之精義，南容一日三復，非徒熟誦於篇中之詩句，其心實已藏修息游於詩中之境界，而體得「慎言慎行」三昧，故反復涵泳吟味，愛不能捨，以其有得，故

子謂南容：「邦有道，不廢，邦無道，免於刑戮。」以其兄之子妻之。（公冶長2）

南容因於白圭之詩，而掌握到靈活的生命，故邦有道，則奉獻己力，邦無道，則適時收斂，而不沿順氣質慣性滑落，掉入自家之性格陷阱中，詩之「可以興」，於南容之身，已獲得充分肯定。論語：

曾子有疾，召門弟子曰：「啓予足！啓予手！詩云『『戰戰兢兢，如臨深淵，如履薄冰。』』而今而後，吾知免夫！小子！」（泰伯3）

「本文之意，使學者深思保其形體之不易而盡心焉，形體之不傷猶易，天性之不傷實難，形體之全可見，天性之全難見，今曾子諄諄以虧體爲戒，其警失行之旨，自在其中。」⑬可知曾子臨終而啓手足，不只求身軀之完整，更求終身之免於罪戾，此正是一純粹的道德意識表現，此中特引小雅小旻「戰戰兢兢，如臨深淵」詩文，以證人之履德，不可一日放鬆，當深切誠摯，奮力以進；詩能甦醒人之感情，澄汰人之氣質，從而鼓盪道德的實踐力量，使德、行合一，於焉可見，而曾子臨終能成德以安，即因於詩「可以興」之故。

總之，詩之藝術美，不只可予吾人一客觀境物之感性，更可藉類比、象徵的關係，而引導吾人在經驗界中反省思維成一主觀的道德理念，此類比、象徵具有彈性，其所涵蓋的範圍亦無明顯確定的畛域，故只能供吾人道德的方向，而不予吾人任何一確定的道德準則，詩之興，及其所「感發志意」之強弱，端看吾人對詩之審美力之培養與道德整合之體驗工夫而定，此「審美力之培養與道德整合」的要求，即是論語詩教之一價值。

## 四、文史哲之相即相入與詩之可以觀

上謂「詩可以興」而論及「文學審美力之培養與道德整合」之論，實即文與哲之相即相入，不只文與哲可如此，文與史亦可如此。文學之所以可與歷史相連，乃因文學之情志，必對具體之客觀境物而抒發，而此境物，初恒存於一歷史之時代與地域中，而被人視爲富有意義，值得加以記述，以感人之情志者，故人樂以爲文爲詩。詩經中之雅頌，反應各歷史時代之政教興廢及對人物之頌贊，即此文史相即相入的表現。文史哲原有其相即相入的性質，此義唐君毅先生言之簡賅：

「由史入文在：斷史即事，開事成境，於境知人，因人見志，即志生情。

由文入史在：藏情入志，攝志歸人，因人記境，對境述事，以事繼事。

由哲入文在：藏義入志，依志生情，緣情造境，即境寄志。

由文入哲在：攝境歸情，即情見志，即志知義，以義引義。」⑭

可知將史中之前後事截斷，而開出此一事成一有情志之境（斷史即事，開事成境），便成文學；而文學中之事，定置於一定之時空中，並逆溯其前因後果（對境述事，以事繼事），便是歷史，文史之相即相入如此，故詩可以「考見得失」（朱注），「觀風俗之盛衰」（鄭注），要之，詩可以「觀」，「觀者，默而存之，情態在目是也。凡諸政治風俗，世運升降，人物情態，在朝廷可以識閭巷，在盛代可以識衰世，在君子可以識小人，在丈夫可以識婦人，在平常可以識變亂，天下之事，皆萃于我者，觀之功也。」⑮論語：

三家者以雍徹。子曰：「『相維辟公，天子穆穆』，奚取於三家之堂？」（八佾2）

「相維辟公，天子穆穆」乃周頌雍詩中語，穆穆，指天子容色之靜默深遠，全詩意謂天子於祭宗廟之時，群辟（諸侯）佐助，駿奔走執豆籩，而天子之容，唯穆穆然靜密，一如無所爲者，此正顯君臣有序、上下和樂之事象，而詩人詠此詩，乃是對此史事，在時空之定位中加以超拔，以直接抒發其「上下和樂」之政治憧憬的情志爲事，此情志非徒作者之所獨攬，而是「攬一國之志以爲己心」[16]的情志，故具有普遍性、社會性，「詩人先經歷了一個把『一國之意』，『天下之心』，內在化而形成自己的心，形成自己的個性的歷程；於是詩人的心，詩人的個性，不是以個人爲中心的心，不是純主觀的個性；而是經過提鍊昇華後的社會的心；是先由客觀轉爲主觀，因而在主觀中蘊蓄著客觀的，主客合一的個性。所以，一個偉大的詩人，他的精神總是籠罩著整個的天下國家，把天下國家的悲歡憂樂，凝注於詩人的心，以形成詩人的悲歡憂樂，再挾帶著自己的血肉把它表達出來，於是使讀者隨詩人之所悲而悲，隨詩人之所樂而樂；作者的感情，和讀者的感情，通過作品而融合在一起；這從表面看，是詩人感動了讀者；但實際，則是詩人把無數讀者所蘊蓄而無法自宣的悲歡哀樂還之於讀者。」[17]由是詩人之情志，無遠近，亦無古今，而直在當下；則此「雍」詩用於天子徹（祭畢而收其俎）時，自有其「史」的意義與「觀」的價值，是以孟孫、叔孫、季孫三家，以魯大夫之名分，如何可僭竊妄作以雍徹？其亂紀犯上的「邪」情「妄」志，豈容於人情？故孔子嘆曰：「奚取於三家之堂？」

詩既是一「主客合一」的性格，故其「觀」也，不只是「觀」作者描寫的客觀事象（史），更當透過作品而進入感情活動的領域中（文），從而燭照人生之本質與究竟（哲），此即是文史哲相入的「觀」，此觀眞使人之感情純淨化，道德化，而使眞、善、美統整合一。

## 五、文學藝術之公情與詩之可以群

詩有其社會性，有其「主客合一」的性格，則自當富有文學藝術的公情，是以吾人於欣賞詩中之美境時，自不自覺地使自身之情欲存在於此客觀之境相中而獲得安頓，吾人之主觀心身活動，亦順對此境相之欣賞的覺識而瀰淪融涵於其中，此時吾人若居於他人之地位，以同情、體驗此私情私欲，易言之，吾人主觀的私情私欲，便都化爲文學藝術的公情公欲，而忘卻私我之執，此即是人與人間之審美共感，亦即是審美原則之交互主體的客觀性，故學詩（一切文學藝術皆然），可使人我之心間易於相互涵融，越有文學之陶養，便越樂於與他人之心溝通，而吾人之思想知識，越能通向文學藝術之境界，越能以文學藝術來表達，則人心便越能普遍化、客觀化於人類社會中，詩透過此藝術之公情，便「可以群」，此所以詩教爲「溫柔敦厚」⑱之故，論語：

曾子曰：「君子以文會友，以友輔仁。」（顏淵24）

人之相交，推其根處，原出於一道德之要求，一顧念人情之善意，但人之氣質，本是一仁性與物性的夾雜，故稍一不愼，便易不自覺地相互牽引於食色名利等等慾念中，致使友道變質，而文（一切有意義有價値之文化活動，如詩書禮樂之屬）因有文學藝術之公情公欲，故其「會」也，便不夾帶一絲自家之飢寒利害在內，人與人之間的情與義，不但不致多變無憑而流蕩散佚，反因文（詩）之「溫柔敦厚」而過濾掉了彼此生命中之混沌與無明，提撕彼此之精神，而向一永恒的價值世界回歸，此時人我的整個心靈，便能自由的多方接觸，交相欣賞、同情、了解，而人我之精神光輝，便可互相潤澤，朝一「彼此客觀化其自己，而內在於他人」之圓活的指向行進，如此的「群」，才是「互礪德行，相涵心光」之眞誠溝通的「實」群，自非一般所謂「但求苟且狐媚，以較勝流俗」之一戳即破的「假」群可同日而語。故「以文（詩）會友」才有眞實的「群」樂，而爲仁雖由己，亦當賴良友之觀摩、薰陶與砥礪，才能使「天機以有所鼓舞而後暢，義理有所商量而日新。」⑲如此的「群」，才具意義。論語：

子曰：「衣敝縕袍，與衣狐貉者立，而不恥者，其由也與？『不忮不求，何用不臧？』」子路終身誦之。子曰：「是道也，何足以臧？」（子罕27）

人之所以不恥貧寒，重要的當出自於德性的自安，而不在氣質的逞強；出自德性的自安，即因於人悟得生命之尊嚴，原本由於自己之反身而誠所得的肯定，故不必與人相較，而氣質之逞強，則原於爭強好勝之心，專以不怕輸人來取勝⑳，兩者實有本質上的差異，故孔子以邶風雄雉「不忮不求，何用不臧」的詩句，勉「衣敝縕袍，與衣狐貉者立而不恥者」的子路，當求對「自己之內在人格的尊嚴，與無盡之不忍之心」的自覺，不妬害別人，不貪圖自身，有此「懲忿窒慾」的工夫，才無絲毫的凌駕與驕傲，人在群體中，亦才眞正自立，眞見不亢不卑的氣概，眞顯「群」之精神（朱子釋「群」爲「和而不流」，正是此義），否則，「以不怕輸人來取勝」的「不恥」，誠「是道也，何足以臧？」詩之「可以群」，此又是一明顯的例證。

## 六、性情之眞與詩之可以怨

文學之公情使詩可以「群」，而文學之直接對客觀境物之寄情，則使詩可以「怨」。詩言志，故於詩中，人情志之要求，乃直接對境物而呈現。情既依當下之客觀境物而發，則當下所表白之情，便是一眞實存在的情，無曖昧，亦無虛妄，故可使一切同感此境物的人明白相知，相知便感通，便可以「怨」。但客觀之境物，俱隱於天地無窮之密藏中，故其顯現，乃是此時此地唯一現前之眞實，唯一存於當前一剎那之幾，故有其特殊性；情既因感而發，則天化之幾如如而來，我之情便亦如如而應，不拖沓，亦不黏滯，順境物特殊性之所限而自限，亦順其幾轉而自轉，故情不濫，亦不襲，此之謂「性情之眞」，詩之可以「怨」亦依循此性情之眞而「怨」[21]，論語：

子曰：「關雎，樂而不淫，哀而不傷。」（八佾20）

欲知關雎之所以「樂而不淫，哀而不傷。」且看其原詩：

「關關雎鳩，在河之洲，窈窕淑女，君子好逑。參差荇菜，左右流之，窈窕淑女，寤寐求之。求之不得，寤寐思服，悠哉悠哉，輾轉反側。參差荇菜，左右采之，窈窕淑女，琴瑟友之，參差荇菜，左右芼之，窈窕淑女，鐘鼓樂之。」

吾人試以「關雎」爲一男女之戀歌觀之，則人見雎鳩之生有定耦而不相亂，常並遊而不相狎，未嘗乘居而匹處，又有「關關」和鳴之樂（境），則自當心生羨慕，而對幽閒貞靜之「窈窕淑女」有一思求，由是自勉爲「君子」，以求與之相配，使之成爲「君子好逑」（情）。而雎鳩既

「在河之洲」，自可由之而見「參差荇菜，左右流之」之景（境），參差，長短不齊貌，因可象徵「窈窕淑女」之內外在多彩多姿的涵養，而「左右流之」，此「左右」，便象徵左之右之的迴環往復愛情，而「流」是當前境物呈現之幾，由此幾而引我婉轉起思，便「寤寐求之」（情），吾求之也，得或不得，亦皆是幾，當我「求之不得」（境），自應幾而「寤寐思服」（情）；淑女理當爲君子之好逑，如今「求之不得」，莫非天也命也（境），由是我便有一哀思，便「悠哉悠哉，輾轉反側」（情），由此哀思而參透一切，了悟幽微的人生道理，我之哀情便可通暢而獲得安頓，此之謂「哀而不傷」；倘我有幸，左右逢源，獲得淑女之芳心，正如「參差荇菜，左右采之」般（境），我便當「琴瑟友之」，以求進一步的心靈感通（情），若彼此之感情果眞如「參差荇菜，左右芼之」，到成熟境地（境）[22]，則我當「鐘鼓樂之」，以求心靈的交響與和諧（情），琴瑟、鐘鼓皆爲樂器，皆有與禮會通的精神，故我雖得淑女之心而樂，自也在禮樂之高潔雰圍中「樂而不淫」了，此義程兆熊先生言之深切：

> 「由此『哀而不傷』，則又頓覺一絕對的全宇宙的眞實，一轉而確切形成爲一己『性情之貞』。有一己性情之貞，便自『寤寐思服』。有一己性情之貞，便自『輾轉反側』。唯在寤寐思服裡，却儘可參透一切；在『輾轉反側』裡，却儘可頓悟一切：一切在此開頭，一切在此生根，一切在此落實，而不在他處。
>
> 由此而有生命的接引，由此而有心靈的交響；更由此而有生命的提昇，由此而有性情的鼓舞。

就心靈的交響說，此乃是彼此心靈和全宇宙心靈間之交響，是誠可樂。就性情的鼓舞說，此乃是彼此性情和整個性情間的鼓舞，又豈能淫？由此『樂而不淫』，則又心靈引發著一一的心靈，而同具備其向上一機，以形成一絕大的機括。由此『樂而不淫』，則又性情觸發著一一的性情，而同具備其第一義，以形成一無上的妙諦。」㉓

情因境而生，故吾人與當下之境覿面相遇時，便當下與之感通；情必求坦然舒暢，當下自白，然後才不致幽隱旁流，而成爲虛妄之非情，亦唯情摯而不滯，與物交存，一無所蔽，然後才不淪浹於私心，而見情之潔淨自然，與天地之性化成，王船山曰：

「文者白也，聖人之以自白而白天下也。匿天下之情，則將勸天下以匿情矣。……文有函，然而非其匿之謂也。『悠哉悠哉，輾轉反側』，不匿其哀也。『琴瑟友之，鐘鼓樂之』，不匿其樂也。非其情之不止，而文之不函也。匿其哀，哀隱而結；匿其樂，樂幽而耽，耽樂結哀，勢不能久，而必於旁流；旁流之哀，懰慄慘澹以終乎怨；怨之不恤，以旁流於樂，遷心移性而不自知。」㉔

關雎之所以「樂而不淫，哀而不傷」，即在於能順性情之眞而應幾以「怨」，「怨」應幾而生，亦應幾而化轉，由是性情坦然不滯，君子與小人即從此中簡別，論語：

子曰：「君子坦蕩蕩，小人長戚戚。」（述而37）

人得性情之眞，便不傾欹於外，不念念計慮，而繫情於物，故凡境過則不留，心中通暢，而無礙天理之流行，胸襟度量之開闊自由如此，便可對自身之生命作主，而坦誠與他人相待，此之謂「君子坦蕩蕩」，不然，雜念私慾橫梗心境，以一善而蔽衆善，則將處處設防，憂心終日，便「長戚戚」了。詩之「可以怨」，即在導此外馳之情，使歸於坦眞，以感乎物而動己，顏回「不遷怒」的德品，即在此中陶養。

人從詩中陶養出性情之眞，則自生一自由涵容的心量，人之行事亦才能從容寧靜，知分而安，論語：

子謂伯魚曰：「女爲周南、召南矣乎？人而不爲周南、召南，其猶正牆面而立也與？」（陽貨10）

一切使情用力，直在當下，則人之存心，便只在當下世界，亦只認眞於當下世界的事物，而不去憂所不及做的事，亦不愁所不及愛的天下，由是便情寬力舒而有餘；周南、召南之情思，所引導我們的，便是化却心之有限執着，使吾人之餘情，超拔於當下有限世界的沾滯，而漸涵於此世，徐通於大道，故可免於「面牆而立」之弊，而使吾人之情思滌盡沾滯而得到充分的舒展，由此而有一眞性情，一眞德性，「詩可以怨」之精神即在此中。

## 七、至性至情之顯發與事父事君之情操

詩之「興」「怨」可使人之性情歸之於正，歸之於眞，則吾人於一切人倫日用之中，自可感物生情，因至情而生發德性，由是「邇之事父，遠之事君」等一切道德之實踐，無不恰如其分，

此即是人生的藝術，論語：

葉公語孔子曰：「吾黨有直躬者，其父攘羊，而子證之。」孔子曰：「吾黨之直者異於是，父爲子隱，子爲父隱，直在其中矣。」（子路18）

父子之情，乃是天理內之至情，依此至情而行，便是一「直情」，「直情」之直，謂之「圓」直，子依循此「圓」直而爲父隱，才是至性至情的孝道表現，故曰：

「順理爲直，此說未圓，夫是是、非非、有有、無無，無所隱諱，是之謂直，父子相隱，非直也，故夫子不即謂之直，而曰直在其中，則見既不是直之本義，而亦見父子相隱爲人之至情，若以父子相隱云順理爲直，則夫子即謂之直可矣，何得直在其中？直固美德也，然無禮則絞，不好學則亦絞，直躬好直而不知有父子之親，賊道也太甚，其直豈得無非絞乎？」㉕

誠然，父母是我生命所自生之本，我之現實存在，乃是父母精神生命之客觀化，父母既超越現有自我之私執而生我，自是一善的流行，一道德的價值，故我對父母當敬愛，當無違，論語：

孟懿子問孝，子曰：「無違。」

樊遲御，子告之曰：「孟孫問孝於我，我對曰：『無違。』」

樊遲曰：「何謂也？」子曰：「生，事之以禮；死，葬之以禮，祭之以禮。」（爲政5）

子游問孝。子曰：「今之孝者，是謂能養，至於犬馬，皆能有養，不敬，何以別乎？」（爲政7）

此敬愛與無違，出自爲子者之赤誠，故能依順天理，而無絲毫虛矯，也正因其是不容已之孝的至性至情，故於「事父」之時，自當有一由內形諸外的自然悅色，論語：

子貢問孝。子曰：「色難。有事，弟子服其勞；有酒食，先生饌，曾是以爲孝乎？」（爲政8）

吾人事父母固當敬愛無違，和顏悅色，唯此敬愛，並非依順父母現有生命之物氣之「盲敬」、「愚愛」，而當順我敬愛之至性至情，助父母以轉復其物氣爲一「純粹是精神」「通體是德愛」的人格，如此，我之敬愛才有眞實之依歸㉖，故當父母有過，我當應幾以諫，論語：

子曰：「事父母幾諫，見志不從，又敬不違，勞而不怨。」（里仁18）

然我之所以諫，乃發於我欲助父母復性之至情至性，此至情至性皆涵攝於我對父母「敬」「愛」之雰圍中，而無一毫雜染邪念，故當我「見志不從」，自當一本敬愛父母原有之「純粹是精神」「通體是德愛」的人格，「又敬不違，勞而不怨」，於是我對父母因「現實存在面之艱難」而一時無法改過的無奈哀情，便可通暢而獲得安頓，此便是在「事父」之踐德歷程中「哀而不傷」的情操。

詩教可陶養人之至情至性，於人倫日用中生發爲踐德之情操，「邇之事父」如此，「遠之事君」未嘗不如此，論語：

季子然問：「仲由、冉求可謂大臣矣？」子曰：「吾以子爲異之問，曾由與求之問。所謂大臣者，以道事君，不可則止。今由與求也，可謂具臣矣。」曰：「然則從之者與？」子曰：「弒父與君，亦不從也。」（先進24）

政治是管理衆人的事，故自形上意義說，「君」原只是一直承天命，受民託付，以管理、統整社會各層面之文化，維持社會秩序，使人之文化價值得以保全、進步者，而「臣」則是輔佐「君」，以推促此道德責任之實現者；君與臣既建立在此道義之關係上，則君與臣的政治位分，自是一尊戴與涵容的關係，而非服從與支配、隸屬與領導、甚或是壓制與反抗的關係，君只有一切爲天行道，爲民奉獻，如堯舜之「有天下而不與焉」之無任何予智自雄的權力意識，才能維護一值得「尊戴」之本質，君有此「君德」之修養，然後才能與其「君位」、「君名」相應，此時，才有一「君義」在，臣亦因可與之以「義」合，此「義」一失，臣便喪去事君的意義，故大臣，當本此至情至性，「以道事君」，格君心之非，使之名實相應，「不可則止」，若受現實所困限，一時無以遂己志，而得留任，亦當消極的爲一稱職的「具臣」，堅守崗位，「弒父與君，亦不從也。」此即是最起碼的爲臣情操。

君與臣之關係既建立在政治事務之「義」上，則爲臣者本此義而生發之「事君」性情，自當了無私執，了無自家之飢寒功名欲念存乎其間，一心唯盡其職，以成就君王應然之崇高「君格」，從而達到政治理想之實現，故論語：

子曰：「事君，敬其事而後其食。」（衞靈公38）

子路問事君。子曰：「勿欺也，而犯之。」（憲問23）

定公問：「君使臣，臣事君，如之何？」孔子對曰：「君使臣以禮，臣事君以忠。」（八佾19）

子曰：「鄙夫可與事君也與哉？其未得之也，患得之；既得之，患失之；苟患失之，無所不至矣。」（陽貨15）

臣之所以敢犯君，只因他不「患得患失」，於是遇君之過，其所生之哀情，便不積滯心中，而求抒發於外，故有諫犯之義，此即是怨臣之至情至性表現（若「患得患失」，則因君過而引生之哀情，便只有隱情匿哀，呑聲忍氣，此便是「虛忠」，便是爲臣者之假性情），然則，怨臣之「哀」須求中節，才不致流蕩而生慆淫之弊，故其諫也，當揆時審勢，可嘿則嘿，應止則止，論語：

子游曰：「事君數，斯辱矣；朋友數，斯疏矣。」（里仁26）

凡物有大小之別，而事有輕重交際之分，各依其特殊性而顯其特殊之境，此即所謂的「幾」，臣如不應幾以諫，而一味頻數狎昵，則其言也輕，而聽之者厭，如此，徒失諫諍原義，只有自取其辱，於事何補？故臣雖當持忠於心，時存格非諫諍之義，卻應將哀情舒以中節，以免流於煩數迫切，此即是一「事君」之道，亦即是怨臣「哀而不傷」的情操。

至於「勿欺」，則較「犯之」更難，蓋「以思慮不周悉，於事或有所未盡」㉗，都是一種「欺」，臣無心之過，或困於其氣質的障蔽，都可能在無形中導致「欺君」的事實，故爲臣者只有「敬」其事，時時臨淵履薄，自勉自勵，戮力以赴，如禮記表記之所云：

「事君，軍旅不辟難，朝廷不辭賤，處其位而不履其事，則亂也。故君使其臣，得志則愼慮而從之，否，則孰慮而從之，終事而退，臣之厚也。」

此即是一「敬其事」的態度，亦是「事君」之至情至性的表現，而詩除了陶養此「事君」之情操外，亦可增益「事君」之潛能，論語：

子曰：「誦詩三百，授之以政，不達；使於四方，不能專對；雖多，亦奚以爲？」（子路5）

「不達，不是全不通曉，只有所拘滯，不能隨方措置，便是不達；不能專對，不是一詞莫措，只是對得不善，不能不亢不卑，或損國威，或挑鄰禍，便是不能專對。」㉘詩既本於人情，而該乎物理，自可應幾化轉，無絲毫情滯，是以「授之以政」，必可投其眞情至性於政事中，故達。至於「使之四方」，聘問諸侯，即或有不平之鳴，亦當本於詩之溫柔，有相尤之語，亦應本於詩之敦厚，如此，則言之者無罪，聽之者足以戒，自不挑鄰君之怨，而禍害及於身國，故於「專對」之時，自可不亢不卑，對應如流，子曰：「不學詩，無以言。」（季氏13）即此之謂。

## 八、生命造化之謳歌與多識鳥獸草木之名的意義

詩心不只通之於人倫，更通之於宇宙的生命，故鳥獸（蟲魚）、草木（花卉）亦都是詩人歌詠的對象。中國文字之特性，在於兼用形音表義，每一字中的每一音每一形，都蘊涵了天地之化機、生意、生德，都可資吾人游心寄意，是以「多識鳥獸草木之名」，其義不只是平鋪地對客觀事物之名詞的「認知」，更是求由名而引生出背後之情義的「感受」，從而寓情於其中，由是宇

宙生命與神之意旨，洋洋乎如在我之上，如在我之左右，我由此而引生嚮往企慕之情，我之精神因當下與之相遇而得到安頓，於是便放下一切於自然之前，從而在其中悟得無限生命之奧機與啓示，論語：

子曰：「歲寒，然後知松、柏之後彫也。」（子罕28）

「唐棣之華，偏其反而，豈不爾思？室是遠而。」子曰：「未之思也夫！何遠之有？」（子罕31）

子曰：「鳳鳥不至，河不出圖，吾已矣夫！」（子罕9）

色斯擧矣，翔而後集。曰：「山梁雌雉，時哉時哉！」子路共之，三嗅而作。（鄉黨27）

松柏之後彫，即見其剛健之德；唐棣之華，其瓣互背，故可引生相離之情，而鳳爲靈異之禽，故其出也，便是祥瑞之兆；至於山梁之雌雉，當飛則飛，當下則下，則見其有「得時」之性㉙，要之，一切名物，皆可從中窺見天地化機之流行，吾人若識得其名，悟得其義，見一物，便見一太極，於是在自然界中，無往而不見此心此德之流行，此物此情之親切，萬物相忍而不礙，此便是吾人對自然審美之精神所在，亦即是性情之教的根源所在。

詩之表達，或賦（鋪陳直敍）、或比（以事類推，以義理求），或興（先言他物，以引起所詠之詞），要之，皆須先引自然之物，以爲詩義之憑藉，物（如鳥獸草木等）之所以可資引用，即因於物之自身，原即潛存著生命之化機，造化之生德，故詩人之詠物，雖只借之以引生人倫之情義，實即謳歌生命造化之神妙於不自覺中，故「關雎」之詠，雖在烘托「窈窕淑女，君子好逑」之詩義，實亦直接讚嘆「雎鳩」之生德，此所以吾人讀詩，常能將心凹進物名（物名因文字而顯義）之中，而反復涵泳吟味，藏修息游於其間之故㉚。

孟子曰：「充實之謂美。」（盡心下），詩經所述鳥獸草木之名（舉偏以概全，其他自然物實亦涵在其中），實即在表現自然物之美，由外物之美以引顯人之內在人格美，亦由內在之美而寄寓於外物之美，內外通郵，心物交映，「有諸內，形諸外」，即是「充實」，即是一宇宙完整的美，詩之可以「多識鳥獸草木之名」，其意義即在此。

## 九、詩、禮、樂之關係與精神

詩心通之於人倫日用，通之於宇宙生命，故其心，便是吾人靈明的本心，其志，便是「與天地萬物通爲一體」的志，此由本心而發之無私情志，便充滿了生命的節奏與生化的韻律，用之於人倫，即可成就人與人之生命精神活動之充實、和融與歡喜，故詩之內在精神，即是一無聲的音樂；而詩由文字表達出來的形式，在一字一聲之中國文字特性下；雙聲字皆可相化，疊韻字亦皆可相生，生表示韻律之來復，化表示韻律之轉變，此生化之相因相循，即是音樂之本質，是以詩與樂，不論就精神或形式說，原是分不開的，論語：

子曰：「師摯之始，關雎之亂，洋洋乎盈耳哉！」（泰伯15）

如何將詩之內在精神與詩之形式恰如其分地配合，以化爲有聲的音樂，自是音樂家的專長，孔子讚美師摯，即在於他有音樂之高度素養，能以敏銳的靈覺，將「關雎」一詩的精神，恰適地譜成「洋洋乎盈耳」的歌聲之故。

歌取諸詩以暢其音節，而詩之抑揚疾徐，則端視其詩作之原「志」，只有志中正和平，然後所譜之歌聲才能從容舒暢，俯仰遲速，亦才能兩相適宜，達到詩樂原有的配合與統一，是以譜樂須依詩志，於樂聲中，才能彰顯其精神與意義。此所以孔子見詩樂失調，於周遊四方後，參比考訂，「自衞反魯，然後樂正，雅頌各得其所。」(子罕15)

詩是人之心聲，故可以怨，然其怨須中節，「樂而不淫，哀而不傷」，始不流蕩而生慆淫之弊，此即是「溫柔敦厚」之詩教本質，中節即是禮，故用之於客觀的道德事業上，便可以「邇之事父，遠之事君」，從而成就人與人之生命精神活動之次序、節制與條理，由是詩與禮亦有密不可分的關係。

總之，「詩、禮、樂三者，相異而相通。禮以顯理于行，詩樂皆以達情。惟詩言志以達情而有文字。志依心之理而立，文字有意義。樂則純以聲音達情和志，聲入心通，而可不用文字。禮則以身體行爲踐理。此三者之異也。然詩有文字，而有音律，則通乎樂。樂有容則通乎禮。禮必有主宰此身物之志，則通乎詩。禮見于身體容儀，樂形于聲音，皆精神之直接表現于可見可聞之形色世界。而詩之文字亦多爲指形色具象之文字。然讀詩須心知其義，乃有形色具象之見于心。則詩之表現情于形色，兼間接表現。禮必先知理，以理自制，乃成規矩。而樂則天機流露，自然成韻。禮猶經意識之努力，而知樂則可純爲超意識之神契。故興于詩而志定，猶未達乎行爲之直接表現于形色也。立于禮而行成，猶未必達乎不勉而中，不思而得也。禮至于不勉而中，不思而得，以成盛德之容，斯乃上達天德，終始條理，金聲玉振，即成于樂也。金聲玉振，即樂德之所以通于鬼神，昭于天地也。興于詩者，性見于情志，以導人之形色之氣；立于禮者，形色之氣之顯理，而以性治情。成于樂者，即情即性、即理即氣，全氣皆理，理氣如如，而若不見理之境。」㉛此即是「興於詩，立於禮，成於樂」（泰伯8）之精義，亦即是詩、禮、樂關係之極致。

## 十、結論

人之德性，自內顯發，欲使之顯發，端賴陶養，經陶養而能自動顯發，不容自已，才是眞德性；而詩教，即在陶養此眞性情、眞德性。人有眞性情之陶養，便可了無私蔽，與物感通，便可內外合一，血氣和平，生機流暢，於是人與人間，便能各以其善，相互示範、鼓勵、相互讚賞、敬重，此即是禮樂的精神。一切人際之禮樂表現謂之「文」，而其內在精神謂之「質」，「文質彬彬，然後君子」（雍也16），而詩教即是使「質」與「文」相互配合，以成就一「眞人」的性情之教。

詩是一文學，一藝術，藝術即是美，故詩教原只是一審美力的培養，然審美中有普遍性與共感性的存在，如此，對相似的客觀境物才能產生人際間彼此相近的感受與感情，亦才能使此感受、感情相互溝通、傳遞，此便是文學藝術之「宇宙情懷」、「感通無碍」的「公」情，「公」便是「德」，故審美力潛具一道德的向性，由是人於鑑美之同時，便可於不自覺中藉藝術無待的公情，而培養出道德的情操，於人倫日用之中，亦才能於一己之憂樂通於天下人之憂樂，情不逃境，亦不流蕩，應幾而生，幾轉隨化，故可以「邇之事父，遠之事君。」時時呈顯一「溫柔敦厚」的情志，而人之完美人格，即在此中建立。

由是觀之，論語的詩教乃是一活潑而不呆滯的教，一自然而不矯作的教，一中和而不偏倚的教，一潛默而不見痕跡的教，一寓藝術於人生的教，總之，是一「極高明而道中庸」的教。

## 註釋

①陶淵明詠荆軻詩句。
②陶淵明讀山海經詩句。
③引禮記樂記文。
④同③
⑤參見徐復觀先生著「中國藝術精神」（台北・學生書局・民國七十三年八版）第一章「由音樂探索孔子的藝術精神」第七節。
⑥參見顧頡剛先生編著「古史辨」（台北・明倫出版社・民國五十九年台一版）第三册，頁六七二－七。
⑦參見唐君毅先生著「文化意識與道德理性」（台北・學生書局・民國六十九年四版），下册，

第六章「藝術文學意識與求眞意識」，與所著「中華人文與當今世界」（台北・學生書局・民國六十七年再版），上册，第九、十章「文學意識之本性（上）、（下）」等文。

⑧引自謝仲明先生著「儒學與現代世界」（台北・學生書局・民國七十五年初版），第八章「儒學與藝術」一文之二，頁一七七。

⑨引自日人竹添光鴻著「論語會箋」（台北・廣文書局・民國六十六年再版），上册，卷一，頁八二。

⑩引自朱熹著「四書集注」（台北・世界書局・民國五十六年十一版），上論，卷一，頁六。

⑪朱熹詩集傳云：「周之文王生有聖德，又得聖女姒氏以爲之配，宮中之人，於其始至，見其有幽閒貞靜之德，故作是詩。」屈萬里詩經釋義註云：「此祝賀新婚之詩。按王國維釋樂次，謂：『金奏之樂，天子諸侯用鐘鼓；大夫士，鼓而已。』此詩有『鐘鼓樂之』之語，蓋賀南國諸侯或其子之婚也。」胡適先生曰：「明明是男性思戀女性不得的詩。」

⑫鄭玄曰：「繪，畫文也。凡繪畫，先布衆色，然後以素分布其間，以成其文。喻美女雖有倩盼美質，亦須以禮成之。」（集解）；朱熹曰：「素，粉地，畫之質也。絢，采色，畫之飾也。言人有此倩盼之美質，而又加以華采之飾，如有素地而加采色也。」（集注），今採鄭義。

⑬同⑨，卷七，頁四七八。

⑭引自唐君毅先生著「中華人文與當今世界」，上册，頁三一三—三一四。

⑮同⑨，下册，卷十七，頁一一〇二。

⑯孔穎達毛詩正義云：「一人者，其作詩之人。其作詩者道己一人之心耳。要所言一人，心乃是一國之心。詩人攬一國之意以爲己心，故一國之事，繫此一人使言之也……故謂之風。」

⑰引自徐復觀先生著「中國文學論集」（台北·學生書局·民國七十一年五版）中「傳統文學思想中詩的個性與社會性問題」一文，頁八五—八六。

⑱禮記經解篇云：「溫柔敦厚，詩敎也。」

⑲同⑨，下册，卷十二，頁八三六。

⑳參見曾昭旭著「論語的人格世界」（台北·尙友出版社·民國七十一年初版），頁一〇一。

㉑參見曾昭旭先生著「王船山哲學」（台北·遠景出版事業公司·民國七十二年初版）第二編第一章之三。

㉒朱熹詩集傳釋關雎詩中「芼」字云：「芼，熟而薦之也」，故可象徵人之感情已臻成熟之境。

㉓引自程兆熊先生著「儒家思想—性情之敎」（台北·明文書局·民國七十五年初版），第二篇第八講，頁十六—十七。

㉔引自王船山詩廣傳卷一。

㉕同⑨，下册，卷十三，頁八七六—八七七。

㉖參見拙著「論語言孝要義」（孔孟學報·第五十二期·民國七十五年九月）一文。

㉗同⑨，下册，卷十四，頁九四九。

㉘同⑨，下册，卷十三，頁八五五。

㉙朱熹四書集注云：「言鳥見人之顏色不善，則飛去，回翔審視而後下止，人之見幾而作，審擇所處，亦當如此。」王船山讀四書大全說云：「『時哉』云者，非贊雉也，以警雉也……古稱雉爲耿介之禽，守死不移，知常而不知變，故夫子以翔鳥之義警之，徒然介立而不知幾，難乎免矣。人之拱己而始三嗅以作，何其鈍也！」今採朱義。

㉚參見唐君毅先生著「中國文化之精神價值」（台北・正中書局・民國七十三年初版第五次印刷）中第十及第十一兩章。

㉛引自唐君毅先生著「中國哲學原論—原教篇」（台北・學生書局・民國七十三年全集校訂版）中第二十三章，頁六四三—六四四。

—孔孟學報第五十七期・民國七十八年三月

# 論語論禮及其精神方向

## 一、引言

論語是人學的聖書，所謂人學，即是求如何一方內在地提撕人之良知善性，一方外在地潤物及物，以適切地表現人文的學問。一般人實際上雖在人文世界中生活，然恒不自覺自己在人文世界中生活，故不了解人文的意義與價值，尤其在工商社會裏，人每每迷失自己，而將自己同化於自然世界、物質世界之一生物、一物中，故恒以爲自己只在物的世界中生活，且恒視自然世界爲其託命之所，其實，人即人，不是禽獸，不是物，人之所以爲人，不只須自覺他是異於禽獸異於物的人，更須自覺地求表現其性，以規範、限制、超化其物性、動物性的表現，易言之，人當求一切道德精神的人格，且當依此人格而作各種人文的表現，如此，才能彰顯人的意義與價值，而論語所崇尚的理想世界，正是一以德性爲中心而全幅開展的人文世界，由人文來潤澤人生，充實人生，亦由人文來表現人性，完成人性，捨人文，則人生所呈顯的，只是一空虛而物化的自然人生，而違背人性的人文，亦只是一桎梏人生的人文。

由德性開展出來的人文，其貫注於日常生活之間，便是禮的表現，如結婚，儒家不視爲男女兩造的契約（契約只是一種法律行爲），而說是「合二姓之好」與「承先啓後」之事，於是婚禮便是貫通橫面之異姓家庭與縱面之祖宗與子孫之生命的盛典，典禮中，不由牧師證婚（由牧師證婚只顯宗教色彩），而行禮於天地君親師之神位之前，更象徵婚姻乃具人生意義之全，而衆多親友賓客從各方擁來祝賀，亦見婚姻皆在他人或社會之精神環繞中，而非純是一男一女之欲之滿足的事；他如喪禮祭禮之所以爲人所當重視，乃因此事死送死之事，正可表吾人對死者之情誼，直達於幽冥，而使死者之生命始終，皆爲吾人之情誼所環繞、護持之故①，凡此，在在說明了儒家之禮教生活，不只增厚了人對人之間的情誼，更培養了人之和平精神與悠久意識。

眞正的「人」文，實即涵蘊了禮的精神，而一切人倫日用，實亦即是禮的精神表現，故之於事謂之禮儀，之於物謂之禮器，之於人謂之禮貌，之於政治社會制度謂之禮制……，禮使人之精神生活、人文生活與日常生活融合爲一，不但潤澤、陶養了人之自然生命的欲望，亦且提昇了人之精神境界，培養了人之道德意識與價值觀念，是以禮之社會文化生活，能安人安天下，亦安頓潤澤人生，而人之生活，亦因而歸於平順安泰，禮之作用大矣哉，故論語特重禮教。

## 二、仁心之浸潤與禮文之開展

然則，論語之重視禮教，並非憑空設定一種放諸四海皆準的死條文來教人守壘，蓋禮乃是通過仁心之浸潤而後呈顯於外者，易言之，禮要有眞實的意義與價值，非得有眞實的生命不可，此眞實的生命指的即是仁，亦即仁爲禮之本質，禮而無仁之浸潤，則必失去其精神憑依，因而禮亦無以成立，故論語：

子曰：「人而不仁，如禮何？人而不仁，如樂何？」（八佾3）

誠然，人之表現於外在的人文才能稱爲禮，而「外在」有物我之隔，彼此之對，故須於其中先浸潤一極靈敏、極活潑的仁，一感通無限，廓然與萬物同體，亦即一泯除小己之相的仁，人才能於人倫日用之間知有我，同時亦知有他人，乃至萬物，而不敢縱我之私欲，如此，才能隔而不隔、對而無對，而禮亦才眞能成爲交通人際善意的通路，成爲世間之客觀實效的標準與軌範，故仁實是禮之成立的必要條件。

亦唯通過仁心之浸潤，一切自然事物之客觀存在才能凸顯禮的精神，才能成爲「禮」物或「禮」儀，否則只具一虛文、空文而已，故論語：

子曰：「禮云禮云，玉帛云乎哉？樂云樂云，鐘鼓云乎哉？」（陽貨11）

仁原本是人之生命的誠樸本質，亦是一切人文創造之源頭活水，故一切禮文，都應是爲了裝點人之眞誠，而不是遮撥人之樸素之本來面目，論語：

林放問禮之本。子曰：「大哉問！禮，與其奢也，寧儉；喪，與其易也，寧戚。」（八佾4）

捨奢易而就儉戚，正顯儒家之用物以成就禮，非徒以物爲禮之手段、工具或材料而已，而仍對物有情，故於自然萬物之變化生長之本身，仍視爲有其獨立存在的價值，一切物不須皆爲禮儀之目的而存在，故用物而不竭物，使之恒有餘而不盡，此正顯「求少傷自然」之仁性，故孔子答林放之問，雖未明指仁爲禮之本，而以禮之所初行乎儉戚者爲本，實則，人之仁心善性已蘊於儉戚之中，此章王船山論之明當：

「苟其用意於禮，而不但以奢易誇人之耳目，則夫人之情固有其量，與其取之奢與易而情不給也，無寧取之儉與戚而量適盈也。將繇儉與戚而因文之相稱者以觀乎情之正，繇此而天則之本不遠焉（情之正者，已發之節，天則之本，未發之中）。迨其得之，則充乎儉之有餘，而不終於儉，極乎戚之所不忍不盡，而易之事又起，則不必守儉而專乎戚，而禮之本固不離也。

蓋以人事言之，以初終爲本末，以天理言之，以體用爲本末。而初因於性之所近，終因乎習之所成。則儉與戚有所不極而尚因於性之不容已，用皆載體而天下之大本亦立。此古道之不離於本也。奢則有意爲奢，易則有意爲易；儉則無意爲儉而見禮之備於儉（有意則爲吝而非儉），戚者無意爲戚而但戚以盡其哀（有意則非戚）。故儉不至於廢禮而戚之非以偷安於不易者，此自性生情，自情生文者也。」②

船山「自性生情，自情生文」之論，一語道破了禮後於仁之義，而論語亦言之鑿鑿：

子夏問曰：「『巧笑倩兮，美目盼兮，素以爲絢兮』何謂也？」

子曰：「繪事後素。」

曰：「禮後乎？」子曰：「起予者商也！始可與言詩已矣。」（八佾8）

細玩此章，子夏問孔子詩文，初只單就「素以爲絢兮」（意謂何以絢爛之色彩反須靠素色來顯朗）一語求解，而孔子舉「繪事後素」（繪畫先敷彩色後，再以素色勾勒線條，以顯輪廓③）爲譬，亦只正解詩文而已，然卻引發了子夏「禮後」（禮後於仁）的頓悟，此不只是子夏對詩之善學，更是對人生義理之善學。素之對絢有軌約、描述之作用，猶禮之對人有彰顯、保留的功能，然若無仁之豐贍的生命內涵，禮亦無從疏理、軌約，而徒成一空虛的禮文而已，唯本此豐贍的生命美質（仁），人才能逐次開展出優美的形式，周理出井然的秩序，凸顯人類創造的莊嚴，拓展人之生活的領域，而禮文亦才能大放光彩。

## 三、禮之敬讓精神與祭祀的意義

人之欲求禮文之開展，證明了人不只肯定自身之內在良心善性的價值，亦同時承認肯定外在之事物、他人或社會歷史文化之客觀價值，承認肯定之，進而以之爲學爲教，此中便涵有一「尊敬」的意義在，故禮之精神即是一尊敬自然的天地、尊敬祖先父母、尊敬社會之歷史人文、以及尊敬成己之人倫日用關係中的一切人一切事的精神，故論語：

子曰：「居上不寬，爲禮不敬，臨喪不哀，吾何以觀之哉？」（八佾26）

人人能持此「尊敬」之心，自能將自我之心靈超越己私，向外推廣，了解同情他人，以使彼此通連爲一體，形成同根於天理之精神上的兄弟，人際的關係便和家庭一般的親切了，故論語：

司馬牛憂曰：「人皆有兄弟，我獨亡。」子夏曰：「商聞之矣：『死生有命，富貴在天。』君子敬而無失，與人恭而有禮，四海之內，皆兄弟也。君子何患乎無兄弟也。」（顏淵5）

一切人之處世接物，都能本乎誠敬不欺，眞實無妄，便是禮之初微的表現，論語：

子入大廟，每事問。或曰：「孰謂鄹人之子知禮乎？入大廟，每事問。」子聞之，曰：「是禮也。」（八佾15）

大廟中的禮數，都屬經驗知識的範疇，聖人自然不一定能全知，「知之爲知之，不知爲不知」，不知便問，即是眞誠，亦即是敬，就此眞誠不欺之發問態度而言，便是禮之精神所在，故曰：「是禮也」。

由是所謂禮敎，與其說是注重人之如何使自己行爲合乎規則，不如說注重如何提撕禮的精神，使自身之誠敬之心，睟於面盎於背，施於四體，以在言行上凸顯出一純粹自發而可敬可愛的態度、儀表、顏色和氣象來，故論語：

孔子曰：「君子有九思：視思明，聽思聰，色思溫，貌思恭，言思忠，事思敬，疑思問，忿思難，見得思義。」（季氏10）

一切外在之禮文當以誠敬爲本，「爲仁之本」的孝行（孝行乃子女對父母之禮文），更是如此，故論語：

子游問孝。子曰：「今之孝者，是謂能養，至於犬馬，皆能有養，不敬，何以別乎？」（爲

政7）

孝行之所以主敬，乃因子女對父母的侍奉行爲，原不是法律中權利義務的行使關係，而是一由人之道德主體秉其至誠以主動出發的，故子女對父母行孝，乃是一「自願的貢獻」，一「可感的賜予」，而絕非向對方要求，亦絕非嗟咄以予的表現④，否則與豢養犬馬，就無以簡別了。

敬既是一自願的貢獻，一絕不向對方要求的精神，則父母即或有現實存在的習染，致使子女在孝行上有事實的難爲及心中的委屈與無奈，此「敬」的態度仍當永不改變，故論語：

子曰：「事父母幾諫，見志不從，又敬不違，勞而不怨。」（里仁18）

此敬的態度既永不改變，則子女行孝之際，便當有一自然流露而無可揜著的和悅顏色，此用自覺理性（敬）於超越理性生活之感性生活（樂），更可見孝行乃在禮樂交融之氛圍中，孝由是更顯出其尊貴性，故論語：

子夏問孝。子曰：「色難。有事，弟子服其勞；有酒食，先生饌，曾是以爲孝乎！」（爲政8）

唯此敬之態度永不改變，人之禮文乃能在現實的存在中超越現實，徹通生死幽冥，而顯出意義，故孝之實踐，從生到死，再到祭祀，吾人當對父母一皆以禮貫之，一皆致以孝敬之赤誠，故論語：

孟懿子問孝。子曰：「無違。」

樊遲御，子告之曰：「孟孫問孝於我，我對曰：『無違。』」

樊遲曰：「何謂也？」子曰：「生，事之以禮；死，葬之以禮，祭之以禮。」（爲政5）

「無違」即是無違於禮之「敬」的精神，行孝無違於敬，才是眞孝，而人能於一切行禮之際，處處無違於「敬」，便能卑己尊人而產生一辭讓的胸襟，故禮之精神，自積極的意義上說，便是敬，自消極的意義上說，便是讓，能敬能讓，禮之精神才能全幅彰顯。

讓即不爭，人有謙讓不爭之心，則即或有事實上之表象的爭，其爭亦不失禮之精神，故論語：

子曰：「君子無所爭；必也射乎！揖讓而升，下而飲，其爭也君子。」（八佾7）

比射雖是一種技藝之較量，然勝無永勝，敗亦非永敗，故此爭，義在借以彼此切磋，而不刻意在敗對方，彼此既無敵意，賽前自當「揖讓而升」，賽後亦當「下而飲」，敗者趨前道賀，勝者拱手謝讓，此爭便是一合理的爭，一不爭的爭，故「其爭也君子」。

不爭則能承認他人的價值，承認他人的權利，乃至承認他人的德性，亦能禮讓他人的價值，禮讓他人的權利，進而禮讓他人的德性，論語：

顏淵、季路侍。子曰：「盍各言而志？」

子路曰：「願車、馬、衣、輕裘，與朋友共，敝之而無憾。」

顏淵曰：「願無伐善，無施勞。」

子路曰：「願聞子之志。」

子曰：「老者安之，朋友信之，少者懷之。」（公冶長26）

子路之「與朋友共，敝之而無憾」的志，只是求一對他人使用物之讓權，而顏回「無伐善，無施勞」的志，則是對他人之讓德，將一己之功德讓予我自己以外之他人，自己有善，歸諸朋友，弟子有善，歸諸先生，今人有善，歸諸古人，此不私據其德，而客觀化其德於人倫關係之一切人中，從而升擧他人之人格價值，便是對人之最高的辭讓與敬意，而孔子「老者安之，朋友信之，少者懷之」使人人各得其所，各安其生的志，更顯出「天地生萬物而不與焉，物各付物，分別裁成，而不是把持萬物」的大德，此以仁德治天下，全幅地將人德讓開散開，而歸諸天（人之仁心仁性即天心天道之直接顯示），更是禮之辭讓精神的極致表現，故程伊川讚之爲「分明天地氣象」⑤的志。

能讓人（含今人與古人）以德，讓天（言天即含地）以德，正顯禮之敬讓精神能超越人我、天人的隔限，澈通生死幽明，而祭祀，即是人之傳達此敬讓精神之禮文，故儒家之重視三祭（祭天地、祖先、聖賢人物），實富有其神聖莊嚴的意義。

天地一名之所指，可涵天神地祇，亦可指一統體之自然生命或宇宙精神。「天覆地載」，天德高明，地德博厚，通此高明與博厚，才能裁成自然界，兼以成就人格人文世界，無天地，則我與一切萬物便失所依以爲生，故我當祭之，而祖先是我生命之所從來，無祖先，則無現實存在的我，我亦仍在一虛無之存在中，故我當同對天地一般「報本返始」以祭之，至於聖賢，則代表人之文化命根，無聖賢之以其生命、德性、智慧立人倫，興教化，提揭文化理想，以使文化慧命永恒相續，則吾人便失去人文教化之本，故我當祭之；祭之以敬，則天道雖須人道以成終，而人卻不自居功，祖先與聖賢人物雖或曾帶罪過以離人世，我不保其往，只見其善，不見其惡，我一心只於祭時求與其精神感通，求順承尊戴其德，而忘卻現實存在之我或於來日亦將爲祖先爲聖賢而自矜，此即是祭禮中之敬讓精神，亦即是一卑己敬神的情操。

「祭思敬」（子張1），吾人祭之以誠敬，則此祭唯在使吾人之精神超越吾人之自我以伸展通達於祖先、聖賢、天地，此外，別無所求，此祭既是一純粹之表現吾人心靈之超越性、無限性的禮文，則吾人苦當祭，樂亦當祭，有罪當祭，無罪亦當祭，我祭之活動，成爲無待於我之具體情況之爲苦爲樂，爲有罪或無罪，而純是一無條件之正當者⑥，故吾人眞正祭祀之態度，當「敬鬼神而遠之」（雍也20）。

吾人之能伸展精神以致超越者以誠敬，而表現一對超現實之宗教對象之純粹精神的嚮往，乃因吾人能將祖先、聖賢視爲一「純粹是精神」「通體是德愛」的人格，而求與之有一精神上的感通，故於祭時，視死者亡而若存，如來格生者，其神靈洋洋乎如在我之上，如在我之左右，悠久而無疆，由是祭祀的禮儀便不徒是一虛文，而實有一虔敬之心情投注其中，故人如不與祭，不親自表達此一虔敬的精神，則請人代勞的祭儀，便喪失其意義，故論語：

祭如在，祭神如神在。子曰：「吾不與祭，如不祭。」（八佾12）

吾人祭以敬誠，求與祖先、聖賢之人格精神相感通，此感通，實即是求其德之全幅重呈於吾心之中，如是，則先人過去之存在與價值，便因吾心之保存而重返於人間，其道德人格洋溢於吾人祭祀之精神之上，而得以圓滿與悠久，而吾人之心亦因對其精神價值之保存而更歸於淳厚，故論語：

曾子曰：「愼終追遠，民德歸厚矣！」（學而9）

由是觀之，一切禮，都在其誠敬辭讓之精神下而凸顯意義，一切人文活動，實亦都在提昇吾人之道德價値，故人對於日常生活中的禮文，實不可等閒視爲一無謂的對應形式。

## 四、良知之成心性、成材性與禮之恒常義

禮文之所以能不爲一無謂的外在對應形式，乃因於吾人良知之發用，良知以明覺爲體，以潤物爲用，吾人時時有良知之自覺，則於處事接物之際，便能將吾心之敬讓精神貫注其間，而成就心性，其之於潤物，亦必能考量環境、氣質等等之結構及性能，然後因材器使，使落入於有限存在面之格局中的禮文，一一順人之生命氣質（指人之生理心理之本能習性而言，而非指私欲），亦一一順被用之物的物性，兩得其順，以成就材性；能成心性，成材性，禮文才眞能交通人間善意，而成爲人與人所共循的通路⑦，故論語：

子曰：「君子義以爲質，禮以行之，孫以出之，信以成之，君子哉！」（衛靈公18）

誠然，人能本乎良知之明覺，澈知自身所處之現實存在的困限，而主動選擇最適宜之途徑，放棄其他格局（義以爲質），以充分表現於自己行爲上，則此表現，便可主觀地呈現自己的善意，亦可客觀地使此善意爲他人所同情、諒解、領受，而成爲一完足圓滿的善行（禮以行之），如此，才眞能顯出君子的氣象。

由是可知禮文的形色亦甚重要，其所以能適切地表達，原由於吾人良知之能成材性，此所謂材性，尅就實踐者之自身而言，指的即是吾人自然生命之習性，凡習性皆屬中性，若吾人之良知能當下作主，便可使此習性化爲淨習，而表現道德，如不能作主，則便轉成染習而成爲踐德的障礙⑧，故論語：

子曰：「恭而無禮則勞，愼而無禮則葸，勇而無禮則亂，直而無禮則絞，君子篤於親，則民興於仁；故舊不遺，則民不偸。」（泰伯2）

「勞與葸疾已，亂與絞疚人，蓋恭愼者柔之德，勇直者剛之發，皆人之善行也；然不禮以裁之，則恭而至勞，愼而至葸，勇而至亂，直而至絞，其弊有不可勝言者，故孔子常以禮爲人之規矩準繩，而使人以此爲準。」⑨

恭愼勇直原是美德，然吾人如「不禮以裁之」，不知以良知當下點化成全之，使吾人於踐履之時，依順生命之條理而作如如之表現（淨習），則便易使習性順著妄情之結習而下委墮落（染習），而原本「恭、愼、勇、直」之美德，亦便扭曲爲「勞、葸、亂、絞」的表現了。

良知之成材性，除了須化吾人之生命氣質爲淨習外，對當下己身所處之環境、身份、對象等外在客觀條件亦都當一併體認而予點化成全，如是，則吾人之舉止言行，便可有一當下之常規可遵循，此常規亦必同時爲他人所了解、默契，而吾人之內在善意之表達亦可順理成章，充分達到他人之心，而不被誤解⑩，故論語：

有子曰：「信近於義，言可復也。恭近於禮，遠恥辱也。因不失其親，亦可宗也。」（學而

13）人之恭敬之心意能依常規如如呈顯，行爲之及物潤物才有其實效性，如此，他人自能領受、讚美我之善意，而我之行爲亦才能「遠恥辱」，否則便有如「事君盡禮，人以爲諂也」（八佾18）之憾了。

然則吾人當知，禮之須求良知之成材性，求行爲之及物潤物的實效性，此所謂實效，意非指人之對周遭之對象、環境等客觀存在格局一味敷衍、遷就，以求得一八面玲瓏的圓滑表現，圓滑的「實效」，是一「只知閹然媚於世，自己沒有一條道，只是追隨世俗，同流合汚，沒有自性，沒有人格，內心只是一大虛空，但他能使世俗衆人皆悅」⑪的實效，而俗衆多昏昧，爲取悅一切人，使一切人皆誤以我之行爲爲善，於是矯設方便，以行險曲，純以「善」爲手段，利用人之好善之心來罔欺人，此乃是僞善者、鄉愿者之心態，其於人之好善心之本身即不復眞加以肯定敬重，唯視之爲使我之私慾得以滿足之工具，此實是人之最似不壞之大壞的傷德表現，故論語：

子曰：「鄉原，德之賊也。」（陽貨13）

禮乃因於仁心之浸潤及良知之發用而有，鄉愿既無仁心良知，故其行爲雖有一圓滑的「實效」，一酷似成就材性的外相，然由於無一精神價值貫注其間，無自己生命之眞實力量貫注其間，鄉愿自也不是禮了。

於是吾人進而更知：所謂良知之成材性，不是指良知之盲目附和現實之有限存在格局，乃是針對可能實現的價值，作實際的選擇，此選擇，非只純粹地保存一「選擇可能」之自由之謂，乃是先承認此廣泛之自由，而對之再作一規定，以求實際的實現價值之自由，吾人能在有限存在格局中配合客觀理勢而對可能實現之價值作選擇，然後才見良知之眞自由⑫；就此而言，鄉愿之所以爲鄉愿，即在其於世無所擇，而貌似無所不容之故。

良知以選擇可能實現之「價值」爲原則，而價值依仁心（仁心即心性）而有，是以良知之成材性，實亦皆在求「成心性」之氛圍中，易言之，良知之求禮之形色之一一順客觀環境、材質之性而呈顯其用，實都本於人之求仁心之在有限格局中獲得曲成的表現，故論語：

子貢欲去告朔之餼羊。子曰：「賜也！爾愛其羊，我愛其禮。」（八佾17）

告朔⑬乃古諸侯所以稟命於君親之大禮，其中自有「忠、孝」之精神價值（心性）在，當時此禮雖已曠廢，而餼羊之供奉儀式（禮之形色）猶存，餼羊（此時之餼羊仍具一莊嚴的象徵）能存，便有可能依此客觀之材質而識復告朔之禮，以成就「忠、孝」的精神價值，「賜也！爾愛其羊，我愛其禮。」孔子之不捨羊，正顯其良知之對可能實現的價值作一實質的抉擇，以求仁心在現實之格局中重獲曲成的表現。

孔子之欲借羊來復禮，說明了禮之成立，必有一外在之事、物爲之助緣方可，然此助緣之抉選，當以不違人之仁心善意爲原則，故論語：

子曰：「麻冕，禮也；今也純，儉，吾從衆。拜下，禮也；今拜乎上，泰也，雖違衆，吾從下。」（子罕3）

麻冕細密難織，不如用純之省約人力，其省約（儉），無礙於禮本意，無違於人之善意的表達，故可「從衆」，至於臣對君之行禮，當先拜於堂下，待君辭拜，再登堂行禮，以表對君之至敬⑭，今憚煩而省其儀節，直拜乎上，便易流於驕慢（泰）而不自知，此與禮之精神大相悖異，故當違衆而從下，此不「盲目」附衆，即是良知的明覺，良知有此明覺，才能彰顯禮之精神。

一切依此明覺，則不論外在之客觀情境如何生滅變化，良知必能因人制宜、因地制宜、因時制宜、因事制宜、因物制宜而表現出禮來，此「制宜」的精神，即是禮之恒常義，一切歷史文化的生命，都依此禮之形上眞理來發展，過去如此，現在如此，將來乃至千秋萬世都是如此，故論語：

子張問：「十世可知也？」子曰：「殷因於夏禮，所損益可知也；周因於殷禮，所損益可知也，其或繼周者，雖百世可知也。」（爲政23）

子張之問，實即問孔子對未來歷史演變的判斷，就「事」而言，不管過去、現在、或未來，在何種環境下會出現何種人才，創出何種局勢，此等等現象，皆由一步步逐次轉來，而非偶發的，故歷史有其必然性，然歷史會如此演變，而不如彼演變，吾人實無法以科學之因果律來推斷，黑格爾「凡存在即合理」之史觀，此中的所謂「合理」，只是合辯證的理，只能套在辯證的發展中來講，而不是合邏輯的理、科學的理，易言之，歷史發展之必然性，只能是辯證的必然性，不是邏輯、科學的必然性⑮；而每一時代的史實都曾是一存在，既是存在，自有其發展中之存在理由，故不可輕忽、抹殺，然吾人之判斷若止於歷史之「事」的現象，則便易順「凡存在即合理」的史觀而下，如是，無異承認了一切歷史演進中所呈顯之大惡表現亦皆合理，則人類之歷史又有何意義價值？故要講歷史，一方要從歷史之「事」（現象）上的必然性來說，一方亦要同時從人之道德（本體）的必然性來說，捨此二者之一，將無法眞正了解歷史的演進，亦將無以了解歷史的精神。

歷史是「人」之集團實踐所演成的，旣離不開「人」，則「集團生命的實踐中，豈不也含有一個精神的實體，豈不也含有一個向上的理想而共同以赴之。這個仁義的心是共同所契合的，其所抒發理想是共同赴之而求有以實現之的。但是這個精神的實體之實現是在限制中障碍中實現。這個限制或障碍最直接的就是人的『動物性』。其他間接的，也都由動物性而結成。一個人的道德實踐就在破除他的動物性之障碍，集團的實踐豈不更有它的集團的動物性，豈不更要在此障碍中而破除此障碍以實現其理想，以表現其精神實體。就因爲有此動物性的限制，所以人類的集團實踐不能不是歷史的，不能不是曲折宛轉的發展的，因而觀歷史，也不能不滲透到精神實體，貫通著史實，而引申出歷史判斷。」⑯集團能依向上的理想（此所謂「依向上的理想」實即指禮之形上眞理，禮之恒常義，亦即是孔子答子張「殷因於夏禮」中的「禮」義）而共赴之，則人之良知便可成材性而表現出「制宜」的禮文來，此時歷史亦便呈現盛世、治世，如良知提不住，扭不過，而使集團之動物性（動物性本身無所謂善惡）發作、夾雜、駁雜，甚至於乖謬邪僻，則歷史便呈現衰世、亂世，衰世、亂世自其自身而言，是罪惡、邪惡的，但人終究會以它爲鑑，而加以修正、損益（孔子謂「所損益可知也」即指此），而再度展現「制宜」的禮文，把歷史重新帶回一個理想的方向去，故衰世、亂世自未來之歷史而言，自有它的負面價值在，從此一盛一衰、一治一亂之歷史曲折的發展來看，此中函有無限的智慧，亦有無限的悲痛，歷史便在此無限智慧、無限悲痛中展現其精神價值，而人類亦必從此曲折的發展中不斷寫下歷史的新頁，此所以孔子謂「雖百世可知也」。

## 五、法治與禮治、禮教

吾人要使歷史得以正面演進，要使人之集團得以依禮而實踐，要使當下之朝代得以興盛不衰，使歷史得以展開其正面的意義與價值，以對千秋萬世的子子孫孫交代，則上位者尤有責任以德爲治，如是，使人人接受禮敎之薰陶，才能共赴於理想，否則以政刑爲治，人將失仁義悃誠之本，精神外弛而落於物實，歷史便易淪於一純否定的陷阱中，故論語：

子曰：「道之以政，齊之以刑，民免而無恥；道之以德，齊之以禮，有恥且格。」（爲政3）

道政齊刑，其義不在信賞必罰，綜核名實，而在其用法之根據，全在於成就君王之以術成，以術成者，君之自身便詭密陰險，無仁無智，無禮無義，有的只是一陰森之深潭，而無光明俊偉的氣象，本身既陷於殘刻枯燥，自藏於黑暗之地獄中，則自不能面對光明之眞理，亦不能有光明以傳達於社會而普照人群，故其政刑，只能激民，誘民之潛隱渾沌爲一盲爽發狂之癡呆，而毫不能予民以理性上之啓發與價值之觀念⑰，故「民免而無恥」；若「道之以德，齊之以禮」，便可興民，使一切人澈底從根上轉化，使其自己悱啓憤發，「有恥且格」，一切人在禮敎之雰圍中完成其人格，則人之集團之表現，亦才有其精神的實體，由德性之覺醒而向上憤發，而共同開創一文化理想的歷史遠景。

政治以禮敎爲宗極，則一切政刑都只是助緣，乃原則上或目的上都是可以廢除的，故論語：

子曰：「『善人爲邦百年，亦可以勝殘去殺矣』，誠哉是言也！」（子路11）

然禮治並非居位者之馴民工具，居位者尤當以身作則，以禮自治，如是，才有一禮讓的意識，從而自覺其權位皆自他人之眞誠之道德性的擁戴而來，則不特知其權位乃他人之所賦予，且將由感受他人之道德性之擁戴而益增強其道德情操與政治責任感。居位者能有此禮讓的情操，則亦必無政治權力之運作的放肆，於是施政之時，亦必本於惻怛之情，而絕對的、無條件的有一眞視「一切人之自身爲一目的」的敬，如是，便自呈一「出門如見大賓，使民如承大祭，己所不欲，勿施於人」（顏淵2）的政治胸襟。「上好禮，則民易使也」（憲問42），天下豈有不治？故論語：

子曰：「能以禮讓爲國乎！何有？不能以禮讓爲國，如禮何？」（里仁13）

然則人在現實存在面之艱難與氣質之困限下，天下大治之理想政治的實現實非一蹴可幾，人在步向此理想境地的漫長過渡期間，刑罰仍有其不得已之存在性，然此刑罰不是成就君術之工具，乃是通過一切人普遍客觀之理性肯定而後有者，其之所以能爲人之客觀理性所肯定，乃因於人能認同一切無禮的表現須受到客觀的強制限制，以便及時截斷私慾，不使之加深、蔓延，尅就此而言，刑罰（一切法律亦然）之對「一切無禮表現加以客觀上之限制」的作用，實具有曲成禮的消極意義在⑱，一切刑罰如不夾雜君術而都具有曲成禮之意義，則自爲人所領受，自有其存在的價值，此所以孔子謂：「禮樂不興，則刑罰不中，刑罰不中，則民無所措手足。」（子路3）

然法畢竟是消極的，反面的，「只教人如何便會不得其死，卻不教人如何方得其生。亦如不教人如何方得其生之安樂，卻只教人如何可免其生之危苦。即不是消極反面，終是低了一層。」⑲故儒家重禮治，以人事爲主，政事爲輔，以政事歸人事，不以人事聽命於政事，如是才能規劃一情意皆得的人生。既以人「事」爲主，則以禮自治，便不可單純當成一存養心性的工夫（心性原本不離身、家、國、天下與萬物而獨存），而只把心性當作一物事來執着，故論語：

子曰：「博學於文，約之於禮，亦可以弗畔矣夫！」（顏淵15）

「博文所以驗諸事，約禮所以體諸身，如此用工，則博者可以擇中而居之不偏，約者可以應物而動皆有則，如此，則內外相助，而博不至於泛濫無歸，約不至於流遁失中矣。」⑳文非書籍，乃指一切自然與人事，吾人能博究物理、人事，了悟一切自然現象及一切人文之公則，則知之盛，知之盛，所以爲仁之極，而其具體之表現則在禮，若僅知博文求知，不知約禮崇行，不務於所當行而僅騖於求知，則有知而不善行，吾人又如何可馭知而成仁？可見「約之於禮」、以禮自治十分重要，故論語：

子所雅言，詩、書、執禮，皆雅言㉑也。（述而18）

禮獨言執，則吾人非徒記誦，乃須於行爲中執守之成就之方可，而人之客觀表現，不外視聽言動，是以以禮自治，便當從此中入手，故論語：

顏淵問仁。子曰：「克己復禮爲仁。一日克己復禮，天下歸仁焉。爲仁由己，而由人乎哉？」

顏淵曰：「請問其目。」子曰：「非禮勿視，非禮勿聽，非禮勿言，非禮勿動。」

顏淵曰：「回雖不敏，請事斯語矣！」（顏淵1）

「克己復禮」中之所謂禮者，非就儀制度數言，乃即禮之本質而言，禮之本質即心也，即性也，以其爲吾人所固有，故言「復」；而「非禮勿視，非禮勿聽，非禮勿言，非禮勿動。」此四勿，只是要克去其非禮之私慾，並非要絕斷吾人視色之欲、聞聲之欲、發言之欲、乃至吾心動應萬變之欲，此即陽明所謂「不隨順軀殼起念」的工夫；故禮敎，不是要人絕欲，要人離開事物而孤求此心（周程諸儒主靜絕欲之論，實受禪家影響，非全承續儒家精神），乃是要人操存工夫不懈，使昭昭明明之本心，常時提得起，如是，則欲皆當理，自不待絕了，此義熊十力先生論之甚諦：

「人方越乎禮，即此便是己。克己，則己復禮矣，故克己復禮是一回事，卻分做兩層來說，意義才完足。下文請問其目，並沒有分別是克己之目，抑是復禮之目，可見克復是一回事，不可打做兩截了，……伊川說須是克盡己私，皆歸於禮，方始是仁，實則克之義爲勝，元來不含盡義（朱子語錄：聖人下個克字，譬如相殺相似，定要克勝得他。此云相殺，便與伊川言盡者同）；己字，朱子訓爲私欲，伊川說爲私意，愚謂意欲未即是私，必意欲爲習所移，物所引，而流於邪僻，方是私意私欲，記者詞雖略，然證以下文非禮勿視等言，則可反會得非禮之視聽言動，便是意欲爲習移物引而流於邪僻，只此叫做私意私欲，只此謂之己；克己者，只是此心恒時操存而不放逸，有以克勝乎這個己，令他不得乘隙而起，故名克己，不是待他起來，方克殺去（朱子克殺之云，必是起了方殺），亦不曾說向寂滅處去，要照察這個己的根苗將他克殺淨盡（伊川說克盡己私，勢必除斷欲根而入於寂滅），夫子指出克復的條目，就是非禮勿視、非禮勿聽、非禮勿言、非禮勿動，分明教顏子在視聽言動間着工夫，不要流入非禮處去，這工夫就是個操存，極切近，極活潑，若如程朱之說，勢必收視返聽，向心窩裏搜殺敵人，令其淨盡，孔子分明沒有說到此。」[22]

由上吾人可謂以禮治己，不只是求心之虛靈明覺的保任，乃是由此保任而積極呈現心之性理或仁德，易言之，只是以虛靈明覺爲仁德流行之地，只是以致虛靈明覺爲使仁德流行之一工夫，而不以虛靈明覺即心之本體，故要眞正體認本心，須由禮下工夫，由禮來體認，此體認，不是懸空去體認，乃是從此心感物而動之無私的怵惕惻隱、與人物之痛癢相關之情中去體認，從仁性之顯於應接事物之情、或對自己意念之善善惡惡之良知中去體認，此體認，同時即是操存涵養，即是心之自求充實、自求保存其所呈現之仁德或性理之事[23]，由是禮教，即是教人如何涵養操存，如何使吾人之道德理性有相續不斷之表現實理（即天理流行）之可能，同時亦使私欲、習氣等非理性者、反理性者之呈現，漸爲不可能，如是，一切道德之無上命令皆可落實，而無不可由客觀之踐履而達到實際的實現，人之道德理性之必能超化非理性而爲人生與宇宙之主宰，亦可由此實踐而不斷獲得肯定與證明，故曰：「一日克己復禮，天下歸仁焉。」

只要吾人能以禮自治，則儘管人生下來，其知慮、情感及行爲等等受到了社會上學藝、政教、風俗、習慣與其他各種固有勢力的陶鑄，受到了在生前早已安排好了的種種社會模型的限制，人仍能突破此重重限制，自強、自動、自創，以變更不合理之限制的餘裕，而締造新社會，展擴新生命，此乃是人之眞正自由，最偉大最珍貴的自由，而「爲仁由己，而由人乎哉」之義，即在此中顯朗。

「不知禮，無以立也。」（堯曰3）「不學禮，無以立。」（季氏13）人人以禮自學，以禮互教，則一切人文活動，便是一客觀之交會媒介，亦是一統一之聯繫象徵，以此彼此相知，相互充實其道德生活，相互涵攝其道德意識，則人類道德精神凝一，而顯出一客觀之道德精神的統一體，如是，人之所從事之一切文化活動，便都富有實現文化理想的價值，而促進了社會的道德生活，此所以文化實即禮之精神之客觀實現也。

## 六、結論

人在現實存在面中生活，必有所表現，而一切外在的客觀表現統稱之爲「文」，唯此「文」能彰顯「人」的道德精神，凸顯「人」的人格價值與意義，始可稱爲「人文」；而禮即是人之對人、對天地社稷與其他鬼神之宗教道德精神的表現，人之對人之生命之始終之尊敬的精神，人與人種種倫理關係中之人義的表現，乃至人之對物之敬愛的表現，故人文實即涵攝在禮之精神雰圍中；人依禮而生活，則一切衣食住行等等自然活動、一切人之處世接物的表現，便都富有充實的精神內涵，人之能化自然本能、化人之對事物之交接爲一具有充實精神的內涵，此之謂點化，此之謂道德創造，一切世間之文儀、文物、文獻、文制、文辭等等在此點化創造下，一一「人文化成」爲文化的內容，一一展現有意義有價值的禮儀、禮物、禮獻、禮制、禮辭，於是人神相感，人我相通，物我合一，自然秩序化而爲道德秩序，世界亦在此文化生命之無限成長歷程中逐步逼近爲一圓成的世界。

是故禮乃是一切人之行爲的準則，一切文化發展的憑依，一切人文要有意義有價值，都因於禮之精神而顯，此所謂禮之精神，即是文之德，文之質，而吾人如只重「文」，致使「文」離於「人」，便產生種種文敝，一切非人文、反人文的思想行爲亦便運應而起，此實是歷史的悲劇，人類的悲劇，故論語之禮敎，乃是於「人文」二字中，重「人」過於重其所表現於外之禮「文」，而要人先自覺人之所以成爲人之內心之德，使人自身先堪爲禮文所依之質地，此即是論語論禮之精神方向，即是孔子之人文思想之核心所在，亦即是孔子一生講學之精神所在。

## 註釋

①參見唐君毅先生著「人文精神之重建」（台北・學生書局・七十三年二月六版）中「中國人之日常的社會文化生活與人文悠久及人類和平」一文，頁五〇〇至五一五。

②引自王船山「讀四書大全說」(台北・河洛出版社・六十三年五月台景印初版)卷四,頁二二三。

③(集注)朱子云:「素,粉地,畫之質也。絢,采色,畫之飾也。言人有此倩盼之美質,而又加以華采之飾,如有素地而加采色也。」(集解)鄭玄曰:「繪,畫文也,凡繪畫,先布衆色,然後以素分布其間,以成其文。喻美女雖有倩盼美質,亦須以禮成之。」今採鄭義。

④參見曾昭旭先生著「道德與道德實踐」(台北・漢光文化事業公司・七十二年十月二版)中「試論孝道的本源及其陷落」一文之五。

⑤集注引程子曰:「夫子安仁,顏淵不違仁,子路求仁……先觀二子之言,後觀聖人之言,分明天地氣象。」

④參見唐君毅先生著「中國人文精神之發展」(台北・學生書局・七十三年六版)中「宗教信仰與現代中國文化(下)」一文之十四,頁三九二至三九六。

⑦同④,參見「道德之曲成與良知之坎陷」一文。

⑧熊十力先生云:「推原習氣染淨,本即吾人生活遺痕,良以生活內容,不外一切作業,若使自計慮至動發諸業,壹是皆狥形軀之私而起者,此業不虛作,必皆有遺痕,儲爲潛勢,成有漏習;若使自計慮至動發諸業,壹是皆循理而動,而不拘於形軀之私者,此業不虛作,必皆有遺痕,儲爲潛勢,成無漏習,凡習染淨由來,大較如此,……心發用處,即有爲作,以有爲作,名之爲習,習之於性,有順有違,順性爲淨,違性爲染,戒等只是順性而起,故說爲淨習,淨

習者，性之所由達也，雖復名習，而性行乎其中，然不可即謂之性。」語見所著「新唯識論」（台北・學生書局・七十二年初版）頁四二至四三。

⑨引自日人竹添光鴻所著「論語會箋（上）」（台北・廣文書局・六十六年再版）卷八，頁四七六。

⑩同⑦。

⑪引自錢穆先生著「雙溪獨語」（台北・學生書局・七十四年三版）篇九之廿九，頁一〇五。

⑫同①，參見「孔子精神與各類之自由」一文之二。

⑬集注云：「告朔之禮，古者天子常以季冬，頒來歲十二月之朔于諸侯，諸侯受而藏之祖廟，月朔，則以特羊告廟，請而行之。」

⑭拜下拜上之禮儀，論語會箋論之綦詳，其言云：「凡儀禮之言升成拜者，俱兩番拜也，言升拜者，下而未拜，升乃拜也，其所以不同者何也？蓋行禮最盛時，則君辭之也緩，辭之緩，故拜乎下，而復拜乎上；行禮稍殺時，則君辭之也急，辭之急，故不及拜，而遂升拜。春秋時，列國諸臣不惟不能行堂下堂上兩番拜之禮，并不能行因辭而升拜之禮，惟行其最簡略者，孔子之斥爲泰也固宜。」同⑨，見卷九，頁五四二。

⑮參見牟宗三先生著「中國哲學十九講」（台北・學生書局・七十二年初版）中第一講「中國哲學之特殊問題」一文。

⑯引自牟宗三先生著「生命的學問」（台北・三民書局・七十三年三版）中「論『凡存在即合理

』」一文，頁一九〇。

⑰參見牟宗三先生著「歷史哲學」（台北・學生書局・七十三年八版）第二部第三章。

⑱參見唐君毅先生著「文化意識與道德理性（上）」（台北・學生書局・六十九年四版）第四章之十三。

⑲同⑪，引自篇六之二十，頁七十一。

⑳引自朱子語類（百衲本）（台北・漢京文化事業公司・六十九年初版）卷之三十三，頁三三四。

㉑孔安國曰：「雅言，正言也。」鄭玄曰：「讀先王典法，必正言其音，然後義全。」（以上集解），朱子則曰：「雅，常也……詩以理情性，書以道政事，禮以謹節文，皆切於日用之實，故常言也。」（集注），今採朱義。

㉒引自熊十力先生著「十力語要」（台北・洪氏出版社・七十二年再版）卷四，頁六二七至六二八。

㉓同①，參見「印度與中國先哲之宗教道德智慧之方向」一文之四。

——哲學與文化月刊第十八卷第六期・民國八十年六月

# 論語的樂論及樂教

## 一、宇宙之太和境界與樂教的意義

自古吾人即將詩、書、禮、易、樂、春秋合稱爲六經，經者，常道也，凡常道必有其普遍性與永恒性，故不可須臾離，樂之所以堪稱爲一經①，爲一常道，乃因它原是生命固有之太和，依此而天地萬物之盈虛消息，便可交泰和會，盎然成趣，互盪並進，而蔚成創進不息之生命精神，此宇宙「於穆不已」之生化氣韻，即是一無爲之化，一無聲之樂，論語：

子曰：「予欲無言。」子貢曰：「子如不言，則小子何述焉？」子曰：「天何言哉？四時行焉，百物生焉；天何言哉？」（陽貨19）

子在川上，曰：「逝者如斯夫，不舍晝夜。」（子罕17）

太虛寂寥，默然不語，但四時之運行不息與江水之浩浩長流，此中即洋溢著緜延雄奇之生命新機，由是一切各得其養，蓬勃茂育，百物生焉；一切在大化之流衍中宣暢著氣韻生動的機趣，而點化成活潑神妙的生意，此即是宇宙太和之樂的展現，禮記樂記云：「天高地下，萬物散殊，而禮制行矣，流而不息，合同而化，而樂興焉。」誠然，宇宙間一切現象，一切事物都有其特殊性（如特殊之生命史、狀態、活動、方位等等），本不與其他之任何事物全同或相混，然彼此雜陳其間，井然有條，互不相謀，此之謂「禮制行」，但不相謀，並不意味著孤零零的靜止狀態，一切個體之自身實亦在變化無窮、生生不息之中，物與物流衍互潤，事與事交光相網，此靜中顯動，和中但見創化的表現，謂之「樂興」；此宇宙之太和境界，即是樂之最高精神，而論語之樂教，即在法天，以求現實存在面之太和，故借樂之旋律來激發吾人心中最豐富、最深邃之精神生命，從而提升高尚之情操，使吾人純美至善之天性，直透心靈深處，以成就一宇宙人生之偉大人格。

## 二、樂之美善的統一

「聲成文，謂之音」，成文即和諧，即是美，即富創意與生氣，漢書律歷志云：「商，章也，物成熟可章度也。角，觸也，物觸地而出，戴芒角也，宮，中也，居中央，唱四方，唱始施生爲四聲綱也。徵，祉也，物盛大而繁祉也。羽，宇也，物聚藏宇覆之也。」即從此中悟會五音的精神；音與音相配互組，顯出節奏，而成六律六呂；律以配陰，呂以配陽，陰陽相生，由是音樂中之或輕重、或疾徐、或高低、或抑揚、或有聲無聲，互爲正反而去留無踪，便表現出一浩蕩不竭，永無止境的生機世界，論語：

子語魯大師樂曰：「樂其可知也：始作，翕如也；從之，純如也，皦如也，繹如也，以成。」（八佾23）

「純，一也；衆音和諧若一，故謂之純如，書所謂八音克諧也。皦如，其音節淸別明亮，所謂無相奪倫也。繹如者，一淸一濁之相爲終始，一高一下之相爲起伏，而無間斷也。翕合之餘有純和，純和之中有明白，明白之中無間斷，是天地間自然之節奏矣。」②此「是天地間自然之節奏」一語，便道盡了「促使一切個體生命深契大化生命，而浩然同流」的音樂本質；大地之德旣寓之於音樂中，則吾人於欣喜歡愛之餘，必不自覺地生發一無私無染之情，無私染，便無迷妄執着，無有人相，無有我相，無一切物相，直以小己融入天地萬物，互通爲一，由是化除了天人的隔閡，消彌了物我的對立，使一己之獨體，再與原本渾一之大生命結合③；此與天同化，與人同和之情，便使藝術與道德相互會通，樂與人亦相互統一，道德由是充實了藝術的內容，而藝術亦因以支持了道德力量，論語：

子曰：「禮云禮云，玉帛云乎哉？樂云樂云，鐘鼓云乎哉？」（陽貨11）

子曰：「人而不仁，如禮何？人而不仁，如樂何？」（八佾3）

樂所重者，不在悅耳之鐘鼓等等的客觀形式，而在其眞實的意義與價值，樂要有其眞實的意義與價值，須有一眞生命，一超越的原則（仁）來湊泊，如此，才能和順積中，英華外發，以顯德音，以感人之善心，「故孔子之藝術精神，是表現的，充實的，而非觀照的空靈的。純粹之藝術精神重觀照。觀照必以空靈爲極致。統於道德之藝術精神，必重表現其內心之德性或性情，而以充實爲極致。」④

充實之謂美，故音樂不只要具備一音律、歌舞等外在形式之結構美，更當講求道德心靈之內在充實美，此所謂「內在充實美」，乃是由吾人良心善性如如之原情所呈現的一種美，而非虛靜陰柔的美，此心靈之內在充實，便是「盡善」，唯「盡善」，才眞顯音樂之至高精神，論語：

子謂韶：「盡美矣，又盡善也。」謂武：「盡美矣，未盡善也。」（八佾25）

「韶，舜樂，武，武王樂；美者，聲容之盛，善者，美之實也。舜紹堯致治，武王伐紂救民，其功一也，故其樂皆盡美，然舜之德，性之也，又以揖遜而有天下，武王之德，反之也，又以征誅而得天下，故其實有不同者。」⑤武征代之事功，乃建立在犧牲與痛苦之上（此即「反之也」），而非建立在所有人之奉獻與悅樂之上，其情亦只是悲憫哀憐、救苦救難之情，而非由仁本體所生發之歡暢悅樂、生鮮創發之原情（此即所謂的「性之也」），故即或囿限於現實的無奈，與存在面的兩難，於情可原，然終究「未盡善」；唯樂緊扣此原情，緊扣仁性之本體，才有「盡善」可言，蓋「深遠敦厚的仁心昭昭朗朗，彌綸天地，其中生生不息的自由精神更是馳驟奔放，芳菲蓊勃，蔚成詩藝般的化境，舉凡理智之飽滿清新，思想之空靈活潑、幻想之綺麗多采、情韻之雄奇多姿，莫不都在此中充分表露，了無遺蘊，所以才能美感豐贍，機趣燦溢，包天含地，浩蕩充周，這些深微奧妙之處書不盡言，言不盡意，只能透過藝術而曲爲表達，絜情入幻，這就是中國藝術的根本特性。」⑥誠然，樂中蘊存著「至善」，然後「至美」才能得到應有的歸宿與保證，唯此「善」與「美」的統一，樂才能全幅地朗顯其眞正精神。

樂具此精神，便可使大道瀰漫我心，我之心靈亦在飽滿的價值理想中奮然興起，在燦溢的精神境界中毅然上進，由是胸中了無物氣的搭掛，一心只有體道之樂。論語：

子在齊聞韶，三月不知肉味。曰：「不圖爲樂之至於斯也。」（述而14）

「不圖爲樂之至於斯」，孔子不對「盡美未盡善」的武樂，而獨對「盡美又盡善」的韶樂如此地嘖嘆，如此地「用志不分，乃凝於神。」以致「不知肉味」，足見樂中之太和精神（盡美與盡善之統一）對人感受的深入，此樂之「和」，一方消除了彼此的對立，一方促成了人我的統一，此中即富一「公」情，一「仁」性，而韶是堯舜禪讓之樂，禪讓出自「公」天下之情，出自「陽剛盛美，浩然流行」之充實心靈，故「盡善」，由此「盡善」融透於藝術，便是「盡善」與「盡美」的統一，便展顯音樂的眞正精神，論語所看重的，即是此具眞正精神之完滿的樂。

## 三、靜中顯動、動中蘊靜的雅樂性格及正樂的價值

樂之所以要強調太和，強調「盡善」與「盡美」的統一精神，乃因樂之眞正價值，不只在供吾人情緒的宣洩，而在從樂中求提升吾人之精神，激發吾人之生命，從而成就人之所以爲人的高尚情操。「人生而靜，天之性也，感於物而動，性之欲也。」⑦樂若無「善」的精神主導，而一味順依其形式之美之肆意流闖，則吾人「性之欲」，將盲目地自相鼓蕩，無以休止，如此，自難

「窮本志淸」，使耳目聰明，血氣平和，人之氣質生命亦無以獲得淨化，論語：

顏淵問爲邦。子曰：「行夏之時，乘殷之輅，服周之冕，樂則韶舞。放鄭聲，遠佞人。鄭聲淫，佞人殆。」（衞靈公11）

鄭聲之所以當放，當禁絶，即因其聲「淫」，淫，則聲音靡曼幻眇，無中正和平之致，故易使聽者導欲增悲，沈溺於其中而忘返，人一沈溺忘返，則人氣質上之「無明」，便無以化除，人情感上的泥沙，只有隨處淤積，此不但無以提升人之精神，反更阻塞了生命之根源，扼殺了創生不息之生命精神與活力，論語：

齊人歸女樂，季桓子受之，三日不朝，孔子行。（微子4）

女樂之所以能誘導魯君「三日不朝」，必有與鄭聲雷同的聲音，人溺其中，將使所生之盲情無以得到正確的疏導與轉化，只有不由自主地任其放縱淫濫了。

唯美的「鄭聲」中人之深，於焉可見，其所帶來的，只是助長了人情緒的激蕩，情緒之激蕩乃是一向外放之物性盲動，任氣質之性，爲所欲爲，毫無理性的約制，如此，人所得的亦只是一情欲宣洩的樂（音洛），此樂只是一官能的快感，一向下沈澱之「意識流」之再度浮現的滿足而已，而美與善統一的「雅樂」，則是直根於人性，使人之感情向上提，向內收，故是具一「靜」之性格的樂，唯此「靜」，才能將人所浮揚的感情沈靜下來，安頓下來，而引生人之良心善性⑧；此雅樂中由「善」而照映出「靜」的美，乃是「人生而靜，天之性也」的本源美，亦即與人性之根源相湊泊的美，故雅樂必待人之天機活潑，人欲盡去之時，始能眞正契入、領會，自非單憑官能可一觸即得的。當此「靜」中之美所引生吾人對至善嚮往之情，由此情而激發吾人聖潔心靈之時，吾人生命之氣韻，才眞能靈活舒暢，浩蕩充周，無沾滯，亦不拘牽，而與大化渾然同體，浩然同流，此中便有一活躍創造之「純亦不已」的「動」，一將生命精神往上提、往內收的「動」，此靜中生動，動中蘊靜的雅樂，才眞能表現出豐富的生命情調，而鄭聲的「動」，則純然是一引人陷於一物性的「盲動」，一無絲毫「靜」義的動，一直往下墜，直往外放的「動」，一只有使吾人籠罩更濃的物氣，走向一乾枯世界，而與樂之本質大相違背的「動」，故就形式上看，鄭聲之旋律雖與雅樂相似，亦有其動（旋律即是音之「動」，無「動」則無旋律可言，故「動」是旋律之必要條件），亦有其可感人而生之情（氣質之盲情與「純亦不已」的生命之情，都是一種情），但實質之精神却與雅樂大相異趣，此「動」既非彼「動」，則貌似而神非之迷迷鄭聲，其惑人也深，娛人也過，便當加以禁絕，否則，樂之實質價值必無以受到肯定與尊重，而人之精神亦將淪落而不復，故論語：

子曰：「惡紫之奪朱也，惡鄭聲之亂雅也，惡利口之覆邦家者。」（陽貨18）

迷迷之鄭聲當放，而美善統一、靜動相涵之雅樂則當提倡，雅樂之精神（質）既重「善」，重樂章背後的人格提昇與把握，則其樂容（文），亦當有一恰分之藝術形式（詩、歌、舞是樂之客觀形式，借此而使樂之精神外顯），一美的節奏，如此，才能善美配合，「文」「質」彬彬，臻於中和，而躋登吾人於太和淨土，此爲契入樂「質」，以求如分之客觀形式之樂「文」，即是正樂的價值，論語：

子曰：「吾自衛反魯，然後樂正，雅頌各得其所。」（子罕15）

雅頌各爲詩之一體，詩主文，樂主律，文律相配，然後樂正，樂正，則詩才眞爲樂之語言辭藻，而樂亦才眞成詩之聲音節奏，易言之，樂才眞顯詩之精神，而詩所言之「志」，亦才能全幅寓之於樂中。論語：

子曰：「關雎，樂而不淫，哀而不傷。」（八佾20）

子曰：「師摯之始，關雎之亂，洋洋乎盈耳哉！」（泰伯15）

吾人試以男女之情詩觀之，則「關雎」所表現的，不是男子一往馳求企慕的愛情，而是一左之右之，溯迴溯游，迴環婉轉的愛情，此戀情內轉而不外放，情性必歸於閑正，故「樂而不淫，哀而不傷。」其詩之志如此，則其樂亦必求之中和，中和才能不淫不傷，然後詩志才能全幅孕育其中，此詩樂交涵，樂容便詩化了，故於奏樂之時，每一音符都跳躍着詩人心靈的氣韻，每一旋律，都充滿了酣暢飽實的生命氣象，直把宇宙的美表現得淋漓盡致，了無遺蘊，故其聲「洋洋乎盈耳」。

唯樂正，雅音洋洋盈耳，人於此中薰陶，性情就歸之於正，鄭聲不必放而人自惡，如此，樂敎才眞正落實。夫正樂的工作，唯師摯等有音樂素養的人乃得專擅，故樂師之於樂敎，實居一重要地位，論語：

師冕見，及階，子曰：「階也。」及席，子曰：「席也。」皆坐，子告之曰：「某在斯，某在斯。」

師冕出，子張問曰：「與師言之道與？」子曰：「然，固相師之道也。」（衞靈公42）

孔子所以如此善待師冕，一方本諸其仁心之自然發露，一方則更表其對樂師正樂之偉大貢獻的敬重，是以師摯等樂官離開魯國，孔子自也扼腕長嘆了，故論語特載：

大師摯適齊，亞飯干適楚，三飯繚適蔡，四飯缺適秦，鼓方叔入於河，播鼗武入於漢，少師陽、擊磬襄入於海。（微子9）

詩當正樂，歌亦然，論語：

子與人歌而善，必使反之，而後和之。（述而32）

「歌而善」便是正樂，正樂，則歌中之文情相應，無絲毫虛飾，只見心靈一片眞實；亦只有歌者眞情的投入，才顯出樂中的妙諦，故孔子願聽其詳，「使反之而後和之」，以共享樂中三昧。

而舞亦然，舞乃樂之形容動作，而樂則爲舞之音律節奏，兩者相依互涵，自當正樂，論語「樂則韶舞」（衞靈公11），即在使韶「盡美盡善」之樂質，投射於舞（文）中，如此，於手舞足蹈之際，才更易使人悟會其天人合德的太極氣韻，與「於穆不已」的生命旋律。

故正樂，則雅樂之「質」才能如分地直躍「文」上，詩、歌、舞亦才眞顯其精神，而對「亂雅」之鄭聲舞式，亦才可從中得到明確的區辨。

## 四、樂之圓融境中的生命情調

詩、歌、舞於「正樂」後，則其樂性之自身，自可從極深之生命根處，向生命逐漸與客觀接觸的層次中流出，而各顯其如分的藝術節奏，於是生命深處的「情」，便在此客觀形式之藝術表現中顯揚出來，論語：

子擊磬於衞，有荷蕢而過孔氏之門者，曰：「有心哉，擊磬乎！」既而曰：「鄙哉，硜硜乎！莫己知也，斯已而已矣！『深則厲，淺則揭』」

子曰：「果哉！末之難矣！」（憲問40）

孔子擊磬之時，其與天地同心的聖境，即籠罩於磬聲中，故荷蕢者聞之，便覺其中深蘊一「吾非斯人之徒與而誰與」（微子6.）的悲願，然濁世難爲，空有濟世之心，又能奈何？只有正視實務，超然置之，以求全身了，此荷蕢之流的心境，雖亦高尚，却非天地之心；而人所應做的，當盡其所能，面對現實，勇於担負一切存在面的艱難與無奈，忘卻一切之禍我拂我，憫世俗之無知，更進而思有以委曲敎化之，如此的盡性知命，才能使此身之有限通向無限，此涵蓋天地古今之大慈大悲精神，非出自聖人生命深處之「情」，如何可能湊泊？

亦唯樂性之自身，出自於生命之根處，人才能不覺其然而然地眞感生命的充實，此「不覺其然而然」，便是陶醉，人所以能如此陶醉樂中，乃因生命深處所透出的「藝術之情」，湊泊於良心上來，而又化之於無形之故，論語：

子於是日哭，則不歌。（述而10）

記者特舉「是日哭，則不歌」，便知孔子平日常歌於不覺，常陶醉於樂中，樂已成就了其生活之歡喜，成就了其精神活動之充實，由是人因樂而藝術化、道德化，人之情欲不只化除了與道德良心的衝突，更進而與道德良心相融合一，情欲因道德而得到安頓，道德亦因情欲而獲得支持⑨，此即是生命之圓融氣象，故論語：

子之燕居，申申如也，夭夭如也。（述而4）

「申申夭夭，是從中和之德性發出此氣象，在聖人全不覺也；學者須從性情上用功，變化氣質之偏，涵養義理之正，性情能不偏倚不乖戾，則氣象自然不同。」⑩誠然，「燕居」只是人之純粹自然游息之生命活動，能於此平淡之生活中容舒色愉，怡然自得，非有一樂性洋溢其中，如何可能？由是吾人可知，在鄉黨篇所記之與常人無異的日常生活中，孔子所以甘之若飴，亦正在於其能使一切最平凡的日常生活，同可滋長樂之生命精神與德性的光輝，人能緊扣此生命之樂境，便可逆來順受，情無所溺，即或處於困境，亦唯見生命之新新化化，生機洋溢，生趣盎然，故論語：

子曰：「飯疏食，飲水，曲肱而枕之，樂亦在其中矣。不義而富且貴，於我如浮雲。」（述而16）

子曰：「賢哉回也！一簞食，一瓢飲，在陋巷，人不堪其憂，回也不改其樂。賢哉回也！」（雍也9）

誠然，人之身體原只是一逐漸銷融中的外殼，故吾人之保存身體，並不含積極意義的保存，乃是要耗費它，才保存它，吾人希望身體更健壯一些，只因求有更多的物質能力提供耗費，吾人才有更多之心理活動的表現，是以由物質之享受而獲得之生理滿足的，不是眞正的樂，人心之本體表現才是眞正的樂；故樂之所寄，不在身體中物質能力的含藏，而在它之放散，在由它之放散而使心之本體表現出的心理活動；況且人之身體原本有一固定的結構組織，故先天即有其限制，若執此一我之有限，而求一超出身體能力限度的責任，亦即將有限之身體當作無限來用，則人之苦痛、錯誤與罪惡便隨之引生，如何有樂？唯以心之本體破除一己之私欲而超化之，才能使身體與環境的關係免去衝突；彼此相依互順，得到調適，心中了無搭掛，才有絕對的自由與自主，亦才有常樂可言，由是世界才眞成眞善樂表現之場所，亦是心之本體表現其自性的場所⑪，人有此圓融的生命情調，生命的意義與價值亦才能凸顯出來，故孔子所要講求的，是此生命格調中的樂「道」，唯在此道上下功夫，樂才能不待貧而固有；而求此道之工夫，原亦以「樂」爲極致的，論語：

子曰：「知之者，不如好之者；好之者，不如樂之者。」（雍也18）

「知」所以不如「好」，乃因「知」只是知及，尚未進注到自家的生命上來，而「好」所以不及「樂」，也因「好」只是自身的好，亦尚未使自家生命與道合一；唯「樂」之，才能使整個生命與道契合，才能眞「純亦不已」，永不間斷，如此，才有眞正生活之樂，論語：

葉公問孔子於子路，子路不對。子曰：「女奚不曰：『其爲人也，發憤忘食，樂以忘憂，不知老之將至云爾。』」（述而19）

「發憤忘食，樂以忘憂。」此生活之樂是一絕對的樂，而非相對的樂；相對的樂乃繫之於物，而非絕關係的，故其樂必與「苦」相對待，唯絕關係而超對待的樂，才是絕對樂，常人走計算的路，總要由手段取得目的而後有樂，取不得便苦，故其樂全繫於目的物，全藉待於外，如此苦去樂來，樂去苦來之謀生活的樂，便是相對的樂，唯將此計算拋開，得失拋開，視生活之自身即是一目的，生活者，生活也，非謀生活也，如此，處處便是生活之自身，亦是生活之目的；一切充滿了生氣與活力，自然生趣盎然，天機活潑，無入而不自得，無時而不樂⑫，此即是樂之圓融境中的生命情調。

人有此生命情調，便可對絕對理想之人生境界有一體悟，於是不驕矜，亦不執進，在充實盛美境界之憧憬中，內心只是一片圓融的喜悅，而無絲毫沈凝的肅穆。論語：

子路、曾晳、冉有、公西華侍坐。子曰：「以吾一日長乎爾，毋吾以也。居則曰：『不吾知也。』如或知爾，則何以哉？」子路率爾而對曰：「千乘之國，攝乎大國之間，加之以師旅，因之以饑饉；由也爲之，比及三年，可使有勇，且知方也。」夫子哂之。「求！爾何如？」對曰：「方六七十，如五六十，求也爲之，比及三年，可使足民，如其禮樂，以俟君子。」「赤！爾何如？」對曰：「非曰能之，願學焉。宗廟之事，如會同，端章甫，願爲小相焉。」「點！爾何如？」鼓瑟希，鏗爾，舍瑟而作，對曰：「異乎三子者之撰。」子曰：「何傷乎？亦各言其志也。」曰：「莫春者，春服既成，冠者五六人，童子六七人，浴乎沂，風乎舞雩，詠而歸。」夫子喟然嘆曰：「吾與點也！」三子者出，曾晳後。曾晳曰：「夫三子者之言何如？」子曰：「亦各言其志也已矣。」曰：「夫子何哂由也？」曰：「爲國以禮，其言不讓，是故哂之。」「唯求則非邦也與？」「安見方六七十、如五六十而非邦也者？」「惟赤則非邦也與？」「宗廟會同，非諸侯而何？赤也爲之小，孰能爲之大？」（先進26）

孔子與點，實即在讚美曾點所示之生命情調，此義，朱子論之精當：

「曾點之學，蓋有以見夫人欲盡處，天理流行，隨處充滿，無稍欠闕。故其動靜之際，從容如此，而其言志，則又不過即其所居之位，樂其日用之常，初無舍己爲人之意。而其胸次悠然，直與天地萬物，上下同流，各得其所之妙，隱然自見於言外。視三子之規規於事爲之末者，其氣象不侔矣。故夫子嘆息而深許之。」⑬

曾點「浴乎沂，風乎舞雩，詠而歸」所呈現的，乃是一仁樂合一的圓融境界，仁具創生之活力，樂是純美之太和，仁樂交融，便「天理流行，隨處充滿，無稍欠闕。」此即是充實之美。仁在樂中，故「其胸次悠然，直與天地萬物，上下同流，各得其所之妙。」人之生命於是便與宇宙一般，生生不已，此如如的表現，無任何的義憤驅迫，隨之亦無執著的冒進，各得其所，各安其位，即是一「眞實光明」的理想境界，在此境界中，一切都歡暢悅樂，水乳交融，自無亂可撥，無反可正，有的只是一「不關心的滿足」，此便是「樂其日用之常，初無舍己爲人之意。」一切在太和之中，便不必有求任何政治理想的緊張，不必如三子之「規規於事爲之末者」，而子路那份「其言不讓」的英雄式驕矜，與「捨我其誰」之不可一世的氣概，就更不屑一論了⑭，此平正安寧之境，即是由樂而來之最高的人生藝術，最高的生命情調。

## 五、樂與禮之相寓應、相輔成

上述所謂樂之圓融境中的生命情調，其自身所顯的，雖似一純然之「全體放下」的諧和，一「截斷衆流」的禪悅，然純然之「截斷衆流」的情調，只顯一「生命主體」的藝術，而吾人之生命，必須在「道德主體」向上層層深入與向下層層開展中攜帶以前進，生命才能在此前進中逐次規定其自己，而不致空頭渾淪，亦即生命通過樂中所顯之浪漫精神之後，必須再回頭於道德主體（仁），然後才能開出理想與價值之原、人性與個性之源，易言之，生命須一方附麗於道德主體，然後才能彰顯其「仁義」的方向性，一方須涵攝一浪漫精神，然後仁義之心的精神主體才能洒脫得開，豁透得來；而「豁透」乃是一由內向外的流程，道德理性亦必由內向外客觀化於縱橫的人文世界中，才能充實而完備其自己，此曲折中之客觀實踐，便是禮的表現。禮者，性情之序也，樂中有禮，則生命之任情浪漫，亦才不致泛濫橫流，錯亂偏蔽，孔子「從心所欲，不踰矩。」（爲政4）便是「樂中有禮」所呈顯的聖境，而禮中亦必涵樂，才能保其禮之所以爲禮的精神，論語：

有子曰：「禮之用，和爲貴。先王之道，斯爲美；小大由之。有所不行，知和而和，不以禮節之，亦不可行也。」（學而12）

「禮之行於天下而使人繇之以應夫事者，唯和順於夫人之心而無所矯強之爲貴；唯其然，斯先王之以禮爲小大共繇之道者，以純粹而無滯也。」⑮「禮之用」要和順於人之心，此即在使禮進注於樂之生命情調中，繇其有和，才可使人之喜、怒、哀、樂中節，「使人繇之而人皆安之，非其情之所不堪，亦非其力之所待勉。」⑯如是，「禮者，履也」之精神才能彰顯，而不爲人畏葸，亦不致被人視爲一嚴束以強天下之具，否則，貿貿然以禮爲程限，只有自役役人，何貴之有？

禮樂之相寓相應，於此可見，而其精神，禮記樂記中做了更多的補充與說明，如：

「禮節民心，樂和民聲。」

「大樂與天地同和，大禮與天地同節。」

「樂者天地之和也，禮者天地之序也。」

「樂自中出，禮自外作；樂自中出故靜，禮自外作故文。」

「禮者殊事合敬者也，樂者異文合愛者也。」

「仁近於樂，義近於禮。」

「樂也者，情之不可變者也，禮也者，理之不可易者也。」

樂主和，禮主敬，內不和而求外敬，則其敬必淪爲鄉愿；樂是情之不可變，禮是理之不可易，內不合情而求外當於理，則將導致殘酷寡恩；「樂自中出，禮自外作」，內無樂而求外守禮，亦徒使其禮陷於拘板之儀式，枯竭而無生命，故禮須涵樂。樂主和，禮主序，樂以和志，禮以導行，唯人之知、情、意之表現各安其位，各守其分，然後才能呈顯一融貫完美之人格，故樂亦須涵禮。禮樂相寓相應，相輔相成，由是人格中之規範性與藝術性便諧和統一，仁義之精神主體亦因以凸顯，此所以孔子制禮樂而統之以仁；仁即人道，亦爲天道（四時行百物生，即是天之仁），孔子繼天道而立仁道，立仁道不可只賴智之「認識主體」，更須由此「認識主體」進注情、意之「實踐主體」，使知、情、意三者徹底形成一立體形，才能凸顯仁之主體，論語：

子曰：「興於詩，立於禮，成於樂。」（泰伯8）

「興於詩」只表對生命靈感之憤悱，而仁須「立於禮」而「成於樂」，才能成就世間之人德，以顯爲禮儀威儀之盛，而完成之於圓融的藝術精神中，如此，始能開出仁之精神領域，亦始有一完美人格的確立，故儒家講人格之修養，每以禮樂並重，論語：

子路問成人。子曰：「若臧武仲之知，公綽之不欲，卡莊子之勇，冉求之藝，文之以禮樂，亦可以爲成人矣。」

曰：「今之成人者何必然？見利思義，見危授命，久要不忘平生之言，亦可以爲成人矣。」（憲問13）

所謂「成人」，乃是一通達人情物理，而又窮神知化，才德兼備而大成的完人；夫知足以窮理，不欲（廉）足以養心，勇足以力行，藝足以泛應，然此四者，只顯一通達人情物理的樸素性格⑰，尚未臻於渾化之境，唯加之以禮樂的陶養（文之以禮樂），然後才能「內盡其中和之實，外極其聲容度數之美，氣禀學問中有疵類處，以此消融之，氣禀學問中有得力處，以此涵養之，澈內澈外，皆中正而無偏倚，和樂而無駁雜。」⑱此材全體備，而渾然不見一善成之迹，即臻於窮神知化之境。一切人依其自性，順其規模，而實現其自己，就可顯一「眞實的存在」，人之所以爲人，於焉成矣，而樂教即在此中顯其意義與價值。

## 六、樂與禮在政教上的地位

樂以修己，亦以正人，正人，便具有一政治的性格，論語：

> 季康子問政於孔子。孔子對曰：「政者，正也；子帥以正，孰敢不正？」（顏淵17）

「政者，正也。」儒家所謂的政治，原即採價值的界定，而非事實的界定，故爲政之道，首在從政者之正己，再以此德在「就個體而順成」上正人，而予人民以自然的德化。易言之，政治價值的層面重於事實的層面，爲政之道，原即在引發人之內在價值的自覺，從而成就天下人之德行人格，而德行人格就在詩、書、禮、樂的教養薰陶中實踐完成。正人須求其「立於禮」，更須求其「成於樂」，從而引其步向正當之路，圓渾地實現其生命價值，故樂，實是政教中重要的一環，論語：

> 子之武城，聞弦歌之聲。夫子莞爾而笑曰：「割雞焉用牛刀？」
> 子游對曰：「昔者，偃也聞諸夫子曰：『君子學道則愛人，小人學道則易使也。』」
> 子曰：「二三子！偃之言是也，前言戲之耳！」（陽貨4）

「樂至則無怨，禮至則不爭，揖讓而治天下者，禮樂之謂也，則學禮樂，自知相親相敬之道，故愛人也……禮義立，則貴賤等矣，樂文同，則上下知矣，民知事貴敬上之道，故易爲上所使也。」⑲道雖指禮樂，但自「聞弦歌之聲」一語觀之，則子游所以行之道，偏重在樂敎，蓋「禮節民心」，「節」有不得不然，不敢不然之「勉強而行」的意味，合乎理之當然，未必爲情之自然；而「樂和民聲」，「和」則自然而然，無絲毫之勉強，故行乎其所樂行，止乎其所樂止，君子和之，所以成德，小人和之，所以成化，此極其自然之風行草偃之境，即因於政敎之根上措施，故是一大政治家所表現的風格，是以孔子以「割雞焉用牛刀」之幽默口吻，一方對子游之治道深表欣慰，一方則對其「大材小用」之遭遇深表惋惜。

政治之形上意義既在正人，則政敎之重心在「敎」不在「政」，敎人「立於禮」，更敎人「成於樂」，禮樂交融，則人人自可超越小我之限囿，而與大我之心聲相應，與大我之文化生命相融通，「凡使小我融入於大群，使現世融入於過去與未來，使人生融入於自然，凡此層層融入，俾人類得以建造一現世界大群體之文化生命者，還以小我一心之敏感靈覺操其機，而其事乃胥賴於禮樂。凡所以象徵此文化生命之群體，而以昭示於小我，使有以激發其內心之敏感靈覺者，皆禮也。誠使小我得融入此文化生命之大群體而不啻覿面親覿焉，則彼將自感其生命之無限，而內心不勝其和怡悅懌，而蹈拜之，歌頌之者皆樂也。」⑳由是禮樂不只是人生之敎，實兼擧政治而一以貫之，故具一政敎之莊嚴性格，論語：

孔子曰：「天下有道，則禮樂、征伐自天子出；天下無道，則禮樂、征伐自諸侯出。自諸侯出，蓋十世希不失矣；自大夫出，五世希不失矣；陪臣執國命，三世希不失矣。天下有道，則政不在

大夫。天下有道，則庶人不議。」（季氏2）

天下有道，指的即是一具有清明理性之氣象的天下，一「各正其位」的天下，此時天子亦是一「由德性的覺醒而完成其爲純德無限之人格以法天」的天子㉑，亦即一不失其「帝格」尊嚴性的天子，而禮樂是正人的積極措施，征伐是正人的消極措施，要之，都是天下之大事，故都應由天子出，都應由具「帝格」尊嚴的天子來頒布，此正見禮樂在政教上的莊嚴性與神聖性；禮樂如由諸侯或大夫或陪臣出，即是禮樂失去其政教之莊嚴性與神聖性之時，亦即是天下無道之時，天下無道，則禮樂徒具虛文，人之性情因無以受到陶冶而物化，天下大亂，則能勉強渡過十世或五世或三世者幾希。

禮樂徒具虛文，則刑罰亦將隨之而失去其價值，蓋「禮之所去，刑之所取，禮樂既不興，則刑罰宜其不中。」㉒論語：

子路曰：「衞君待子而爲政，子將奚先？」子曰：「必也正名乎！」子路曰：「有是哉！子之迂也。奚其正？」子曰：「野哉！由也。君子於其所不知，蓋闕如也。名不正，則言不順；言不順，則事不成；事不成，則禮樂不興；禮樂不興；則刑罰不中；刑罰不中，則民無所措手足。故君子名之必可言也，言之必可行也。君子於其言，無所苟而已矣！」（子路3）

誠然，刑罰是一消極的正人，是一對禮樂之否定的否定，以其因於人對「禮樂」之否定而否定，故其自身雖不能貼切地托顯一教化的性格，然就其原依於一否定「不善」以成就善之道德意識而言，終究是一客觀的理性表現，若禮樂不興，則喪失了其所應予否定之否定對象，如此的刑罰，便淪於一盲目的否定，成爲一失去客觀理性的否定，如此，必將導致淫刑濫罰，人民自不知何去何從了。故自積極的「正人」言，禮樂不可缺，自消極的「正人」言，禮樂亦不可缺，此正顯禮樂在政教上之必要地位。

刑罰在政教上只是一迫於事實之不能不有，乃至不能不用的消極措施，而儒家之政治理想，則在以禮樂「正人」，以使人在一切功利心於過、惡之幾初動處，即加以截斷，加以化除，以求不見他人之過惡而受罰；見他人之過惡之受罰，雖恒出於自然之正義意識，然亦常出於報仇雪恨之心，此非出自仁性，亦非教化之原本精神，故論語：

子曰：「道之以政，齊之以刑，民免而無恥；道之以德，齊之以禮，有恥且格。」（爲政3）

政令與刑律，不本於人之理性之自覺，乃是迫於外在之利害與功利而外鑠者，亦即利用人之趨避利害之計較本能而成立者，而上之製法，原亦不本於光明理性之客觀化，而乃繫於急迫之功利，主觀之私欲，如此之政刑，乃上無根而下無着者，上無根，故必歸於權術，下無着，故必重吏，以督責刻深㉓，此或可偷一時之便，而終不可成治道，唯「道之以德，齊之以禮。」才能引生人之自覺自律，自覺，則好好惡惡，心中了了；自律，則基於自覺，而行其所是，別無所爲。蓋道德原根於無對之理性而來，無對便是太和，便是「樂」之精神表現，而禮，原是一「卑己尊人」的精神，尊自然之天地，尊社會之歷史文化，尊已成之人倫關係中的一切人，如是，當我妨礙當前社會集體生活之顯理，便同時有一內心愧怍的自覺，而加以自制，「有恥且格」，此從根上化人，從內在正人之禮樂敎化，才眞能建立人格價值，亦才眞顯政敎的精神。

## 七、結論

綜上所述，論語之論樂，不只重樂之文，更重樂之質，不只要人從聲容中欣賞樂之美，更要從其精神中悟會樂所涵蘊的善，唯樂之「文」「質」彬彬，美善統一，藝術性與道德性相互融和，樂對人之性情才眞有正確的導向，才眞具有陶養的價值。

樂之陶養性情，乃一方在消除人之情欲與道德良心的衝突，一方進而使情欲與道德相互得到安頓與支持；尅就化除衝突言，其對情欲乃在求調節以臻中和，並非一味地禁止與壓制，調節與中和，便有一「禮」的性格在，故重樂亦重禮，而其對情欲之不採苦行主義，禁欲主義，而加以摧殘抑制，更見儒家不但不視情欲爲一罪惡，反視其爲人性之一部份，認同之而成全之，故樂敎實是一平易近人，一康健人生之敎；尅就相互安頓與支持言，則其對情欲只求向上提、向內收，而不向外放，往下流；向上提、向內收，則情便不覺然而然地在根深處與良心湊泊，由是而生一聖潔之心靈，生一道德的生命情調，「仁」境在此中展開，而人之理想人格亦在此藝術之氛圍中完成。

樂以修己，亦以成人；修己而成人，便無私染私執，一切人各得其所，各安其位，此即是一

「天覆地載」的恢宏氣象，一理想政治中所呈現的大同氣象，一切人因以潛移默化，圓融自得，故樂敎，實是一無爲之化，無言之敎，無爲無言，便不着形迹，不拘形式，不具敎條，故是一極其自然的性情之敎。

## 註釋

①樂之原在詩，樂之用在禮，其所貴者在聲容，本不著竹帛，故無經文也，其所以爲經，乃就精神上說，非就形式之經文上說，此義王甦先生論之詳盡，參見所著「孔學抉微」（台北・黎明文化事業公司・六十七年初版）中「樂敎」一文之一。

②引自日人竹添光鴻著「論語會箋」（台北・廣文書局・六十六年再版）上册，頁二二九。

③參見熊十力先生著「原儒」（台北・史地教育出版社・六十三年初版）上卷，原學統第二，頁十一。

④引自唐君毅先生著「人文精神之重建」（台北・學生書局・七十三年六版）中「中西文化精神之比較」一文之七，頁一〇二。

⑤引自朱熹四書集注，上論，卷二。

⑥引自方東美先生著「中國人生哲學」（台北・黎明文化事業公司・七十三年五版）中第二部第六章「藝術理想」一文，頁二二二。

⑦禮記樂記文。

⑧參見徐復觀先生著「中國藝術精神」（台北・學生書局・七十三年八版），第一章「由音樂探索孔子的藝術精神」一文，第十節。

⑨同上，第一章，第八節。

⑩同②，頁四一三。

⑪參見唐君毅先生著「道德自我之建立」（台北・學生書局・七十二年六版），第三章「世界之肯定」一文，頁一〇四至頁一一一。

⑫參見梁漱溟先生著「東西文化及其哲學」（台北・九鼎出版社・七十一年初版），第四章「西洋中國印度三方哲學之比較」一文，頁一三七。

⑬同⑤，下論，卷六。

⑭參見曾昭旭先生著「論語的人格世界」（台北・尚友出版社・七十一年初版），頁一三七至一四一。

⑮引自王夫之撰「讀四書大全說」（台北・河洛出版社・六十三年台景印初版），卷四，頁一九九。

⑯同上。

⑰或問：文之以禮樂。曰：「此一句最重，上面四人所長，且把做個樸素子，唯文之以禮樂，始能取四子之所長，而去四子之所短，然此聖人方以爲亦可爲成人，則猶未至於踐形之域也。」語見（百衲本）朱子語類（台北・漢京文化事業公司・六十九年初版），卷之四十四，頁四四

七。

⑱同②，下册，卷十四，頁九二二。

⑲引自劉寶楠著「論語正義」，卷二十。

⑳引自錢穆先生著「靈魂與心」（台北・聯經出版公司・七十三年五版）中「中國民族之宗教信仰」一文，頁四七至四八。

㉑牟宗三先生云：「儒家講德化的治道，使皇帝由德性的覺醒而完成其爲純德無限之人格以法天，正是要拆散他現實上權位之無限之抓緊把持與膠固，而使之讓開一步……在使皇帝讓開一步中，必函物各付物，各正性命，天地之德無不函蓋，無不持載。這當然是無限而絕對。但天地之德並不把持獨裁任何物，而却是讓任何物皆各遂其生，各得其所。德化的治道，其極就是法天。」語見所著「政道與治道」（台北・學生書局・七十二年再版），第二章「論中國的治道」一文之二，頁三二。

㉒同⑰，卷四十三，頁四三八。

㉓參見牟宗三先生著「歷史哲學」（台北・學生書局・七十三年台六版），第二部第三章第一節之四，頁一三七。

——中國文化月刊第一〇三期・民國七十七年五月

# 論語的史識與史德

## 一、概說

歷史是人的事，事是一切行爲的表現，萬物皆有表現，皆有事，然皆不能入史，唯獨人才有歷史，人之所以有歷史，乃因人所表現的事，非屬自然生命盲動的事，而是求能以「人」爲主體，以顯人爲萬物之靈的「人」格，易言之，人所行之事，求能凸顯人之精神者，才能入史，才具有歷史的意義，此所以柯林烏氏（R·G·Collingwood，1889-1943）云：「舉凡人類的行爲是由他的衝動和欲望，或由所謂的動物本性所決定的，就是非歷史的，那些行爲的過程仍屬自然過程。因此，歷史所關心的不是人類吃、睡、作愛以及滿足其自然慾望的行爲，反之，社會風俗習慣卻是他所關心的，因爲那是人類以思想爲間架所創造出來的東西，在這個間架裏面，慾望係依循習尚與道德所認可的方式獲得滿足。」①

人之事既重在求彰顯「人」之精神，則歷史便是實踐人之精神價值的過程，唯因面對現實之困限與人自身之物性之夾雜，人在歷史中的表現，自然有時會向上，有時會向下，有時會向正向善，有時會向反向邪，所以歷史之過程，總是在如此無盡之現實發展中曲折婉轉的前進，然人之本願總是向上向善，故人之實踐過程終必向光明而趨，畢竟精神是不朽的，它本身即是實體，「物質的實體是在它的自身之外，精神卻是依靠自身的存在，這就是自由，……精神的這種依靠自己的存在，就是自我意識到自己的存在。……因為精神知道它自己，它是自己的本性的判斷，同時它又是一種自己回到自己，自己實現自己，自己造成自己，在本身潛伏的東西的一種活動。依照這個抽象的定義，世界歷史可以說是精神在繼續作出它潛伏在自己本身精神的表現。」②吾人如能意會到此，便能在歷史的「事物」表象之外，看到歷史的精神，看到歷史「價值」的內涵存在，而識其大，識其深，識其遠，識其全，此之謂史識，吾人有此史識，才眞能見歷史的價值，眞能見到歷史之能彰顯人生的眞理，而成為道德教訓的借鏡。

復次，歷史為人在無窮時空交融上之行為表現，時一過往，人事即更，故吾人要回溯而洞知史實眞相，自非易事，只有心存敬恕，肯用心智，不偏私，不盲從，然後才能針對史實，愼其褒貶，而曲盡其事情，此「愼於褒貶，曲盡其事情」③的忠實態度，即所謂的史德，吾人有此史德，則自能對史事不誇大，不附會，不武斷，而使史實如如展現其眞。

史事能如如展現其眞，而吾人對此眞史又能有正確的史識，則歷史便是人類經驗的指南，依此，則吾人在此當下之歷史流程中，就不致盲動，必向人之精神的正路邁進，寫出正面的歷史；而論語是人學的聖書，歷史既是人之事，自屬人學的一環，故吾人如能細玩論語，自可從中窺見其史識與史德，從而體識我古聖先賢對歷史之正確眼光及其忠謹的態度。

## 二、歷史生命的綿延性及其所涵攝的人文精神價值

論歷史，則離不開時間，時間不斷在刹那中消逝，然歷史的時間乃是「過去」、「現在」與「未來」三者合而爲一之生生不已的延續體，歷史的過去，能透達到現在，而現在亦透達到未來，一切都在透達，都在化，故一切都存在，是以過去的歷史，實非眞過去，未來的，亦可謂早已到來，因歷史有其生命，有其精神，生命與精神不可分割、中斷，故今日的歷史不可謂與昨日的無涉，同理，亦不可謂與未來的無涉，今日之歷史生命，乃是往昔生命之積累、演變、開展而來，而亦以此所演變來的生命繼續開展下去④，此即歷史的生命具持久性，歷史的時間具緜延性，故論語：

子在川上，曰：「逝者如斯夫，不舍晝夜。」（子罕17）

朱子釋此章云：「天地之化，往者過，來者續，無一息之停，乃道體之本然也。」⑤茲就歷史的眼光來看，此中所謂「道體之本然」，指的即是歷史的精神，歷史的生命，對人而言，歷史時間雖生而不有，化而不留，任自然運行，然此中如無至剛至健的歷史精神生命貫穿其間，如何有生化之威勢？如何「往者過，來者續，無一息之停」？吾人只有識取歷史生命，才能接上銜下，涵蓋全體，使現在之事，通於昔往與未來之兩頭，然後歷史才不致淪爲一已成過去而彼此獨

立的事件。

唯能涵蓋全體，上下接銜，切握歷史精神生命，吾人才能識取歷史過去之種種優點，豐富現在，而把它用到將來的建設上去，以開創歷史的新頁，故論語：

子曰：「溫故而知新，可以爲師矣。」（爲政11）

溫者，深心尋繹而不疏忽之謂，而「故」倘指過往之史事，則「新」便爲吾人原先所未知，而今始創知的史識，創知的「新」，一方承接於故，一方相反於故，相承者，乃依據古學而推演，故愈益宏闊深遠，相反者，研究古學而弗契，遂別闢天地⑥，「別闢天地」乃因古學之反射而得到的啓示，此轉化亦可謂相承的另一表現方式，可見新故自有其一貫融通處，吾人將此心會通於古人之心，則自能引發新知，開創新知，知如何面對現在，因應未來，歷史可貴處在此，王船山曰：「所貴乎史者，述往以爲來者師也。爲史者，記載徒繁，而經世之大略不著，後人欲得其得失之樞機以效法之，無由也，則惡用史爲！」⑦正與此道相通，故曰：「可以爲師矣」。

歷史是人的事，事乃人踐履的客觀表現，此表現是理、氣、才、情、性的綜合表現，即亦德性亦氣質的表現，人之氣質不一，而向善的德性則同，故世事雖多變，唯人心不變，人心之向善的道德性不變，故吾人講歷史之會通，實即從人心的德性上講，然人心之德性虛而不見，只能化於客觀之外在的行事上見，德性之化於客觀之外在事物者即是禮，此所以論語謂「人而不仁，如禮何？」（八佾3）禮亦理也，乃物我或彼此間之合理的界綫存在，有對著，故可見，可見便能借以會通。禮不僅爲個人之修身言，舉凡治國平天下之創制，以及裁成天地輔相萬物之經綸，無一不在禮化之中，故吾人論歷史之會通，更具體地說，即是從史事之禮上悟會，柳詒徵先生謂禮乃吾國五千年全史之核心⑧，誠非虛言，故論語：

子張問：「十世可知也？」子曰：「殷因於夏禮，所損益可知也；周因於殷禮，所損益可知也，其或繼周者，雖百世可知也。」（為政23）

禮中必涵仁，故無論其形式如何改變，吾人用之來交通彼此內心之良知善意之義，總不會改變，總是萬變不離其宗，此即禮之經常性，殷因於夏禮，周因於殷禮，所因的即此禮之經常性，亦即是禮中所具存的「人」文精神，此「人」文精神即是歷史生命的源泉，歷史生命的持續力量，故在歷史的流程中，吾人面對每一階段之人地時事物，雖有不同之因應措施（或損或益），而有不同之時代禮制的展現，然其因應（損益）措施，皆為經驗上之枝節問題，一切禮中所涵蘊的人文精神，都是一脈相承的，千秋萬代之後，歷史仍依此方向而曲折前進，故曰「百世可知也。」

孔子謂「百世可知」，乃就世世代代之「能」因於禮而言可知，「能」因於禮之恒常性而言可知，由是吾人知孔子之歷史判斷，乃一本於「精神的實體」、「道德的實體」，歷史能依此精神與道德實體來演進，才能凸顯人文精神，才具有意義與價值；然此並不意味孔子對歷史現象的忽視，誠然，歷史要做正確的判斷，一方要重視歷史的事實（現象），一方要留意歷史的精神（本體），吾人若只重歷史精神的判斷，便抹殺了每一時代的史實存在，蓋人間之事，無論如何好，也可以有流弊，流弊之史實，亦是一存在，輕易抹殺，便失歷史的眞實性；而吾人若只重歷史的事實（現象），則歷史便只是事實的紀錄，其判斷結果，亦徒流于順俗趨末者，充其量，只是對歷史之片面或零碎的評價，終究不足以估定整個時代中人所表現於史實的價值，吾人唯有在「時合于道處」滲透歷史的本源，立出原則與綱領，再貫通史實，然後才眞見歷史生命之在曲折婉轉（或正面或負面）之發展中生生不已⑨。而歷史之「有時向負面發展」的史識，實亦隱攝於論語之中，只因孔子仁心衣被於歷史精神上，不忍預言歷史之負面演進，故隱而不顯，其時時強調文化生命（禮）之貫通，與預測歷史正面的演進，旨在使吾人知道德主體之在我身，而當知光明其自己，故曰：「其或繼周者，雖百世可知也。」「或」一字是未定詞，「或」不「或」繼周，「或」不「或」承繼人文精神來表現歷史，全憑人之自由意志，「或」繼周，歷史便往正面前進，「或」不繼周，則往負面而行，此一「或」字極圓活，它是歷史正負面的轉捩點，亦即是歷史如何演進的一個「幾」，「觀風之變，於其已成，則知將來之厭惡，於其方始，則知異時之滋長，是曰知幾，故治史所得，在能知幾，非惟就已往之事，陳述其變已也。」⑩

歷史是人之集體生命實踐的事，人不是神，有動物性的夾雜，人之集體自亦同樣有動物性之夾雜，因此，人之歷史流程有時必會向下、向黑暗、邪惡而趨，此向下向黑暗而趨的史實，亦是一赤裸裸的眞實存在，就其自身之不能滲透到精神實體，不能表現出人文價值而言，是無歷史價值的，然上帝創造萬物，創造人，人創造歷史，萬物、人、歷史都是一個「有」，一個眞實的存在，而「生之謂善」，上帝之所以容許其生，容許其存在，便具有其價值性，具有其合理性，此所以黑格爾謂「凡存在即合理」（What is actual is rational），然罪惡終究不是善，人之向下向邪而趨的歷史亦不是善，不是善即不當生，即不合理，即不應存在，然不論其在理想境中是否有「應然」的存在，當下卻有一「實然」的存在，「凡存在即合理」，於是此中便有一矛盾一弔詭在，其實，罪惡及下向之歷史之所以存在，之所以合理，此合理，不是合邏輯的理性，而是合辯證的理性，如謂其有價值，亦只因其對未來人類能提供教訓以免重蹈罪惡、錯誤的歷史覆轍而呈現價值，故其本身並無價值可言，充其量，亦不過是負面的價值，負面的價值，乃是相對於未來歷史之正面價值而有的，是以其對整個歷史的價值與意義而言，是曲線的、間接的⑪，其所以存在，亦只為成就人類正面的歷史演進而存在，能為正面之歷史開展而存在，便有存在的價值，此即「凡存在即合理」的眞義，故曰：歷史乃是吾人人文精神之表現歷程也，此即論語之一史識。

吾人有此史識，則知歷史愈演進，歷史事實的意義便愈發成長，人在歷史的流程中亦必愈受歷史之啓示而顯發其精神，增益歷史的人文內容，故論語：

子曰：「周監於二代，郁郁乎文哉！吾從周。」（八佾14）

此章「不是但贊周之盛，是推原其所以盛，要著眼在監字上，監字有起衰剔弊之力，無矯枉過正之失。」⑫人能「監」而起衰剔弊，此即表現了人的內在自主性及主動性，吾人依此而反省歷史經驗，從史跡中找出史理，通古今之變，自能將過去歷史美好的一面依時勢而適切地融化發展於當今之歷史中，周之所以有「郁郁乎文」（文不只指典章制度，更指一切之人文）的表現，就因於能「監」二代，能以人之心靈主動性來創造歷史，使夏商二代之輝煌歷史更向上揚起，故孔子云「吾從周」，與其說贊美周朝豐盛的人文，不如謂其所讚美者，在於周之「能監」於二代，而凸顯人之內在自主性的「能」上。

由是吾人知論語的史識，乃是重歷史中的「人」甚於歷史中的「事」，此即歷史當以人爲主體，以人爲重心，事乃人所創造，歷史亦爲人所創造，一切客觀的逆境只是在考驗人，磨鍊人，成就人，以凸顯其自主性，並不能壓制人，降服人，所謂「時代考驗青年，青年創造時代。」即在此中發義。

人創造歷史，創造人文，此創造，並非全然否定歷史的過去，因爲「過去的經驗雖被認知爲過去，但是重演於現在而且這裏，同時還附帶有自身的發展，這個發展一方面是建設性的或積極的，另一方面則是批判性的或消極的。」⑬此建設性或積極的，即指對過去人文的肯定，進而求以發揚光大之，而所謂批判性或消極的，則是指對過去人文之否定而求其改革，政事如此，一切人文的表現亦如此，論語：

顏淵問爲邦。子曰：「行夏之時，乘殷之輅，服周之冕，樂則韶舞。放鄭聲，遠佞人。鄭聲淫，佞人殆。」（衞靈公11）

夏時以建寅爲正，據萬物之生，爲四時之始，所以取其易知，殷輅質樸堅實，便於乘坐，所以取其實用，周冕取其文華，以應國家重典所用，韶樂取其盡善盡美，凡此折衷三代之美制，以發揚光大，即是積極、建設性的表現，至若鄭聲淫，佞人殆，自當放當遠，以免人之心靈受到污染，而使歷史向下向邪，此即是消極、批判性的表現，此能提撕人之道德主體，表現人的內在自主性，自可創造一向上揚起的歷史，進步的歷史，故吾人之視「歷史能使人進步」⑭，實亦涵攝於論語的史識中。

## 三、歷史人物的評價與「志」、「業」輕重之權衡

論語的史識重「人」甚於重「事」已如上述，則其對歷史人物，自然十分重視。歷史是人事的記錄，必先有人，而後才有事，才有歷史，故論語：

子曰：「爲命，裨諶草創之，世叔討論之，行人子羽修飾之，東里子產潤色之。」（憲問9）

鄭之有美命，全由其賢大夫共同創制，此即事由人而決定，並非事來決定人，然歷史之事雖關於全人群的，全群體中能參與開創、持續歷史生命者，究屬少數，故論語：

舜有臣五人，而天下治。武王曰：「予有亂臣十人。」孔子曰：「才難，不其然乎？唐、虞之際，於斯爲盛。有婦人焉，九人而已。……」（泰伯20）

不論開創歷史者數量之多寡，要之，人之所以能成爲歷史人物，一方表現於外在之「業」上，一方則表現於內在之「志」上，論語對歷史人物之評價，亦自此兩方面以說，諸如：

子曰：「巍巍乎，舜、禹之有天下也，而不與焉。」（泰伯18）

子曰：「大哉！堯之爲君也。巍巍乎！唯天爲大，唯堯則之；蕩蕩乎，民無能名焉；巍巍乎！其有成功也；煥乎！其有文章。」（泰伯19）

子曰：「禹，吾無閒然矣！菲飲食，而致孝乎鬼神；惡衣服，而致美乎黻冕；卑宮室，而盡

力乎溝洫。禹，吾無閒然矣！」（泰伯21）

子夏曰：「富哉言乎！舜有天下，選於衆，擧皐陶，不仁者遠矣；湯有天下，選於衆，擧伊尹，不仁者遠矣。」（顏淵22）

子曰：「無爲而治者，其舜也與？夫何爲哉？恭己正南面而已矣。」（衞靈公5）

孔子以「唯天爲大，唯堯則之」來推尊堯之高明如天，以「無爲而治者，其舜也與」來推尊舜之博厚如地（天地生萬物而不與焉，物各付物，分別各成，而不是把持萬物），所以然者，乃因堯舜能以仁率天下，吉凶與民同患，其裁成輔相，極於天地位，故「蕩蕩乎，民無能名焉。」此萬物育而不見其有爲之迹，正是政治最高的「業績」表現，其不以己意宰天下，恭己以居南面，命九官各修其職，事稱其能，萬物皆作而不相擾，是有爲而無爲也，其令天下協和而治，黎群百姓，皆暢其性，而遂其生，故「巍巍乎！其有成功也，煥乎！其有文章。」要之，堯舜之所以有如此輝煌的政治業績，全在於其能選賢與能，承認一切人，持載一切人，而展現一全幅讓開（不把持宰率）、散開（即落實地如其個體而還之），一物各付物的精神⑮，此即堯舜在政治上能把握到就個體而「順成」之最高社會律則。「讓開散開」，從治者主觀方面來說，乃表現了仁者的精神，而「就個體而順成」則是此精神所必涵之政治上如實如理的個體主義之極致，二者合而言之，即是儒家「德化的治道」之所以爲德化者，亦即是治道之「理性之內容」的最高表現，由是吾人知堯舜之有輝煌的政治業績，乃因有其內在主觀的「志」，故論語：

堯曰：「咨！爾舜！天之曆數在爾躬，允執其中。四海困窮，天祿永終。」舜亦以命禹。（

堯曰1）

「天之曆數在爾躬」此即堯對舜，舜對禹之「時代使命感」的勉勵，勉人正所以自勉；「允執其中」的「中」字，即指其發皆有則而不可亂之本心而言，中心無私，其視天下猶一人，故能念四海之困窮，窮於德，思所以敎，窮於養，思所以養（此念即中，亦即是本心流通之不容已處）⑯，執中，則必量周四海，爲群生所托命，故能終竟天祿，而展現輝煌的政治業績，此即明顯表示：歷史人物之要有客觀之「業」的表現，當先要有主觀之「志」的存養，誠如程明道先生之所云：「泰山雖高矣，絕頂之外，無預乎山也。唐虞事業，自堯舜觀之，亦猶一點浮雲過於太虛耳。」⑰事業本身無價值，依理性宇宙而有價值，依乎理性，即是德，即是志，堯舜之事雖是浮雲過目，而其志其德，則與天地並壽，此所以爲不朽，事如依德而生，自必亦依理性（「理性的宇宙」無限）而不朽也。堯舜如此，湯武亦未嘗不如此，論語：

曰：「予小子履敢用玄牡，敢昭告于皇皇后帝：有罪不敢赦，帝臣不蔽，簡在帝心。朕躬有罪，無以萬方；萬方有罪，罪在朕躬。」

「周有大賚，善人是富。雖有周親，不如仁人。百姓有過，在予一人。」

謹權量，審法度，修廢官，四方之政行焉，興滅國，繼絕世，擧逸民，天下之民歸心焉。（堯曰1）

湯之「朕躬有罪，無以萬方，萬方有罪，罪在朕躬」與武王之「百姓有過，在予一人」在在顯現出一王者之普濟衆生的宗敎情操，一安民愛民之全幅負責、絕對承擔的意志，故而有「謹權量，審法度，修廢官，四方之政行焉」之政績，而成爲不朽的歷史人物。由是吾人知論語所重在於人所表現之德性與理性，而不在客觀之「英雄主義」型的「業」，然此並不意味只重仁之主觀性（志），而輕忽仁之客觀性（業），「業」之客觀表現，實亦甚重要，論語：

子曰：「管仲之器小哉！」

或曰：「管仲儉乎？」曰：「管氏有三歸，官事不攝，焉得儉？」「然則管仲知禮乎？」曰「邦君樹塞門，管氏亦樹塞門。邦君爲兩君之好，有反坫，管氏亦有反坫。管氏而知禮，孰不知禮？」（八佾22）

管仲驕矜失禮，苟偷自滿，缺乏強健的精神，自不如堯舜之以天爲其器，有天下而不與的氣象，其不可大受，不能容得富貴，以致驕功越禮，此所以孔子鄙其器小⑱，器小即是管仲個人生命之不潔處，然孔子並不因此而抹殺其客觀表現的價值，亦即不純以主觀的道德來衡量人之一切，故論語：

子路曰：「桓公殺公子糾，召忽死之，管仲不死。曰未仁乎？」子曰：「桓公九合諸侯，不以兵車，管仲之力也。如其仁！如其仁！」（憲問17）

子貢曰：「管仲非仁者與？桓公殺公子糾，不能死，又相之。」子曰：「管仲相桓公，霸諸侯，一匡天下，民到今受其賜。微管仲，吾其被髮左衽矣！豈若匹夫匹婦之爲諒也，自經於溝瀆，而莫之知也。」（憲問18）

管仲使桓公「九合諸侯，不以兵車。」表現了當時時代之轉進到自覺地求諸夏之親暱的精神，而其使民免於被髮左衽，即是一求優良之中原文化延續保存之仁心的客觀化，故孔子依文化理想而大其功，稱其仁，「如其仁如其仁，子路以管仲不死糾爲未仁，則以召忽死之爲仁矣，孔子承其意而答之，言召忽之於糾，殺身以爲仁矣，然未如管仲佐桓公，九合諸侯，不以兵車之仁，偏被天下也。夫以一人之不死，而全億萬生靈之不死，是何等關係，故曰：如其仁如其仁。子路謂管仲未仁，論仁體也，夫子謂如其仁，論大用也；比干死以成仁，管仲反之，故子路疑其不死之未仁，是專求仁于心也，故夫子就其事功，以示仁之大用，問答主旨在仁，不在論定其爲人也。」[19]由是吾人知孔子之稱管仲，乃本於仁者之心靈識量而大其客觀之功，站在較高之德性與理性上通權以稱之，而不是從生命立場上直接就其本領之大（「器小」即表其本領並不大）來稱許他，民到于今受其賜，吾人自不能泯其功，然孔子小其器，不因其功業蓋世而過度稱美，遮掩其過，此正說明了人之德業無止境，固不可因肯定其現實功業上之已完成而否認、忘忽其理想性，論語對歷史人物之公正客觀的評價，由此可見。

上述孔子之稱管仲，實亦兼稱桓公，桓公與晉文公皆以霸業尊王攘夷，唯齊桓一傳而衰，晉文公之後，世主夏盟，單論功業，晉文較爲長久、成功，然孔子卻貶晉文而揚齊桓，論語：

子曰：「晉文公譎而不正，齊桓公正而不譎。」（憲問16）

譎者，詭變也，詭變則不正，故詐而非德，晉文能行權而不能守經，齊桓能守經而不知行權，此即是二人優劣的關鍵處，此義王船山論之詳盡：

「乃桓之不能望文王者，以夫子之言考之，於文王曰至德，於桓公曰正而不譎，其相去已遠矣。夫正亦德也，而其去德之至者，其差猶甚。蓋德無不正，而正不足以盡德之什一。故易屢言『貞凶』。貞者，正而固也。正而能固，乃足以幹事，而凶或隨之。則正者德之郛郭，而不足以與其精蘊，明矣。故曰正而不譎，則已知其於治道之大端不失而已疎也。

君子之以其道應天下之事者，初不恃一正而無憂。是故義必精，仁必熟，聰明睿知而必神武之不殺，然後盡天德、王道之微，而非孤奉名義之可以裁物而止，斯文王之所以爲『文』也。桓公則唯其所秉者正，遂奉一正以急正夫物，是以臨不可大，迫不可久，身沒而周即內亂，楚即干盟，嗣子即失伯而陵夷。然亦唯其秉正以行，而不屈計成敗，是以詐謀不行而未流於邪。若晉文之譎而不正，則委曲以赴事幾，而其爲謀之深，反有密到於齊桓者，是以世主夏盟，而楚不能與爭。

蓋凡不能體天德以備正道，而亦足以建功業者，恒有二途，而得失各因之，其守正以行者，恒患其粗疎，而無以致遠行久。密謀曲計者，可以持天下之成敗，而人心風俗，亦繇以壞。功之遲速，速之淺深，莫不各肖其量也。故齊桓圖伯三十年而後成，而晉文得之於五年之中；齊不再世，而晉以久長。乃其假仁義，尙詐利，如荀孟董賈所譏，則皆晉文之所爲，而非桓之過也。

故以桓之大事論之：使桓必欲得天子之歡心，挾持以令天下，則必不違惠王偏愛子帶之心而開隙於王與宰孔，抑將爲王立帶而周之君唯桓是聽矣；然而桓不爲也，正也。莒、奉桓者也；魯，桓之仇也；哀姜，桓娣也。終莊王之世，魯未嘗爲齊下，哀姜託於莒以壞魯。桓黨莒挾娣以多求於仇讐之魯，可以得志；而桓終討哀姜，定魯難，而不徇莒之請。若此者，皆所謂皎然揭日月而行，內求自正，外以正人，而不區區於求成求可者矣。斯豈三代以下唐宗、宋祖之所能及哉？正而不譎，迹之正，亦唯其心之無邪也。唯其正，是以不譎。唯其不譎，是以謀不深而功易敗。唯其不譎，是以不致壞人心而蠱風俗。乃唯其止於正而不至於德，是以功不可大，而業不可久。以此論桓，聖人之意見矣。」⑳

綜上之論，故知功業雖甚重要，而德志尤不可忽，論語對歷史人物之評價原則，由是更見端倪。

論語對歷史人物之評價，重「志」甚於重「業」，蓋「業」是外在的，在我身之外，吾人自難以有效切握「業」之必成，而「志」則是內在的，在我心上，只待吾人用心力，便可掌握，歷史既是人之精神表現，人之心力的創造，則自當重視人的「志」，故論語：

子曰：「三軍可奪帥也，匹夫不可奪志也。」（子罕26）

唯人重「志」，然後才能顯仁，故吾人常「志士」「仁人」並提，有志，便能自我作主，自作決定，展現人的自由意志，自覺地主宰一應然之無限價值世界，而影響後代，帶動歷史，此所以論語：

季康子問政於孔子曰：「如殺無道，以就有道，何如？」孔子對曰：「子爲政，焉用殺？子欲善，而民善矣！君子之德風，小人之德草；草上之風，必偃。」（顏淵19）

「德」指人之操守與人格，此原屬個人修身之事，但君子之德可以風（風有影響義），不只可影響他人，乃至可擴大而影響後代，潛移默化後世之人，造成一種無形的強勁力量，使歷史導向正軌，故有「志」而在現實之客觀的「業」上全無表現者，亦仍是一歷史的大人物，此所以在論語中屢屢見孔子之稱無「業」表現之賢者，諸如：

子曰：「泰伯，其可謂至德也已矣！三以天下讓，民無得而稱焉。」（泰伯1）

齊景公有馬千駟，死之日，民無德而稱焉；伯夷叔齊餓于首陽之下，民到于今稱之，其斯之謂與？（季氏12）

微子去之，箕子爲之奴，比干諫而死。孔子曰：「殷有三仁焉。」（微子1）

柳下惠爲士師，三黜。人曰：「子未可以去乎？」曰：「直道而事人，焉往而不三黜？枉道而事人，何必去父母之邦？」（微子2）

逸民：伯夷、叔齊、虞仲、夷逸、朱張、柳下惠、少連。子曰：「不降其志，不辱其身，伯夷、叔齊與！」謂「柳下惠、少連、降志辱其身矣，言中倫，行中慮，其斯而已矣！」謂「虞仲、夷逸，隱居放言，身中清，廢中權。我則異於是，無可無不可。」（微子8）

冉有曰：「夫子爲衞君乎？」子貢曰：「諾，吾將問之。」入，曰：「伯夷、叔齊何人也？」曰：「古之賢人也。」曰：「怨乎？」曰：「求仁而得仁，又何怨？」出，曰：「夫子不爲也。」（述而15）

子曰：「孟之反不伐，奔而殿，將入門，策其馬，曰：『非敢後也，馬不進也。』」（雍也13）

子曰：「伯夷、叔齊不念舊惡，怨是用希。」（公冶長23）

上述孔子所稱許的泰伯、伯夷、叔齊、柳下惠、微子、比干……等等，皆爲在客觀之「業」上全無表現的人物，孔子所以特別敬之重之，都因於此等人物有著不同的人格風範，或讓位，或不伐，或寬宏無私，憂君憂國，或守道堅卓，氣象雍容……，要之，他們懂得成就性命，懂得成就生命，便是大本領，大「志」向，此所以能成爲大人物。中國歷史上「一人物生於治世盛世，他在當時某一事功上有所表現，他所表現的即成爲歷史了。但在事業上表現出其爲一人物，而人物本身，則決非事業可盡。因此，只憑事業來烘托來照映出一人物，此人物之眞之全之深處，則決不能表現出。人生在衰亂世，更無事業表現，此人乃能超越乎事業之外，好像那時的歷史輪不到他身上，但他正能在事業之外表現出他自己。他所表現者，只是赤裸裸地表現了一人。那種赤裸裸地只是一個人的表現，則是更完全、更偉大、更可貴，更能在歷史上引起大作用與大影響。」㉑「在事功上有了表現的人，反而對後世的風力少勁。因事功總免不了參雜進時代呀，地位呀，機緣呀，遭遇呀，種種條件，故而事功總不免滯在實境中，反而無風，也不能成爲風。唯有立德之人，只赤裸裸是此人，更不待事業表現，反而其德可以風靡後世。」㉒誠然，人在治世盛世，功成志得，有所表現，別人反而對他爲「人」不易有深入的覺察，唯有在衰亂之世，不得志，失敗了，或無表現，這種人反易使人深切地看出他的內心意志，而見賢思齊，形成一無形之宏大的歷史導正力量，孟子所謂：「故聞伯夷之風者，頑夫廉，懦夫有立志，……故聞柳下惠之風者，鄙夫寬，薄夫敦」㉓正是此義，故吾人可謂此等全無「業」上表現的人，實際承擔著文化絕續、時運興衰的大責任，歷史看似與之渺不相干，而實際卻落在他們的身上，中國歷史文化之所以能經歷四五千年而緜延不輟，之所以能凸顯出偉大，正由於此等大批若與歷史不相干之人來共同負荷此歷史之故。

外在客觀之「業」上全無表現的人，其所以能成爲歷史上之大人物，乃因他所表現的，全在一隱而不易見之自主的「志」上，隱而無表現，正是吾人人生中之最高表現，此所以孔子不輕忽「隱」的精神，論語：

子曰：「甯武子，邦有道則知，邦無道則愚，其知可及也，其愚不可及也。」（公冶長21）

孔子曰：「『見善如不及，見不善如探湯』吾見其人矣，吾聞其語矣！『隱居以求其志，行義以達其道』吾聞其語矣，未見其人也！」（季氏11）

子曰：「篤信好學，守死善道。危邦不入，亂邦不居。天下有道則見，無道則隱。邦有道，貧且賤焉，恥也；邦無道，富且貴焉，恥也。」（泰伯13）

甯武子的「愚」，並非眞愚，「實乃超出俗情，無私無礙，神全而鑒無不周，故可任重而不疑，履危蹈難而不避。若乃世俗愚夫，直任凡情衝動，於事理毫無了別，但憑其血氣方剛，因緣時會，亦得奮躍以有功。」㉔此即其愚乃是一「隱智而顯愚」的愚，隱，便無所表現，易所謂「天地閉，賢人隱。」天地閉時，只要隱處有賢人在，自可在隱處旋乾轉坤，而轉化局勢，轉化歷史於無形，此無形的轉化，別人看不見，只當其無所表現，此乃至高無上的表現，天地受其轉化，歷史受其轉化，正顯此等無所表現的人物，隱隱中主宰了歷史的流向，維持了文化的命脈，「隱居以求其志」，所求的，正是此隱隱中「旋乾轉坤，導正歷史」的大志，持懷此大志，踐履此大志，即是歷史上的大人物，中國歷史有此等大人物，便能歷經如許大災難大衰亂，而仍挺立著歷史的精神，緜延著歷史的生命，走往歷史的正確方向上去。

由是吾人更知司馬遷史記中推吳泰伯爲三十世家之首，而伯夷始於七十列傳，絕非隨妄之安排，以無外在客觀業績之「隱者」爲歷史人物之導引，正合論語重「志」甚於重「業」的史識，而論語中孔學四科首重德行（德行即人志之本源），又極稱「一簞食，一瓢飲，在陋巷，人不堪其憂，回也不改其樂」（雍也9）之全無功業表現的顏回，美其「不違如愚」，在在都繞此史識以說。歷史雖是人事之記載，然並非人事之堆積，事之背後有人，如將事業來裝點人，反把人之偉大眞性減色了，正由於人在「業」上之不圓滿，才眞把「志」顯出來，把「人」顯出來，此重志以顯人，更證明了人對歷史乃是一主動性的「感」，而非一被動性的「應」，人依此主動性的「感」而生志，而推拓其道德精神於歷史，歷史的生命才能源遠流長而不枯竭，故吾人可謂眞正不朽的歷史人物，乃必由這種道德精神而形成，中國文化乃以此種道德精神爲中心，中國歷史乃依此種道德精神而演進㉕，論語有此高明的史識，此所以成爲人學的聖書。

## 四、史實之眞相與歷史的見解

上謂論語之重歷史人物之「志」甚於歷史人物之「業」是一高明的史識，然此中的人、志、業乃必須落實於過去歷史之時空上，亦即必須「人」、「志」、「業」皆曾爲過去之眞實存在，如此，才眞有意義，蓋歷史原與小說有別，小說中之人地時事可無中生有，可任由作家杜撰，而歷史則必須眞實，不只是人、地、時、事之單一個別的眞實，更必須是彼此間關係的整體眞實，易言之，歷史必須與自身一致，歷史世界必須只有一個㉖，亦即歷史必須是曾爲過往之人地時事物之外在客觀的眞實存在，故吾人要了解歷史的眞相，首當以「實事求是」的忠實態度尋求客觀的史據，此求史實眞相的忠實態度，即是史德之一表現，論語：

子曰：「夏禮，吾能言之，杞不足徵也；殷禮，吾能言之，宋不足徵也；文獻不足故也，足，則吾能徵之矣。」（八佾9）

文指典籍，即文字記載的史料，獻指通曉典籍掌故之賢者，即口頭傳述的史料，此二者，自是較爲客觀的史據，無此較客觀之史據可證，對夏禮殷禮自不當妄加臆度，此不妄加臆度的態度，即是忠實的史德，而吾人對史料不只求忠實，更當求愼重，蓋史事原是唯一不二的眞實，時一過往，人事即遷，事後既不可重新實驗，吾人只有憑回憶以求過去事實之在心靈中重現，一涉及「回憶」，便不免夾雜人之感觸、情緒、感覺以及其他思考、推理乃至偏見等等主觀的成分，則衆所認定之文獻自未必全然符實，是以吾人在主客夾雜的文獻中求史實的眞相，只有更加謹愼了，故論語：

子曰：「衆惡之，必察焉；衆好之，必察焉。」（衞靈公28）

除對文獻當辨其眞僞，消去其可疑之主觀成分外，吾人對於記載史事的文字，亦當力求不浮誇，不遮飾，如如記載，恰切其實，史實之眞相才越能凸顯出來，故論語：

子曰：「辭，達而已矣。」（衞靈公41）

記載歷史之「辭」當求達，而吾人本乎理智、經驗以判斷歷史之是否合於常情常理的資料亦當求達（達者，貫通也），此即吾人對史事之信任，當自史料之內容中求其是否能與吾人經驗、理智所生之常情常理相通相契，通則可信，不通則不可信，不可信，自非史實的眞相，此所以盤古開天等神話不能入史，而孔子能從現實極可能存在的偉大「志」「業」上肯定堯舜爲歷史的眞實人物，無如後著山海經等所採之奇言怪譚，即是對史實眞相「實事求是」的道德表現，故論語：

子不語：怪、力、亂、神。（述而21）

誠然，歷史是人的事，吾人雖可從宗敎角度肯定人具有形上的神性，然落到現實的存在面上，人畢竟是人，不是神，故人所行之事，亦必受環境的限制與其自身之氣質的困囿而有種種的艱難，此即在歷史中，人只能表現「人」力，不能表現「怪」力或「神」力（如盤古開天等神力），故神怪不能入史，中國正史之絕少有神話成分，正顯史家理智之清明，與其對史實眞相負責的忠實情操。

由是吾人知史家之治史，當對史料一本於忠誠、嚴謹的態度，不附會，不盲從，不妄臆，不循私，「君子於其所不知，蓋闕如也。」（子路3）坦坦誠誠，「多聞闕疑」，「多見闕殆」（爲政18），而無絲毫之苟且，故論語：

子曰：「吾猶及史之闕文也，有馬者借人乘之，今亡矣夫！」（衞靈公26）

子曰：「由！誨女知之乎？知之爲知之，不知爲不知，是知也。」（爲政17）

然則吾人當知：求史實的眞相，固當考證其獨一無二之客觀的絶對存在，然若只止於考證，歷史便只成一對過去事實的報導，吾人若不依此而尋求歷史的見解，則歷史無疑形同斷爛朝報而已㉗，斷爛朝報所呈現的，頂多只能是歷史每一事蹟孤立的「眞」，而不見歷史整體的「眞」，如此，歷史亦無以顯其完整的眞相，吾人要求史實的完整眞相，一方須求史實個別的「眞」，一方須從此個別的「眞」中綜合綰結，理出一來龍去脈，以了解整個歷史過程的「眞」，如是，才眞正有歷史的「眞相」可言，而此綜合綰結的工夫，乃是一「透過對此諸多個別之客觀史實處理」的主觀心靈工夫，故吾人之求歷史的眞相，一方是客觀的，一方亦是主觀的。

尅就客觀之層次而言，吾人如欲了解史實的眞相，除當考證此一主要之單獨事實外，同時亦必須考證與此主要事實之其他有關事件的個別事實，而此等其他有關之個別事實中仍有再下一層次的單獨事實，循此反復考證下去，勢必愈分愈細，而終只以求確定之一一最瑣細之事實的絶對存在爲目標，此反復考證，不特不能達到最下之單獨事實，亦不能向此最下層一一單獨事實，作無底的進行，而無限的向之迫近，蓋任何具體之事實，吾人都無不可化爲一複合的事實來看，則考證史實之事，將是一永無休止的歷程㉘，故吾人如欲以考證爲唯一求絶對客觀史實之事，則整個史實的眞相，將永無大白之日，此所以論語：

子曰：「攻乎異端，斯害也已。」（爲政16）

是以吾人之求史實的眞相，不能單以客觀事實紀錄之考證爲依歸，而當以良知自覺之主觀標準，去遴取事實之考證史據，此即一方當「面向歷史事實」之方向，一方當「面向歷史意義」的方向，而由歷史事實的意義，來看歷史事實之所以爲一歷史事實，然後吾人才能從歷史之事中得到見解，看出整個歷史的演進，整個群體之精神表現㉙，故論語：

子曰：「賜也，女以予爲多學而識之者與？」對曰：「然，非與？」曰：「非也，予一以貫之。」（衞靈公3）

自史學的角度來看，此中所謂「多學而識」實已意味著視歷史爲一已成過去、彼此獨立之唯一無二之諸多個別史實的總和世界，此視歷史爲一堆堆不相關的事實陳跡，便看不出歷史的生命，看不出人文的精神，因而亦失去歷史的意義，蓋史事的意義，非只屬已成之過去的世界之事物或事實的自身，而應是兼源於方生之現在、未來之新事物的創出，與對之之新知等建立之創出而後有者，諸如耶穌不存在，便無孔子生於紀元前五百五十一年之說，西方之科學文明不顯，亦無所謂東方倫理文化可言，無佛教之東來，孔子重入世而非出世之思想便無以凸顯，凡此，在在說明了一切歷史事物之時空座標、性質種類、因果關係、價值意義等等陳述與知識，都在創造中，都非不增不減，一成不變者，亦即都隨吾人之將其與其他方生的現在、未來之事物，比較關聯起來看，而不斷由人加以發現，使之呈現者，此「比較關聯起來」的工夫，即所謂「一以貫之」，歷史能「一貫」，吾人才能看出史實的眞相，亦才知所謂史實之意義，雖似只屬其自身，卻不由其自身決定，而是由上述之時空、數目、性質、因果等等關係之合成的全體決定，離此合成的全體，則一史實之自身便無種種意義可凸顯，即或有之，亦只爲人心之所虛涵，而非其所實涵，此即其意義只能存在於上帝之心，而未呈現於世界，其眞相，亦只能是一潛伏狀態之可能呈現的相，或上帝之心之永恒觀照中所見的相，而非人心中的相，其眞相不呈於人心之前，自不屬於歷史知識的範圍。

由是吾人知欲明史實之眞相，必須要有正確的歷史見解，此見解即：將所謂的個別事實的天網之線縱橫貫串，上方覆蓋於已成之過去的世界上，下方覆蓋於方生之現在、未來的世界上，往來於此兩頭，使過去之史事，因未定而開放之方生於現在未來的新事物之創出而凸顯更多的意義，展開出更明確的眞相㉚，是以吾人如愈一味地膠固於過去事實之自身，則愈不能表現史實的眞相，歷史所展現的意義亦必愈貧乏，故論語：

子絕四：毋意，毋必，毋固，毋我。（子罕4）

從膠執於過去之獨一無二的客觀事實之自身超越出來，轉而面向其他事物與其間之關係來透視其事實之自身意義，並透過此意義，以規定、了解事實之自身，於是所謂事實，即化爲一具體意義之事實，化爲一與其他事實之關係之全體中的事實，而生一涵攝關係之全體的歷史意識，故史實之眞相，不復爲彼此獨立之個體眞相，而實兼爲內在於主觀之歷史意識中的眞相，則吾人之愈求所謂已成的、過去的、在我之現有知識之外的、客觀自己存在的事實之本身的眞相，則愈是要將此在外者攝入於主觀的歷史意識之內，以使此所謂事實之本身的眞相，成爲呈現於此歷史意識之眞相，而吾人之求「能呈現而涵攝此所謂眞相」之歷史意義，亦便在此中向前發展，而進一步地完成其自己，故學歷史，不再只是使吾人之心情向遠古沈入，只爲發掘化石、古物以資考證爲事（考證非只爲蒐集眞史料，據之以辨疑僞之事，而實只是求貫通吾人對於史籍所載各事實之意義之了解，袪除其間之矛盾，以使吾人之歷史意識之通貫發展成爲可能之事），而實同時爲自求向前發展之歷史意識，以逐次完成當下吾人博通今古之學歷史的生活之事㉛。

史實之眞相，既是一「化爲具體意義之事實」的眞相，則吾人「一以貫之」之求史實，便不只是「一貫」於史料之物理，而更是「一貫」於史實之事理，蓋物理之事件，雖有其變化，但對事理之事而言，它仍是靜態的，它的變化是依於自然法則的機械變化，故沒有歷史性，而事理之事則是動態的，它是獨一無二，不能重複，故有歷史性，是以吾人雖可以科學方法來歸納、整理文獻史料，對事理之事却不可如法炮製；事理之事，乃是由內部深微曲折的情理之情而發出的，內部深微曲折之情亦是在活動中呈現，故亦是事（此事可名之爲內事），吾人把情理統攝於事理之中，通內事外事合而爲一，即所謂的事理（事理乃尅就外部、客觀以說，情理乃尅就內部、主觀以說），吾人能「一貫」事理與情理，使之呈顯歷史「意義」（歷史之事的「意義」即是事理的理），史實的眞相即隨之而顯，反之，如將歷史性的事理之事予以物化，便不能了解其意義，亦因而不知其有理㉜，此所以吾人之求史實眞相，當「一貫」於事理，不可一味地「一貫」於物理，「一貫」於事理，則吾人只有通過事理之事之辯證以體現理念，故欲求史實眞相，自不可如「一貫」於機械之物理之理（因果律）來求答案了。

然「一貫」於事理以求史實意義之所以可能，其後是有一「忠恕」精神支撐的，此精神即是一肯定「歷史是人之集團生命活動之行程，集團生命底活動，不論其自覺與否，均有一理念在後面支配」㉝的道德情操，吾人有此「忠恕」的治史史德，才能在大千的歷史世界裏找到頭緒，才能從「歷史是要通過『理念』之實現」來了解整個歷史的眞相，故論語：

子曰：「參乎！吾道一以貫之。」曾子曰：「唯。」子出，門人問曰：「何謂也？」曾子曰：「夫子之道，忠恕而已矣！」（里仁15）

此章孔子及其弟子「一貫」之論，雖當時未必針對史德而發，然其歸引處總離不開人學，歷史既是人學之一環，則吾人用此臻於化境之章旨引入史學，當無附會之嫌，歷史是「人」的事，而我又是現實之「人」的存在，則我當盡己之心以待古人之心（忠），亦同時當推己之心以及於歷史之心（恕），而肯定「人之歷史的集團生命活動，不論其自覺與否，均有一理念在後面支配。」本此「忠恕」的史德，則吾人看歷史，自會把自己放在歷史裏面，使自己個人的生命與歷史的生命通在一起，面向之而承續之，由是對歷史便有一分親切感和喜悅感，而思如何從歷史的意義中取法以爲自己之借鏡，以承續歷史，故論語：

子曰：「述而不作，信而好古，竊比我於老彭。」（述而1）

子曰：「我非生而知之者，好古敏以求之者也。」（述而20）

「忠恕」之史德，乃根於人性之正，凡人皆有人性，凡人皆有「忠恕」，故此史德乃是一普遍之客觀的眞實存在，依此客觀而眞實的史德來看史實，則雖未必有史料可據，其客觀性仍當不容否定，由是吾人對孔子之信古人傳說而美堯舜，自亦不當置疑，此義牟宗三先生論之甚諦：

「人之稱之也，亦根於人性之正也。而根於人性之正所呈現之觀念以自然地粘附於史實，即爲此民族之文化意識及歷史精神之象徵與反映。雖在堯舜之時可無據，而貫於史實之承續中，代代累積而觀之，則非可云純屬虛構也。故吾人可不必以民族自尊之觀點肯定此統系貫穿上之稱述，而可自歷史精神文化意識之實爲如是之觀點肯定此稱述。此觀點之爲客觀，不亞于橫斷史實之考據之爲客觀。」㉞

誠然，歷史精神、文化意識乃是一民族之生活承續所必呈現者，堯舜時雖無事實可證，然至夏商已有之，夏商時所表現文化意識的統緒與其精神的脈絡，豈是無源之水？亦豈可憑空而來？吾人本「忠恕」而生之「辯證的直覺」來看，則夏商時代雖可有新觀念的創造，然其整個之文化精神意識之所以向此趨而不向彼趨，亦絕非偶然（此即是一「辯證的直覺」體識），此所以吾人堅信堯舜史實之必然存在，吾人依此來會通歷史之事理情理以及品題人物，便可「究天人之際，通古今之變」，而知歷史的眞相。

上所謂「辯證的直覺」，一方不離道德判斷，一方亦不離知識判斷，純以道德判斷來看歷史，則必視一切歷史之事，都因於一「當然之理」而行，依於一「無上之道德命令」而行，如是，則歷史上絕大部份之未合於嚴格的道德法則之集團生命行動，便須抹去，亦即史實大多引不進來，則人便少有歷史可言；而純以知識判斷來看歷史，便淪於只以現象、經驗來了解歷史之事象，如是，便無是非，而易將事理之事物化，使之成爲非歷史（以知識判斷來處理文獻材料當然十分恰切），吾人只有持此「辯證的直覺」來看歷史，才眞能體識：歷史性之事理之事的意義即等於「一事理之事在表現理念上的作用」，此即對歷史的眞相，必須要通過「理念」之實現來了解，因歷史性的事理之事是在表現理念之活動之行程中出現的，故其意義是在其表現理念的作用上而被看出，此所以論語：

子曰：「視其所以，觀其所由，察其所安，人焉廋哉？人焉廋哉？」（爲政10）

「所以」指人之行爲動機，「所由」指人之行爲手段，動機與手段是否純正，抑或夾雜利害的因素，都當「察其所安」，察其行事之是否出於仁心，是否由不安而求安的自覺發動，是否能安於仁心的自己，要之，即察人之行爲在理念上的作用做如何的表現。人有氣質之障蔽，亦有時代之艱難，其表現理念之作用，必然有時是直接的、正面的，或間接（曲折）的、負面的，或自覺的，或不自覺的，或當時明確相干的，或看似不相干的，或雖得而亦失，或雖失而亦得，由是在歷史的曲折實現中，有著聖賢、英雄、愚不肖等等的史實，乃至有荒淫、悖謬、乖戾等等的史實，此等史實都一一在辯證之事理中呈現其自己，消融其自己，轉化其自己，而皆各得其所應得之報償，使荒淫、悖謬、乖戾終歸於其荒淫、悖謬、乖戾，此即不離價值判斷也，然不論人之史事如何變換多端，通過其表現理念之作用，一當皆收於歷史而爲歷史性之事理之事，此即歷史判斷也，吾人識此，始眞能見歷史之可歌可泣而起蒼涼之悲感[35]，而史實之眞相亦才能在此中一幕一幕地展現於吾人當前，此義在本文第二節中亦曾論及，茲僅略作補充，餘不贅述矣。

## 五、歷史向善的蘄向

上謂「歷史性之事理之事的意義，即等於一事理之事在表現理念上的作用」及「罪惡與下向之歷史之所以存在，所以合理，所以有價值，乃因其對未來人類能提供教訓，以免重蹈罪惡、錯誤的歷史覆轍而存在，而合理，而呈現價值。」此即暗示吾人：歷史乃趨於一向善的嶄向。歷史是「人」的事，故歷史問題之背後，必是一人性的問題，凡人都有善性，是以人性之向善，便成了歷史的大趨，論語：

衞公孫朝問於子貢曰：「仲尼焉學？」

子貢曰：「文、武之道，未墜於地，在人；賢者識其大者，不賢者識其小者，莫不有文武之道焉。夫子焉不學？而亦何常師之有？」（子張22）

此章「文武之道」，不專指功烈禮樂文章言，而當看作性道之道㊱，性道即人性所向之善的路子，「文武之道，未墜於地，在人。」故世間只要有人在，人之向善之性便永不消逝，其間雖有種種複雜的人事，種種客觀的時代、環境等困限，把人性暫時隱閉起來，乃至生出種種反常的問題與現象，然「賢者識其大，不賢者識其小。」人在性善之大前題下，總會針對問題，解決問題，終究會使歷史曲折地朝正面而趨，此曲折地向正面而行的歷史大趨之總過程總成績，即是人類的文化，故文化絕不純因於人之受現實環境刺激而生之各種因應措施，它乃因於歷史向善的大趨，歷史的趨向終是原理的、原則的、規律的，道義的，正面的，而社會的趨向則只限於當前各項問題之應用上，始終將是功利的、方法的，隨宜應付的，二者性質各有異趣，吾人不可不慎加簡別，「若把歷史大趨，認為只是些社會現象之更端延續，如此，則將認為人性可以惟心所欲地另塑造，文化只是人類應付一些現實問題的技巧之累積，歷史一幕一幕地展開，恰是社會之一幕一幕地轉變，人類可以有方法地由控制社會而創造新歷史。人類可以一意向前，而已往歷史，則如曇花一現，對現實社會更無牽制與影響。這一項人類野心，卻仍將把人類歷史引入歧途，招致無限的禍害。」㊲馬克斯之把一時的社會問題視作人類全部的歷史問題，列寧據此理論而改造社會，進而擬改造世界，改寫歷史，都因於誤解人性，把一時的社會現象視爲人類歷史之大趨所致，故要解決問題，創造文化，乃必須識取歷史向善之大趨，在此大前提下，問題的解決，才算眞解決，此中所創生的文化，亦才具有其精神與生命。

歷史既以善爲蘄向，則眞正的歷史人物，不論其是否名垂千古，其人格精神乃必須能流芳歷史者，叔孫謂人生三不朽：立德、立功、立言，「德、功、言」是人之善性的表現，故能在歷史流程中被人所接受、景仰、被人所追隨、模仿，能永遠在別人生命裏引起共鳴，才能永遠在人心中復活，永遠成爲有生命的歷史人物；歷史之大趨既向善，則吾人在此歷史洪流中，亦當自勉於善行善言，以自許能任一歷史人物，故論語：

子曰：「君子疾沒世而名不稱焉。」（衞靈公20）

然則吾人當知：單單掛名在歷史上的人，未必就是歷史人物，尤其遺臭者更算不得歷史人物，蓋歷史是生命的，繼續向前的，若人之想法與做法，後人不僅不繼續，且要打倒它，推翻它，則其人便無歷史的生命，故不能眞爲歷史人物；事業不滅，才是歷史生命，被發揚被繼續的是歷史，被打倒被推翻的不是歷史，只能是歷史上的一點小黑影，終將爲歷史之洪流所淘汰，故論語：

南宮适問於孔子曰：「羿善射，奡盪舟，俱不得其死然。禹、稷躬稼而有天下。」夫子不答。南宮适出。子曰：「君子哉若人！尚德哉若人！」（憲問6）

「蓋适之問，所謂直陳之而是非自見也。夫子之不答，所謂存其事而義已明也。天下事有當答，亦有無容答者，有不可不答，亦有可不必答者，假令羿奡禹稷之事而未有成驗也，此當答者也，乃羿奡禹稷之事而既有成驗也，此無容答者也，假令羿奡而或有天下，禹稷而或不得其死也，此不可不答者也，乃羿奡而究不得其死，禹稷而終必有天下也，此不必答者也。但适與夫子所見，似同而實異，适見得福善禍淫，是天道必然之理，見人當爲禹稷，不當爲羿奡，聖人却見不必計到禍福上去，即有時禍善福淫，而羿奡自有所必不可爲者，禹稷自有所必可爲者，是尚德之心同，其所以尚德者自異也。适之所見知命之學，夫子所見立命之學，惟知命乃可以語立命，是夫子贊适之意也。」㊳歷史事理之理，是辯證的理，原不必合於邏輯的因果律，故有時會福善禍淫，有時會禍善福淫，史事雖不計到禍福上去，然尅就整個歷史向善之大勢而觀之，則禹治水，稷教稼，有大功德於人，能爲後人立功立德，必爲人所接受，所追隨，故其生命亦將因後人之追懷、效仿而永生，而成爲眞正的歷史人物，此即是「福報」，至於羿善射，奡力能盪覆敵舟，二人之恃強力以滅人國，盗王業，皆不足取法，其引不起人之良心共鳴，則無歷史生命，無歷史生命，便形同死亡，此即是「禍報」，羿奡如此，而紂亦然，論語：

子貢曰：「紂之不善，不如是之甚也。是以君子惡居下流，天下之惡皆歸焉。」（子張20）

「天下有眞愚人，無眞惡人。」㊴紂之荒淫暴虐，都因於其自身之無明（佛家說無明，即愚之異字，所以謂「紂之不善，不如是之甚也。」）無明乃衆惡之發端，而非萬惡之總和，後人之厭棄紂，視之爲衆惡之歸所，而以「君子惡居下流」相戒，即見荒淫者之終得「禍報」也，此「福善禍淫」即是天理，亦即是歷史之理，天理即善，故人之歷史亦終必以善爲嚮向，所以然者，乃因歷史是「人」的事，人心造歷史，人心向善，則歷史終亦必隨之而趨，論語：

子曰：「吾之於人也，誰毀誰譽？如有所譽者，其有所試矣。斯民也，三代之所以直道而行也。」（衞靈公25）

「三代之所以直道而行，謂三代之直道即行於當時之民，亦謂即以當時之民而行斯直道。積三代之久，而知民之所毀譽，莫不有直道，如禹、湯、文、武、周公莫不譽，桀、紂、幽、厲莫不毀。就其毀譽，可以見直道之行於斯民矣。故直道本於人心之大公。人心有大公，故我可以不加毀譽而直道自見。」㊵三代（能全然彰顯人之精神生命的時代象徵）之所以屢爲孔子所稱述，就在於它的整個社會、整個時代能直道而行，「人之生也直，罔之生也，幸而免。」（雍也17）人能直道（道即天理），就能存心天理，而凸顯人格精神，依乎天理而毀譽，即是「試」，歷史之在人之「直道」而試，「直道」而行的氛圍中，終亦必使人「見賢思齊，見不賢而內自省」，而曲折地向善而趨，向善回歸，此又是論語之一大史識。

# 六、結語

綜上所述，論語之視歷史，非爲一堆堆之人「事」陳跡，乃是一「人」文精神之承續開展之生生不息的生命體，其對歷史人物之評價，重內在的「志」甚於外在的「業」，進而視能在隱隱中持懷、踐履「旋轉乾坤，導正歷史」之大志者爲歷史上的大人物，對史實，不只求證於客觀的文獻，更本「忠恕」之史德，辯證地求「一貫」於歷史「事理」之事，以從史實的意義中看歷史的眞相，終則引出人心造史，故歷史必依人性而大趨於善，凡此，在在說明了論語之對歷史，乃緊扣着人事中的「人」，而視之爲一歷史的人生。歷史的人生與宗教的人生不同，宗教人生之最大眞理，乃認定眞實人生不在生前，而在死後，然死後早已非人，亦早已無生，實已失「人生」的意義，故將眞實人生移到死後的天國，而要吾人想像、追望於非人界、無生界中的眞實，反易覺虛幻不自然；歷史人生之最大眞理，則認定眞實人生即在歷史之人事表現上，歷史不斷發展，人事不斷過往，則此眞實的人生亦便不斷展現，過去是歷史，現今是歷史，未來亦是歷史，故歷史之人事從過去、現在、未來，都是不同時間之「現實」存在，都是眞實的人生，人事都是眞實的存在，此所以爲歷史。

歷史既是眞實的人生，則人生的眞實亦便都在歷史的人事裏，吾人之求人生的眞理，亦都應從歷史上求，從不同時間之「現實存在面」的過去與現今（現今即是未來之「過去」的歷史）中求，而不必捨近求遠，向一非人界非生界之宗敎性的天國上求，「文王既沒，文不在茲乎？」（

子罕5）歷史是實踐人生眞理的歷程，而我之當下的現實存在既亦是一眞實的人生，則我當置身於歷史中，超越現今之小己形骸，而化我之自身的精神，爲歷史中人物事件表現的舞台，而此舞台本身，亦如將隨表現於其上之人物事件而顫動，而起舞，歷史中一切人物之活動，皆於此中活動，而吾之精神，即一一加以承載，隨之升降，隨之起伏，以體念其理想與價值，而涵容之於一心，夫然，則我之當下之此精神，已爲一普遍化而遍運於我所知之歷史世界中的精神，由是推而上之，使之瀰淪布護於歷史長流中，吾人即可見此中有着客觀的普遍精神生命與精神實體存在[41]，亦眞見歷史即爲此普遍精神生命、精神實體之表現其自身的歷程，亦即是表現、實踐人生眞理的歷程。

「天之將喪斯文也，後死者不得與於斯文也。」人生的眞理都在每一階段之現實存在面的人事中展現，則人有歷史，天便不會喪斯文，只要吾人有正確、強烈的歷史意識，便會體悟當下之我，在群體集團的生活中，彼此之生命精神，都恒互洋溢，今人之於古人，亦都恒互感通，心光交映，此即只要吾人看歷史，能透過歷史之文字記載，如湧身於千載之上，使自己生活於歷史之中，則吾人便可意識到自己之現今生活，即是一嚮往理想、實現理想之自上而下，自內而外之眞實人生，由是而生一歷史的使命感，一時代的使命感，而願與世人共同承擔歷史，開創歷史，使歷史生命步步進展，使人之精神理想步步生發，使人生的眞實步步在吾人生活的實踐中呈現。人人有此歷史的人生，便有歷史之精神理想，而人生命之爲一精神生命，便能在歷史之洪流中，相續日新而不窮其用，如是，則吾人對歷史，便不會止於史事之了解，亦不會止於原有之史事意義之了解，而會使由此了解而成之歷史意識，對人之人格、行事與存在狀態生發一決定的力量，以創造更輝煌的歷史，並使以前之歷史，顯一新光彩，新意義，以資吾人對歷史有更進一步的體識，從而促進吾人對精神生活、文化生活乃至人生的理想作更深一層的探索與努力，以邁向更完善的歷史人生，此即是論語論史之用意。敻敻乎聖人知周人生，仁被歷史，吾國文化之所以能博大燦爛，於此可見矣，吾民族歷史之所以能源遠流長，亦於此可見矣。

## 註釋

①引自柯林烏著（陳明福譯）「歷史的理念」（台北・桂冠圖書公司・民國七十三年三版）第五卷第一章「人性與人的歷史」，頁二八九。

②引自黑格爾著（王造時譯）「歷史哲學」（台北・里仁書局・民國七十三年初版）緒論，頁四九。

③參見柳詒徵先生著「國史要義」（台北・中華書局・民國六十五年六版）中「史德第五」一文。

④同②，頁一二七。並參見錢穆先生著「中國歷史精神」（台北・東大圖書公司・民國七十六年修訂五版）第一講「史學精神和史學方法」一文。

⑤引自朱子「四書集注」（台北・世界書局・民國五十六年十一版）上論，卷五，頁五九。

⑥參見熊十力先生著「原儒」（台北・史地教育出版社・民國六十三年初版）下卷，頁一六七。

⑦引自王船山「讀通鑑論」（台北・里仁書局・民國七十四年）卷六，頁一五六—一五七。

⑧柳詒徵先生云：「後史承之，褒譏貶抑，不必即周之典法，要必本於君臣父子夫婦兄弟之禮，以定其是非，其飾辭曲筆無當於禮者，後史必從而正之，故禮者，吾國數千年全史之核心也。」同③，引自「史原第一」，頁九。

⑨參見牟宗三先生著「生命的學問」（台北・三民書局・七十三年三版）中「論『凡存在即合理』」一文。

⑩同③，引自「史識第六」，頁一二九。

⑪同⑨，並見所著「中國哲學十九講」（台北・學生書局・民國七十二年）中第一講「中國哲學之特殊問題」一文。

⑫引自日人竹添光鴻著「論語會箋（上）」（台北・廣文書局・民國六十六年再版），卷三，頁一九六。

⑬同①，引自第七章「進步乃歷史思考所創造」一文，頁四三八。

⑭柯林烏氏云：「如果思想的第一階段，在解決問題之後，遭遇到更進一層的其他問題而無法解決；如果第二階段無損於它對第一階段問題之有效解決，同時還解決了這些更進一層的問題，那就是有進步。」同上，頁四三三。

⑮參見牟宗三先生著「政道與治道」（台北・學生書局・民國七十二年再版）中第七章「政治如

何能從神話轉為理性的」一文。

⑯參見熊十力先生著「讀經示要」（台北・洪氏出版社・民國七十二年五版），卷三，頁二一六—二一八。

⑰引自程顥、程頤著「二程集（第二冊）」（台北・漢京文化事業公司・民國七十二年初版）「河南程氏粹言」卷二，聖賢篇，頁一二二九。

⑱劉寶楠云：「法言先知篇：或曰齊得夷吾而伯，仲尼曰小器，請問大器。曰：大器猶規矩準繩乎！先自治而後治人，謂之大器，此皆以管仲驕矜失禮為器小。無與於桓公稱霸之是非也。程氏瑤田論學小記：事功大者，必有容事功之量，堯則天而民無能名，蓋堯得如天，而即以天為其器，夫器小者，未有不有功而伐者也，其功大者，其伐益驕，塞門反坫，越禮犯分，以驕其功，蓋不能容其事功矣，吾於管仲之不知禮，而得器小之說矣，享富貴者，必有容富貴之量，舜禹之有天下而不與，蓋舜禹之德亦如天，亦即以天為其器，夫器小者，未有不富貴而淫者也，其富貴愈顯者，其淫益張，三歸具官，窮奢極侈，以張其富，蓋不能容其富貴矣，吾於管仲之不儉，而得器小之說矣。」語見「論語正義」（台北・世界書局・民國七十二年七版），卷四，頁六七。

⑲同⑫，下冊，卷十四，頁九三一。

⑳引自王船山著「讀四書大全說」（台北・河洛圖書出版社・民國六十三年台景印初版），卷六，頁四一〇—四一二。

㉑引自錢穆先生著「中國歷史研究法」（台北・東大圖書公司・民國七十七年初版）第六講「如何研究歷史人物」一文，頁八五。

㉒同上，頁九三。

㉓孟子萬章下。

㉔引自熊十力先生著「十力語要」（台北・洪氏出版社・民國七十二年再版），卷四（尊聞錄），頁五六八—五六九。

㉕同④，參見錢穆先生著「中國歷史精神」中第七講「中國歷史上的道德精神」一文。

㉖同①，參見第五卷第二章「歷史的想像」一文。

㉗參見「中國文化論文集（四）」（台中・東海大學出版社・民國七十一年初版）中魏元珪先生「論歷史哲學的意義與任務」一文。

㉘參見唐君毅先生著「中華人文與當今世界（上）」（台北・學生書局・民國六十七年再版）中「歷史事實與歷史意義（上）」一文。

㉙同上。

㉚同上。

㉛同上，並見「歷史事實與歷史意義（下）」一文。

㉜參見牟宗三先生著「歷史哲學」（台北・學生書局・民國七十三年八版）中首附之「三版自序」一文。

㉝同上。

㉞同上，引自本文第一部第一章「國史發展中觀念之具形與氏族社會」一文，頁六。

㉟同㉜。

㊱論語會箋：「孫詒仲云：道字若不以謨訓功烈禮樂文章言，而看作性道之道，不惟未墜在人，識大識小說不去，且性道之道，人所同具，不必單屬文武矣，此說得之。」同⑫，卷十九，頁一一八九。

㊲引自錢穆先生著「歷史與文化論叢」（台北・東大圖書公司・民國七十四年再版）第三編「歷史問題與社會問題」一文，頁三一七－三一八。

㊳同⑲，卷十四，頁九〇六。

㊴同㉔，頁五七三。

㊵引自錢穆先生著「論語新解」（台北・東大圖書公司・民國七十七年初版），頁五七一。

㊶同㉘，參見「中國歷史之哲學的省察」一文。

——孔孟學報第六十一期・民國八十年三月

# 論語的政治理念與從政情操

## 一、政治的意義與價值

「政治」一詞的涵義，歷來衆說紛紜，或謂「政治就是國家的活動，以詐術爲手段，而以爭權奪利爲目的。」①或謂「政治就是政治人藉公共目標以掩飾個人的權力動機。」②或謂「政治是一個政治家或政治團體爲著特別的政治利益而操作的政治權力。」③或謂「在社會團體生活的方式，共同謀求生存，則人與人的關係，稱爲政治。」④……不論各家對政治如何詮釋，要之，政治離不開權力，離不開衆人（國家、社會、團體等等即涵攝在「衆人」之義中），亦離不開事（政治利益、生活方式等等即是人的「事」），孫中山先生謂「管理衆人的事便是政治」⑤，實一語道盡了政治的特質。

「管理」屬政治的權力，政治以造福人群而顯意義，依此，「管理」在本質上乃是爲「服務」、「奉獻」衆人而管理，不是爲「駕馭」、「壓迫」衆人而管理，而「衆人」的事即指一「公」事，「衆人」的涵蓋面愈廣，則「公」性愈強，此「衆人」所指的範圍能由一小撮之團體推展、普及於各層面之每一人，則所謂政治利益便是最大的「公利」，政治亦便是一種神聖的事業，倘政治利益只偏護部份之團體（如家族、政黨等）乃至個人，則政治即陷於「私」，一切為私利而爭管理衆人的權力，政治就變質而淪於第二義乃至第二義以下的政治，此即：政治要具有意義，從政者當奉獻一己之力，以服務、照顧全體大衆為目的，其管理之「權力」的爭求，只為遂行其「服務」、「奉獻」的道德心願，此外，別無他求，即求「權力」只是一手段，「服務」才是眞正的目的；由是知夫上述「政治就是國家的活動，以詐術為手段，而以爭權奪利為目的」等等論調，皆尅就政治之現實層面上說，皆屬第二義乃至第二義以下的政治理論，其不具有政治理想，自非為眞知灼見的政治理念。

理想的政治理念，乃必須要有理想的政治目的，政治是人文的一環，故在「權力」、「衆人」與「事」中，尤當重視衆「人」，使人人能安於生活，進而各盡其德，各養其生以遂性，以顯「人」的精神價值，此方為政治之最高義，西哲柏拉圖謂：政治的目的，即是從人性之認識中，採取一切的原則，為衆人的福利而加以治理，以助人人成為完人或最幸福的人⑥；亞里斯多德亦云：「人是政治的動物，而政治是至善的，人類生活於國家之中，才是最良好的生活。國家的目的，既不是權力的機構，也不是生命、財產與實業的維護，而是要增進一般公民的高貴生活，並使人民具有道德的觀念。」⑦彼等之政治見解，即具此義。

政治能重「人」，則所謂「衆人的事」，推其極，即指一切人文價值創造的事業，政府之政治管理權力的運用，當一方爲掃除一切「否定人生文化價值之實現」的阻碍而努力，一方當提倡、號召、發動組織的工作，使天下一切人之智慧德性得以甦醒，從而協調、配合各方的社會力量，以使人生文化價值獲得充量的實現與創發，此能間接地成就人文價值，政治即具最高的價值與意義⑧，而論語的政治理念正富此精神，其論君臣所當具有之高尙從政情操，亦由此而生發。

## 二、從政意識的莊嚴性與「無待」的從政理念

人離不開生活，離不開社會，離不開人倫日用，政治既具成就人之生活及人文價值的功能，自與人人脫不了關係，故人無以逃避它（意識地逃避政治，即等於意識地逃避人間，此所以孔門之人文教特列政事爲四科之一之故），當面對它，關懷它，進而冀圖有機會參與、從事它，論語：

子夏曰：「仕而優則學，學而優則仕。」（子張13）

……子路曰：「不仕無義，長幼之節，不可廢也；君臣之義，如之何其廢之？欲潔其身，而亂大倫。君子之仕也，行其義也，道之不行，已知之矣！」（微子7）

「不仕無義」、「君子之仕也，行其義也」，政治之原義既在綏寧人之生活，及輔成一切人文的價值，則從政即是一「助益人文價值創造」的神聖事業（此即所以爲「行其義也」）；吾人能懷一理想，而不據此理想爲己所私有，願獻其所學，而將此理想衣被、普遍化於他人，望他人

亦能共享此理想，由是生一從政的意識，「學而優則仕」，此從政的意識，即是一純粹利他之道德意識之所生發，故具莊嚴性；而政治之得以順利推行，必靠政治權力，此「政治權力，在理念上，原爲肯定一切權力，而綜攝之之權力。政治活動政治意志，乃一統一的理性自我之統一的理性活動之求客觀化，而欲融合貫通一切活動，一切意志之活動與意志，亦即根本上是一客觀的道德活動意志。故眞正之政治之權力之運用，亦並非外在於其他各種權力之另一種權力之運用，而唯是一種綜攝一切權力皆爲其自己之權力之運用。所以謂綜攝一切權力爲其自己之權力之運用，即求知如何使其他各種權力不相衝突，而以權力調劑權力、平衡權力、使之融合貫通之一種綜攝的理性力與道德力之運用。而政治活動之所以爲涵蓋昭臨於一切社會個人之活動之上而透入之以主宰領導之活動，政治權力之所以要求成爲無定限者，亦正根據於人之理性自我道德意志之涵蓋性主宰性與無限性而來。」⑨政治權力如能根於人之無限理性與道德意志，則人之從政，只一心想運用政治權力，負起政治責任，自不會夾雜有個人任何專擅之私，而人文價値事業之創發無限，人之政治責任亦無限，故在「仕」中，當時時考核得失，反省惕厲，「仕而優則學」，從複雜的政治情境中識取更多的從政智慧，才有益於政治理想的實踐。

從政意識雖具莊嚴性，然人之能否有機會入仕，自有命在，不可強求，人所當爲的，只是盡其在我之實，「依道理平平做將去，看命如何，却不是說關門絕事，百樣都不管，安坐以待這命。」⑩政治之責任無窮，所需具有的從政智慧亦無窮，吾人只有時時進德修業，自我充實，豈敢自謂臻於學成，亦豈敢有「當今之世，捨我其誰」之求仕倨傲？故論語：

子曰：「不患無位，患所以立；不患莫己知，求爲可知也。」（里仁14）

子曰：「不患人之不己知，患其不能也。」（憲問31）

吾人雖當具一「把天下國家的責任承擔起來」的從政意識，然亦當肯定、敬重他人亦當具有此意識，而天下之事無窮，一己之力有限，吾人若能了悟自己能力之困限，自可相對肯定由他人來負政治責任，未必不如我，推其極，則縱使世間沒有我，社會政治之事，亦仍自有人承擔起來，人人能體識此意，自無政權之爭，論語：

子曰：「不患人之不己知，患不知人也。」（學而16）

誠然，天下之事無限，無限的政治責任承擔，乃必須由天下無數人一起來負，才眞能負得起來，而人之所以具一「以天下爲己任」的承擔心量，只是依於人之道德理性心靈之所發的一種志氣，此志氣並不是自居於天下國家之上，而是從我心靈深處升起照耀天下國家的一種光輝，無限人各以「天下爲己任」的精神光輝相照互映，即合成一籠罩國家、天下的無限光芒，無處不照，亦無處不顯其精神價值與意義，是以從廣義上說，只要人本乎「以天下爲己任」之精神，從事任何天下事，事無大小，都與建國興邦有關，都具有治天下的精神意義在，自不必要限於從事通常所謂狹義的實際政治活動，才可謂從政，論語：

或謂孔子曰：「子奚不爲政？」子曰：「書云：『孝乎惟孝，友于兄弟』，施於有政，是亦爲政，奚其爲爲政？」（爲政21）

「孔子論政，常以政治爲人道中一端，故處家亦可謂有家政。孔門雖重政治，然更重人道。

苟失爲人之道，又何爲政可言？」⑪任何事都屬天下事，只要在自己當下的社會地位上，把所遇之分內事擔負起來，即具人文的精神價值，即是行道，亦即具「從政」的意義，自不必非待得君以行道不可，因有待，就使行道之事間斷，行道之事不能有待⑫，人人有此「無待」的從政理念，刻刻勠力踐行，則天下人生之全面文化活動才能時時展現生機，亦才能時時凸顯人格的尊嚴與神聖，而步向政治的理想境域。

## 三、禪讓之「公」精神與禪、繼之簡別

從政既是一政治責任的承擔，則人所居之職位愈高，其所當負之責任自亦愈重，一家之主須負起一家之責任，一國之君須負起一國之責任，而統天下之帝王，更必須負起全天下的責任，論語：

堯曰：「咨！爾舜！天之曆數在爾躬，允執其中。四海困窮，天祿永終。」舜亦以命禹。曰：「予小子履敢用玄牡，敢昭告于皇皇后帝：有罪不敢赦，帝臣不蔽，簡在帝心。朕躬有罪，無以萬方；萬方有罪，罪在朕躬。」「周有大賚，善人是富。雖有周親，不如仁人。百姓有過，在予一人。」……（堯曰1）

「天之曆數在爾躬」，「天子」顧名思義，乃是承上天愛民如子女之心以爲心者，故一方須負起協助解決人民現實生活困難的責任（四海困窮，天祿永終），一方又須背負起提撕萬民，使

其人格精神向上的義務（百姓有過，在予一人），如此重責大任，非有賢君聖王，無以承擔，而賢君聖王亦當自感其不足以承擔，論語：

子貢曰：「如有博施於民，而能濟衆，何如？可謂仁乎？」子曰：「何事於仁，必也聖乎！堯舜其猶病諸！夫仁者，己欲立而立人，己欲達而達人。能近取譬，可謂仁之方也已。」（雍也28）

誠然，「仁者之心雖無窮，而仁者之事則有限。」因而即或是一「大而化之」的聖王，落到現實的事上來，亦有其「成物」的限制，以其所懷之「無限」的仁心，面對此「成物」之困限，自必有所憾，有所憾，正所以顯其爲仁者、聖者，故而聖王在位，常自感其德性之不足與能力之有限，而思有所讓，此讓不只是讓權，更是讓德，亦即不只是承認、肯定他人有擔負政治之權力與能力，更將自己實現政治理想之功德讓與他人來表現，使他人藉此以展現其人格精神的價值，此能以禮讓爲國，乃是從政者所當具有的情操，論語：

子曰：「能以禮讓爲國乎！何有？不能以禮讓爲國，如禮何？」（里仁13）

子曰：「泰伯，其可謂至德也已矣！三以天下讓，民無得而稱焉。」（泰伯1）

子曰：「巍巍乎，舜禹之有天下也，而不與焉。」（泰伯18）

相傳泰伯避適吳，以采藥爲名，後乃斷髮文身，卒不歸；觀其人，可知其心在讓而無讓事，其讓無迹可見，只如如自感不足而讓權、讓德，使其後之文王得以展現其聖格，實踐其承負政治責任之理想，心中坦坦，別無他故，故是一「眞讓」，此所以孔子美爲「至德」。至於堯之禪舜，舜之禪禹，其讓更超越乎手足血親，只看對方之德能如何，不計其身份之卑賤，故更富讓政之「公」精神。

一切之讓能本乎「公」，則讓位者自非出於「好逸惡勞」之倦勤意識⑬而思讓，因於「好逸惡勞」而讓，此讓即陷於自私，而無「公」義在；君人者爲天下之興公利除公害之政治理想而承擔，自應「當仁不讓」，然一方有此政治承擔之「當仁不讓」之理想者在之同時，一方亦可能有權力慾之「當權不讓」之事實者在，「當仁不讓」以任勞，功成身退以讓賢，一方讓德，一方讓權，不論從任何角度看，皆爲終始完成其理想性者，故是一徹頭徹尾的公心⑭，孔子屢美堯舜之「禪讓」，其義在此。

一切本乎「公」心，不論身份地位，只看德養慧識，則論語所顯的，便無「永世帝業」的政治理念，有德者可受天命而爲君，可由禪讓而得位，此君位以德定，即無異肯定人人皆可以爲君，人之德養既可臻於孟子所謂的「人皆可以爲堯舜」的境界，則人自亦可依其德而居帝位如堯舜者，故論語：

子曰：「雍也，可使南面。」仲弓問子桑伯子。子曰：「可也，簡。」仲弓曰：「居敬而行簡，以臨其民，不亦可乎？居簡而行簡，無乃大簡乎？」子曰：「雍之言然。」（雍也1）

「南面」即人君聽治之位，仲弓雖身世微賤，但其修潔自全，成德達才，爲人「寬洪簡重，有人君之度」，而登孔門十哲中之傑出德行榜列，故孔子以「可使南面」許之。不只人品優秀之仲弓可使南面，即能「簡」之子桑伯子，亦無不可使南面，足見君爲天下之「公」位，有德者乃原則上皆可擔任之也。然君位唯一，而有德者無數，可不可「使南面」，自有命在，無以強求，只要德性之修爲精進不已，在位者皆能自感不足，而本乎禪讓之精神以臨天下，則人人都有「可使南面」的機會，要之，本禪讓之「公」精神，政權一方可獲得和平的轉移，一方又眞能達到「選賢與能」的目的，有讓而無爭，使政治得到「質」的保證，此乃理想之政治體制也，故論語：

子謂韶：「盡美矣，又盡善也。」謂武：「盡美矣，未盡善也。」（八佾25）

古代開國帝王功成治定，常制作樂章以歌舞太平，韶爲舜樂，武爲武王樂，而「美以德之用言，……幬載是善，無不幬載是盡善也。盡美之盡，以無欠闕言之，盡善之盡，以天下無欠闕言之；盡美，是舜德無欠闕，盡善，是舜德之用於天下無欠闕也。……而武王之德，則原無欠闕，故曰盡美矣；盡美，是武王德無欠闕，未盡善，是武王德之用於天下有欠闕也。」[15]此中所謂用於天下「無欠闕」或「有欠闕」者，端看政權之取得方式如何，舜以「德」得天下，武王以「力」得天下，一以「和平」讓替，一以「武力」革命，一以「禪」，一以「繼」，禪繼二者之根本精神不同，孟子謂：「唐虞禪，夏后殷周繼，其義一也。」[16]實則並不一，蓋「禪、繼之不一，關鍵即在『繼世以有天下』。在禪中，由推薦而天與或不與，那是與在繼中，『天之所廢（即不與），必若桀紂』，很不相同的。『天之所廢，必若桀紂』，這個天廢，（天不與），是須要革命的，須要用『力』來打的。本來『繼世以有天下』不是經過『推薦、天與』之方式的，乃是未經過天與人與之同意而自居的，所以其爲天之所廢亦不是經過『天與或不與』之和平方式而被廢，而是經過革命而被廢。由推薦而天與或不與，這其中並不函有革命。但經過『繼世以有天下』這一突變，則必函有革命。這就是亂之源私之源。湯武是很有德的，故能戰勝桀紂。但以革命之力得，得而仍繼世而不讓，這就是不德。其原來之德只是成就一個私。桀紂之被廢固不是經過『推薦、天與』之方式，而湯武之有天下亦同樣不是經過『推薦、天與』之方式。這裏的『天與』是革命方式的『天與』，不是和平選替方式下的『天與』。所以禪與繼是很不同的。『繼』必函革命，而革命是不得已的，究竟不是好現象。在繼世循環中的革命亦必是循環的。循環的革命尤其不好。孟子未能正視禪與繼之不同，以及循環革命之嚴重，遂使其『推薦、天與』之公天下觀念變成軟罷的。至少『推薦、天與』之觀念直接函有和平選替的意義，而這亦必須自覺地來促成與維持，這原本須要有『人能』參與其中的，但因為孟子未能正視禪繼之不同，亦未能正視循環革命之嚴重，遂使『推薦、天與』之公變成為『純自然的』，因而亦成為『純偶然的』，此即所謂『軟罷』。對於『家天下』之繼，若不能形式地正視其為一不合理之制度，而只是順事地內容地拖下去，籠統地納於『天與、天廢』中，則『推薦、天與』之公亦不能形式地當作一合理之制度而被建立起，此即是此公之觀念之所以成為軟罷者。此正是由於太實際、太順事、太內容的緣故。此是『理性之內容的表現』之根本缺陷處。」⑰「理性之內容的表現」有其缺陷是一回事，然尅就「由推薦而天與」之禪讓「公」精神看，其中不只是和平的選替，而無絲毫之「力取」意味，且於其和平的選替中，涵蘊有一德慧在，「天生德於民」，一切依德慧而禪讓而選替，即一切依於天德天意而禪讓而選替，天德即民德，天意即民意，故此中雖無一客觀的民主形態，然却具一形上的理型民主形態，「天子不能以天下與人」，是以舜禹之有天下，非堯舜與之，民與之也，今之民主制度只依多數的「量」（選票）來選替，而禪讓則依絕對的「質」（道德的慧識）來選替，依「量」以求「質」，未必眞能獲得絕對的品質保證，依「質」以求「質」，則必可得到絕對的品質，由是吾人可謂本乎禪讓的精神，才眞可達到「選賢與能」的目的，亦最具有「民主」的意義。

## 四、無爲而治的眞義與禮教的性格

禪讓之精神能確立，則帝王自會時感不足而不敢有予智自雄之心，政權既公於天下而非任何一個人或一群人所得而專擅，則君當無爲，並求天下之賢能者以共治之，其一心所圖，唯以擴大其胸襟，開展其心量，使自身勿蔽於情慾，勿縱於逸樂，而以天下之蒼生爲念，再本此心以任百官，如是，其位之尊，乃因於以人民之尊之而爲尊，非以其得掌握政權、統禦萬民之自尊而尊也，一心以蒼生爲念而任百官，則所見的唯百官之政績，而自己似全無作爲，只是如如地敬重於其任賢之分位而已，論語：

子曰：「無爲而治者，其舜也與？夫何爲哉？恭己正南面而已矣。」（衞靈公5）

恭己者，修德於己，時時思如何使自己之德恰如其分位也，而「正南面」之正，即以其正而正人之不正。帝王之欲思其德恰如其位，即當由德性之覺醒而完成其純德無限之人格以法天，天地之德無不涵蓋，無不持載，却不把持、獨裁萬物，而讓物各遂其生，各得其所，帝王法天德，亦當拆散其現實上權位之無限之抓緊、把持與膠固，使之讓開一步，而於此讓開一步中，必涵「以其正而正人之不正」之義，物各付物，各正性命，使整個社會呈顯一「老者安之，朋友信之，少者懷之」（公冶長26）的天地氣象，於此氛圍中，人民不但忘却有帝王之權位存在，帝王亦忘却其自身之權位存在，正如人之忘却天地之生我養我，而天地亦不自顯其自己對人之被澤一般，此雖與莊子所謂「人相忘于道術，魚相忘于江湖」之精神相契，然儒家之無爲與道家之無爲畢竟不同，蓋「道家尚自然、無爲，反對統治，故純持放任主義，不許有力者宰制萬物，惟任人各適其性，各盡其能，而萬物莫不贍足，此道家論治化之要旨也。孔子亦贊成堯舜無爲而治，但不同於道家之無爲，蓋以大公之道，聯合衆志而爲之，無私弊，無廢事，是孔子之無爲也，若一切放任而廢領導，則群衆渙散，萬事俱廢，非化道也，然不許宰物之意，仍與老子相符；又復當知，群衆經過領導之後，人人皆習於互相輔助，每一個人既能自主，又能視人猶己，如此，則老氏主張一切放任而萬物贍足之理想，終當實現也，但未經過領導，則老子之說不可行。」⑱儒家「大公之道」是德性之興發大用（即參贊化育），故是一「無私弊，無廢事」的爲，而道家反一切人能，其遮撥一切依於私意計較、私智穿鑿的「爲」，依於下等欲望、依於師心自用純然是習氣的「爲」，乃至依於家言邪說立一理以架空造作的「爲」，此固是反其所當反，然人之正面本德性天理之「爲」則不可遮撥，不可反，儒家說「無爲而無不爲」之意義與根據，與道家不同，「無爲」是遮撥私意私智之爲，「無不爲」是本德性天理以興發大用，此以德性天理爲根據，才眞可說「無爲而無不爲」，而道家之「無爲」，固亦是遮撥私意私智之「爲」，而「無不爲」則却只是

「自然之變化」，只是休養生息，而且一任生息所可能之自然限度之自適自化，此中無人之正面德性之透露，故不涵參贊的作用，無價值理想的意味，其非本於德性天理以生化，只是自然的，而無先驗依據以保證之，則其所謂的「無不爲」便不能是無限、永恒的，而有消逝斷滅枯萎的可能[19]，故知唯本於儒家聖王之輔而不王，爲而無爲，使每個人既能自主，又能視人如己，「各正性命，保合太和。」如是，道家「無爲」之治才能獲得保障與圓滿。

儒家之「無爲而治」既不是一如道家之放任自然，則帝王自當以德爲治，始能落實政治理想，而獲得人民的支持與尊戴，此德治，是先以仁德立自己，次則以仁德化人民，論語：

子曰：「爲政以德，譬如北辰，居其所，而衆星共之。」[20]（爲政1）

子路問君子。子曰：「修己以敬。」曰：「如斯而已乎？」曰：「修己以安人。」曰：「如斯而已乎？」曰：「修己以安百姓。修己以安百姓，堯舜其猶病諸！」（憲問43）

大體而言，政治之所以有缺失，君與民之所以有矛盾，主因即由於君採用與民兩種不同行爲標準所致，而君之一切不合理的要求，皆來自於君將其自身之行爲，要放於對民要求標準之外，此即政治問題之發生，皆出在統治者之自身，而不是出自老百姓，識此，君當減少乃至廢除其對人民的要求，使人民在精神上與物質生活上，能多得到自由的保障，而更當將其要求於民者，先求其自身，先從自己求實現[21]，「爲政以德」，不只在個人生活上求立其自己，更要在政事上盡其所應盡之責任，表現其從政應有的風範與氣識。尅就個人之生活層面言，人君能在生活中踐其德（此德即基於人性之所發），老老、長長、恤孤，自能通於天下之人，使民受此薰陶而興孝、興弟、不倍，所謂「君子篤於親，則民興於仁；故舊不遺，則民不偷。」（泰伯2）尅就政事層面言，當薄稅歛，減少政府開支，藏富於民，使民安逸其生活，敬其事而自守以信，時時以人民爲主體，從人民之好惡處設想，所謂「敬事而信，節用而愛人，使民以時。」（學而5）「卑宮室，而盡力乎溝洫。」（泰伯21）凡此，都將使民感動，而獲得支持與愛戴，要之，君當對人性信賴，修己安人，儘可能拆掉一切刑罰詐僞等施於人民之強制力量，用禮來啓發、薰陶，以蔚成善良之社會風氣，才眞能鼓舞、提撕全民向善之精神，而步向政治的理想境界，故論語：

子曰：「道之以政，齊之以刑，民免而無恥；道之以德，齊之以禮，有恥且格。」（爲政3）

季康子問政於孔子曰：「如殺無道，以就有道，何如？」孔子對曰：「子爲政，焉用殺？子欲善，而民善矣！君子之德風，小人之德草；草上之風，必偃。」（顏淵19）

「道之以德，齊之以禮，有恥且格。」足見儒家之政治理想所追求的，在於道德的提撕與禮教的薰陶，此即根本不在求刑罰之公平，不在求刑罰之有效，而在刑罰之消失，刑罰之無處可用，此所以子曰：「聽訟，吾猶人也；必也使無訟乎！」（顏淵13）蓋刑法之存在，原基於現實之需要及全體利益之考量而產生，此即刑法之存在，只基於實效的理由，而非道德的理由，依儒家，由仁心及仁心直接所生發者，如不忍仁之心、羞惡之心、辭讓之心等等，始稱爲「道德的」，作爲懲罰或報復工具之刑法，不可能直接以仁心爲根據，在刑罰之下，人之自尊因被罰而喪失，其人被降格爲他律、被制約、被主宰爲自然動物，自與以「民」爲主，視人爲自主自律之道德主體的政治理想精神大相背異，故就儒家而言，「民免而無恥」之刑法，是一種對人格尊嚴貶抑之不光榮的措施，乃原則上當設法消除的，然落到現實上來，人畢竟未臻於「從心所欲，不踰矩」的聖境，總有種種氣質障蔽之表現，刑罰雖易使人「無恥」，但終可「民免」於一時，此「民免於一時」，自有其功利價值在，不可一概抹煞，故孔子亦對其持著「暫時性」的保留，而有限度的予以同意，此所謂「暫時性」、「有限度性」，意即：刑罰在理想上最後終將被廢除，而對當前人之氣質障蔽，對妨礙理想社會之進步阻力，將不同意功利主義者之完全依賴刑罰作爲嚇阻之用，只讓它居於敎化週邊的輔助地位㉒，而始終以德治、禮敎爲主導。

禮與刑同是禁民爲非之具，然二者有截然不同的性質，蓋「禮者禁於將然之前，而法者禁於已然之後，是故法之用易見，而禮之所爲生難知也……，禮云禮云，貴絕惡於未萌，而起敬於微眇，使民日徙善遠罪而不自知也。……以禮義治之者積禮義，以刑罰治之者積刑罰。刑罰積而民怨倍；禮義積而民和親。故世主欲民之善同，而所以使民之善者異，或導之以德敎，或敺之以法令，導之以德敎者，德敎行而民康樂，敺之以法令者，法令極而民哀戚。」㉓此即「道之以德，齊之以禮」（禮是德之形見處），可時予人以理性上的啓發與價值的觀念，使人觸其善幾而復性，此所以能興民也，「道之以政，齊之以刑。」則一切都只是外用的犀利，毫無提撕之本，故民即或一時得「免」，本質上仍只是攪拌其潛隱之渾沌，使人盲爽而癡呆，此所以激民也。牟宗三先生謂：「民之守法，不本於其理性之自覺，而乃迫於外在之利害與功利而爲外鑠者；而上之製法，亦不本於光明理性之客觀化，而乃繫於急切之功利，主觀之私欲。故此種法乃上無根下無着者。上無根。故必歸於權術。下無着，故必重吏，督責刻深。此中國法家，雖可偷一時之便，而終不可以成治道也。」㉔所言甚諦。能於功利、過惡之幾初動處，即加以截斷，不俟惡之積，而力不足以克之之時，始用刑罰以壓迫之，此所以禮敎之優於刑罰也。

昔法家依君術而引生之刑罰，只爲保障一君之權利着想，其不如禮敎固矣，即今民主體制之所謂法治，亦不若禮敎之具有意義，今之法律主要在保障人我間之權利平等，互不相害，然亦易使人因自覺法律之能保障我之權利，而生一爭權之私，至而利用法律之漏洞以爭取各種權利，此種出自私慾意識而逼出之以法律保障權利的制度，無法眞使人體識法律之價值乃超越個人私慾之上，而有普遍肯定一切人之客觀權利之理性活動的功能，人如出於此私慾而肯定、堅持爭權利之意識，則未必能善用其外表行動之自由，從事有意義的文化價值，此假法律之保障以追逐個人之名位、財富等等的「感性自由」，如無「理性自由」以制之，則法律所保障之自由權利將反而淪爲個人或社會鬥爭的工具，使社會潛伏著不安與危機，易言之，光憑法治，人亦根本無由培養「尊人卑己」的敬讓精神，唯本乎德治禮敎，才能使人跳出「消極的、平等的肯定他人與我同有此受法律保障之權利」的限囿，而主動先對他人之權力加以「承認、尊重」㉕，唯能「先人後己」，法治才眞可袪除其弊端，此所以禮治精神高過法治精神之故。

可見依於禮，則統治者不須強制人民遵從其意志，而人民自然能克己復禮以自治，社會因而形成人與人之間的和諧，由是知夫禮對政治之效能，乃是一祥和之氣來自其自身，而非由外在強制引來的秩序，此所以論語：

有子曰：「禮之用，和爲貴。先王之道，斯爲美；小大由之。有所不行，知和而和，不以禮節之，亦不可行也。」（學而12）

總之，「法的重要性，在保護人之權利。而禮之重要性，則在導達人之情感。權利是物質上的，而情感則是性靈上的。人類相處，不能保衛其各自物質上之權利，固是可憂，然而不能導達其相互間之情感到一恰好的地位，尤屬可悲。權利是對峙的，而情感則是交流的。惟其是對峙的，所以可保衛，也可奪取。惟其是交流的，所以當導達，又當融通。因而禮常是軟性的，而法則常是硬性的。中國社會沈浸在此禮尚的風氣中，一切講交情，講通融，像是缺乏力量。但弱者在其間，却多迴旋轉身之餘地，因此一切可以滑溜前進，輕鬆轉變。」㉖儒家提倡的禮治，正是要人君無能，而多把責任寄託於社會，以禮俗來取代法律，以教育來代替治權，以師長來替換官吏，以情感來接替權益，此即論語禮治之性格。

## 五、從政的識量與任舉之道

理想的政治，人君當求無爲而治，嚴以律己，更要以識量自養，有識，始能照見自己，契會他人，有量，才能容納他人，安頓自己。

人君要無爲而治，首當消解其在政治中的主體性，消解之道，即是將其才智轉化爲一種德量，才智在德量中自我否定，好惡在德量中自我否定，使兩者不致與政治權力結合，而構成一強大的支配慾，如是，人君自身才顯一「無爲」的狀態，君若有爲，人臣便是一群「聰明底奴才」，不聰明，人君看不起，不奴才，它即無法立足㉗，故唯人君無爲，人臣乃能有爲，人臣有爲，天下乃眞能大治，即或昏君，亦不致驟然廢國，擢才於國大矣哉，故論語：

舜有臣五人，而天下治。武王曰：「予有亂臣十人。」孔子曰：「才難，不其然乎？唐虞之際，於斯爲盛。有婦人焉，九人而已。三分天下有其二，以服事殷。周之德，其可謂至德也已矣！」（泰伯20）

子言衛靈公之無道也，康子曰：「夫如是，奚而不喪？」孔子曰：「仲叔圉治賓客，祝鮀治宗廟，王孫賈治軍旅，夫如是，奚其喪？」（憲問20）

知人不易，求才尤難，唯人君自養其德，從德中生識，才可能拔擢人才，使賢者直者在位，能者在職，以推動政令，向政治的理想邁進，論語：

樊遲問仁。子曰：「愛人。」問知，子曰：「知人。」樊遲未達。子曰：「擧直錯諸枉，能使枉者直。」樊遲退，見子夏曰：「鄉也吾見於夫子而問知，子曰：『擧直錯諸枉，能使枉者直』，何謂也？」子夏曰：「富哉言乎！舜有天下，選於衆，擧臯陶，不仁者遠矣；湯有天下，選於衆，擧伊尹，不仁者遠矣。」（顏淵22）

「擧直錯諸枉」，使不仁者遠矣，即是一種「識」，一種政治的智慧，此智慧不只是一「方以智」的智慧，更是一「圓而神」的智慧，不只是一「認識心」的智慧，更是一「道德心」的智慧，即此智慧是仁心的靈覺：以「仁」爲主，而顯「德性」，德性一顯，本心呈露，則本心亦自有其靈光之覺照，故曰「德慧」。人君依此德慧，自能知人善用，知人，不只可識賢不肖，更可辨直枉，「蓋人之難知，不在於賢不肖，而在於枉直。賢之無嫌於不肖，不肖之迥異於賢，亦粲然矣。特有枉者起焉，飾惡爲善，矯非爲是，於是乎欲與辨之而愈爲所惑。今且不問其善惡是非之迹，而一以枉直爲之斷。其直也，非，可正之以是也，陷於惡，可使向於善也，則舉之也。其枉也，則雖若是焉若善焉，而錯之必也。如此，而人不相飾以善，不相爭於是，不相掩於惡，不相匿於非，而但相戒以枉。枉者直，則善者著其善，不善者服其不善，是者顯其是，非者不護其非，於是分別善惡是非而不忒，又何難哉！此所謂知人之方也。」[28]人君本乎仁心發智以任學，則此智便能在仁義之綱維中通曉事理之分際，而不致陷入政治權術之機括中，此即是儒家政治智慧的性格，在道家，所謂「智」只是順「從知性到超知性」之一路走而顯的「認識心」，只是呈現一片乾冷晶光之超知性的「道心」，始終未轉至性情的仁心上來，而儒家由盡心盡性、盡倫盡制透至「超知性境」所發露的「智」，從未單獨考察此智以及其所超越之「知性之智」，因其所注意的唯在顯仁心（仁心即道德的天心），而不是認識的心[29]，此正是儒、道二家持「智」互異之癥結所在。

君本「仁以潤之」的政治智慧來任舉，則此任舉隨德走，不隨智走，亦即以德爲主，不以智爲主，以德爲主，可感化人而「能使枉者直」，心中坦坦蕩蕩，邪僻無由親近，故「不仁者遠矣」，一切直依天理而行，則君心所顯的，即是一不起意之「無善無惡」之天心，此天心，乃「民之秉彝，好是懿德」的良心，人君以此天心照會天下，一切任舉，適得其所，一切革調，恰如其分，一切褒貶予奪，一如其實，則朝中無暗門，明爭更無由而生，而民亦因以感戴、悅服，故論語：

哀公問曰：「何爲則民服？」孔子對曰：「舉直錯諸枉，則民服；舉枉錯諸直，則民不服。」（爲政19）

子曰：「吾之於人也，誰毀誰譽？如有所譽者，其有所試矣。斯民也，三代之所以直道而行也。」（衞靈公25）

人君直道而行，而直道本於人心之大公，人心有大公，則君可以不加毀譽而直道自見，即或失察而遺漏網羅賢才於一時，人亦終必本其直道之精神而主動推薦之，故論語：

仲弓爲季氏宰，問政。子曰：「先有司，赦小過，舉賢才。」曰：「焉知賢才而舉之？」曰：「舉爾所知，爾所不知，人其舍諸？」（子路2）

「君之所以明者，兼聽也；其所以暗者，偏信也。」㉚故人君能兼聽以納下，則貴臣不得壅蔽，下情亦得以上通，如此，擇賢之眼光才更開濶；然人才之任舉，關係著國事之興廢，而衆人亦有受矇蔽之時（如視「鄉愿」爲善者等），其推薦未必皆臻於善，是以人君當愼重考察、選擇，不可全然遽以衆人之好惡來斷是非，論語：

子曰：「衆惡之，必察焉；衆好之，必察焉。」（衞靈公28）

子貢問曰：「鄉人皆好之，何如？」子曰：「未可也。」「鄉人皆惡之，何如？」子曰：「未可也；不如鄉人之善者好之，其不善者惡之。」（子路24）

子曰：「君子不以言舉人，不以人廢言。」（衞靈公23）

「庸人於人之善不善，不能知也，故常以其言考之；於言之善不善，亦不能知也，故常以其人卜之，惟君子之於人也，擧之初不以言擧之也，蓋以言擧人，則人之不賢者，飾空言以進，而用人之途混矣，即人之賢者，亦僅以空言見知，而用人之途亦混矣，故君子不爾也，君子之於言也，廢之亦非以人廢之也，蓋以人廢言，則言之善者，因生平之行而見棄，而言者不服矣，即言之不善者，亦僅因生平之行而見棄，而言者亦不服矣，故君子又不爾也，則以是見君子之至公也，又以是見君子之至明也，以是見君子之至愼，又以是見君子之至恕也。」㉛以「公明」（智）、「愼恕」（仁）的態度擇人，即見人君之政治智慧乃本於仁義之生發，擇臣能本乎仁義，則其擇就不是一「黨同伐異」的選擇，不是一「隨心所欲」的自由，而是先承認每一對象皆有可能入選的自由，再以「最可能實現價值」者爲準則對之作一規定，從而比較選擇之，「唯仁者能好人，能惡人。」（里仁3）君能「好而知其惡，惡而知其美。」而後能擇人，蓋由仁生發之政治智慧，始眞能辨識忠奸，發現人之人格價值、言語價值者而好之，其無價值反價值者而惡之，一切依夫仁心而擇，則其擇所顯之自由乃「智」之眞自由也。

人君既愼重擇臣，自當信任其賢而作育之，使其行政各通其情而合於義，一切功業，盡量讓群臣來凸顯，以增其自信，一切過錯，盡量由自己來擔當，以示對任擧的負責，「躬自厚，而薄責於人。」（衞靈公15）躬自厚，乃表示人君良心的自覺，與德性修持的莊嚴，薄責於人，即是予臣下一點應有的人格尊重與人情的溫暖，論語：

周公謂魯公曰：「君子不施其親，不使大臣怨乎不以。故舊無大故，則不棄也。無求備於一

人。」（微子10）

「天下無全材，亦無棄材。」人君如何對臣下可責求完備？夫責備，原不在追究過去，而是在策勵將來，君薄責而不棄，才易使臣在冷靜中鑒往知來，增進其處事的智慧，從而對未來充滿希望，而人君尤當嚴以律己，「尊賢而容衆，嘉善而矜不能。」（子張3）誠懇接受臣民的指正與批評。使其言而是，此「是」乃印證於客觀事實之上而得其「是」，吾何苦而不從？使其言而非，此「非」亦可從反面以凸顯出客觀事實之「是」，吾可由客觀事實之是與以辨明而溝通之，又何苦堅決止遏，不容他人分說？一味抹煞人之言論，抹煞人之價值，「使大臣怨乎不以」，將導致君臣決裂，造成政治危機，是以人君當自養其「量」，如是，不僅可容納他人，實亦可使自己的生命，迴旋於更寬廣之地，而獲得安頓。政治原本不是靠排斥異己來安頓自己，而是靠了解異己，在與異己者之相反相成而各完成其分際中，才能安頓自己㉜，「寬則得衆，信則民任焉。」（堯曰1）君有政治上的「量」，推誠於天下，才眞能獲得人民的支持與愛戴。

由是知夫人君須具有「識」，亦要具有「量」，識與量皆由修養而來，「人量隨識長，亦有人識高而量不長者，是識實未至也……，江河之量亦大矣，然有涯，有涯亦有時而滿，惟天地之量則無滿，故聖人者天地之量也。聖人之量，道也，常人之有量者，天資也，天資有量須有限……，然惟知道者，量自然宏大，不勉強而成。」㉝人君識得無爲而治之大道，自知全幅讓開散開，以德爲治，就個體而「順成」，使人人皆得其所，各得其生，物各付物，使群下分別在各工作崗位上顯現其才能，而不見人君自己的才能，使群下成其功業，而不見人君自己的功業，此「隱己顯人」的氣度，即是人君最大之「量」的表現，論語：

子曰：「大哉！堯之爲君也。巍巍乎！唯天爲大，唯堯則之；蕩蕩乎，民無能名焉；巍巍乎！其有成功也；煥乎！其有文章。」（泰伯19）

人君之「量」能如堯之與天相準，則民無能名，只見其有成功、有文章，猶天之四時行百物生，而無可稱也。誠然，人君除了不驕矜奢縱外，更重要的，即其人雖放眼天下，心懷一高遠之理想，然其篤實光輝處，則在於能屈抑自己之英武，而返身回到群衆集團中。只顯群臣之功德，而自隱其功德，如此，則雖「民無能名」，其「巍巍」、「蕩蕩」的政治風度，却具有力量，而使人心服；此力量，如風擺物，擺者乃物而非風，如度正形，正者是形而非度；其力非不可抗，乃自不抗，使人覺得不可抗者，終究還要抗，其力量不可久㉞，人君具有大「量」，才眞具「風行草偃」的潛力，而向聖王之道路挺進。

## 六、正名的意義與君臣的互內關係

上謂君當自養識量，自我責全，此只尅就人君之立場而言，並非一切政事只求備國君，不過問他人，實則政治是衆人的事，光靠人君一人之自求，無以濟事，必須上下之每一人都盡其應盡之本分，當其應當之職守，國家才有作爲，政治亦才能上軌道。夫政治，其終極原即在充實人性，發揮善性，使每一人認淸其分位（分是本分，位是名位，有名位即當盡本分，分是責，位是職，有其職即應盡其責），從而實現其分位上在社會關係中的道德要求，論語：

齊景公問政於孔子。孔子對曰：「君君、臣臣、父父、子子。」公曰：「善哉！信如君不君，臣不臣，父不父，子不子；雖有粟，吾得而食諸？」（顏淵11）

上「君」、「臣」、「父」、「子」字表個人在群體中所處的地位，及由此地位而生的職務或功能（此中「君」「臣」是社會地位，「父」「子」是自然地位），下「君」、「臣」、「父」、「子」字係依上述之地位及關係所包含的道德要求，此道德要求不只是一種權利，更是一種義務；而所謂「君君、臣臣、父父、子子」即是君臣父子應各對其地位及關係的「名」之背後的意義與價值有所體識，從而實踐其分位上的道德要求，人人能正確體識其自身之分位之後的意義與價值，從而自我力行，以滿足其道德要求，此即是「正名」的意義。正名，則可釐定是非善惡的標準，維護人倫的秩序，整個社會乃能和諧，政治亦才能在安定中向理想之境而趨，故政治當以「正名」爲先，論語：

子路曰：「衞君待子而爲政，子將奚先？」子曰：「必也正名乎！」子路曰：「有是哉！子之迂也。奚其正？」子曰：「野哉！由也。君子於其所不知，蓋闕如也。名不正，則言不順；言不順，則事不成，事不成，則禮樂不興；禮樂不興，則刑罰不中；刑罰不中，則民無所措手足。故君子名之必可言也，言之必可行也，君子於其言，無所苟而已矣！」（子路3）

「名」之所以爲「名」，即因於它所具有的「實」（即實質，指其背後所具之意義與價值），名能恰如其實，是謂「名正」；名正，人才能從名中認識「人的眞實」、「事的眞實」、「物的眞實」；而「言」只是表達眞理的工具，名如無正確涵蘊其所以爲名之「實」，則「言」所敍述的「名」即無法導人於「名」所具之正確的觀念與定義中，故云：「名不順，則言不順。」「其言之不怍，則爲之也難。」（憲問21）生命道德的學問，「言」與「行」是不可分的，言必須是能行的言，所以謂「名之必可言也，言之必可行也。」能行的「言」代表著道德的眞理，此與實驗科學的眞理不同，科學的知識與理論不一定要有實際的應用，而道德的眞理則必須仰賴「行」來完成，言如不能恰如其分地表達眞理，則人依言而行，自會偏離道德㉟，此所以謂「言不順，則事不成。」事（指個人分內所應行的道德之事）不成，社會中之人際關係無法達到和諧，自然「禮樂不興」，禮樂不興，名分紊亂，職責不明，政府即或頒布禮法政令，刑罰亦無以與之相契（合於禮法之刑罰，其義只是在否定否定者，以見肯定，從而托顯人類集體生活的條理），如是，天下之民也就「無所措手足」而不知何去何從了，此所以孔子論政，首重「正名」。

「正名」不只就「人」之分位上言，物與事，亦皆當正名，論語：

子曰：「觚不觚，觚哉？觚哉？」（雍也23）

季康子問政於孔子。孔子對曰：「政者，正也；子帥以正，孰敢不正？」（顏淵17）

觚是酒器，有稜，其義在戒人貪飲，如破觚爲圓，便於就口持飲，酒量必多，易使人酩酊醉醺，如此之觚，已失其原義，觚失其實，自不可稱爲觚。

而政治，乃衆「人」之「事」，就事言，必以正道，不可偏邪，故曰：「政者，正也。」就人言，政，从攴从正，亦从正聲，攴本作「小擊」解，有「督敎」涵意，此即說明了從政者當以正道修身，使臣民同趨於光明正大之道㊱，故曰：「子帥以正，孰敢不正？」政治既是從政者引導臣民趨向確當之行政措施，則上焉者尤當率先士卒，以身作則，故論語：

子曰：「其身正，不令而行；其身不正，雖令不從。」（子路6）

子曰：「苟正其身矣，於從政乎何有？不能正其身，如正人何？」（子路13）

「正身」是「正名」的實踐與完成，有此實踐，「正名」才不致落空，而成爲徒具形式的虛文，君能「正身」，則其「純粹照顧全體」之意志才能凸顯，其位亦才能爲人所尊重，政事上之一切人皆能正其身，各別凸顯其「照顧大小不同範圍之群體」的意志，則其位的價值，亦同樣必皆爲人所尊重，君臣之位，原只是爲成民務而設，爵位之等級，依於責任之大小，故君位不是一絕對，顧炎武謂：「爲民而立之君，故班爵之意，天子與公侯伯子男一也，而非絕世之貴。代耕而賦之祿，故班祿之意，君卿大夫士與庶人在官一也，而非無事之食。是故知天子一位之意，則不敢肆于民上以自尊。知祿以代耕之意，則不敢厚取于民以自奉。不明乎此，而侮奪人之君，常多于三代之下矣。」㊲誠哉斯言！君臣既皆以「成民務」而結合，「成民務」是道義的，故彼此是一互內的結合，其位分亦是相對之橫的義務關係，而非爲一互爲外在之縱的權力關係，君與臣在職務上義務上雖有統屬關係，在人格上則是對列的平等，故當相互尊重，論語：

定公問：「君使臣，臣事君，如之何？」孔子對曰：「君使臣以禮，臣事君以忠。」（八佾19）

人民爲求君王之原有「照顧全體」之意志能實現，自會主動地接受君之指導與命令，而賦予統治的權力，「臣事君以忠」，即因於臣相信君之意志確能照顧全體、涵蓋全體而忠之，此即其忠乃依於人臣之忠於全面人生文化價值的愛，與望其俱成的正義感，亦即忠於人臣自身所具有之高度的仁義之心；而「君使臣以禮」，亦因於君之相信群臣之能各依其分位而完成「照顧大小不同範圍之群體」的神聖任務而「禮」之，朋友以義合，君與臣之關係，與朋友同科，亦以義合，故臣之事君，與交友一樣，應基於同一態度，論語：

子游曰：「事君數，斯辱矣；朋友數，斯疏矣。」（里仁26）

君臣關係與朋友關係同列，而不與父子關係相提並論，即見其關係是自由的結合，此與「父子以天合」者不同，自由的結合乃合者留，不合則去，君非絕對的自尊，臣亦非絕對的奴才，彼此間只是尊戴、涵融的「公」關係，而非統屬、主奴的「私」關係，論語：

子貢曰：「管仲非仁者與？桓公殺公子糾，不能死，又相之。」子曰：「管仲相桓公，霸諸侯，一匡天下，民到于今受其賜。微管仲，吾其被髮左衽矣！豈若匹夫匹婦之爲諒也，自經於溝瀆，而莫之知也。」（憲問18）

尅就桓公與子糾之爭言，其爭純是鬩牆之爭，奪權攬國之爭，不論勝負誰屬，皆非義，君臣以義合，管仲不爲非義之事而死，實不可苛責其爲不忠，而「齊桓公正而不譎」（憲問16），雖不如文王之「至德」，然彼之心胸豁達，能「尊王攘夷」，值得管仲輔佐，致而有「一匡天下，民到于今受其賜，微管仲，吾其被髮左衽矣」的政績，孔子美管仲之能承擔世運以就大義，不爲小諒而殉其上，足見社稷重於君，民族重於君，文化重於君，此「抑君權」與要求君當「無爲而治」的「虛君權」，正是儒家之不以君爲至尊至上的證明㊳，而臣非君之私奴，亦於此中凸顯，可知由君臣關係之絕對化，因而顯出人君特爲尊貴的觀念，乃長期專制政治下之產物，非儒家原始思想所具有者。

## 七、剛健的臣道與「道隱」的情調

君臣以義合，故人臣亦當正其身，使其行爲合於義，求合義，首當自養以寡欲，「無慾則剛」，唯剛，乃能伸乎事物之上，而無所屈撓，如是，富貴貧賤，威武患難，乃至利害毀譽之變，皆不足以懾其氣，動其心，於其崗位上，才能直道而行，化格民衆，論語：

季康子患盜，問於孔子。孔子對曰：「苟子之不欲，雖賞之不竊。」（顏淵18）

柳下惠爲士師，三黜。人曰：「子未可以去乎？」曰：「直道而事人，焉往而不三黜？枉道而事人，何必去父母之邦？」（微子2）

子張問曰：「令尹子文三仕爲令尹，無喜色；三已之，無慍色；舊令尹之政，必以告新令尹。何如？」子曰：「忠矣！」曰：「仁矣乎？」曰：「未知，焉得仁？」「崔子弒齊君，陳文子有馬十乘，棄而違之。至於他邦，則曰：『猶吾大夫崔子也。』違之。之一邦，則又曰：『猶吾大夫崔子也。』違之。何如？」子曰：「清矣！」曰：「仁矣乎？」曰：「未知，焉得仁？」（

公冶長19）

三仕無喜色，三已無慍色，此即不以私人之得失掛縈其心如柳下惠者，一切只問政事如何更進步，如何做得更好，如何造福百姓，故而以舊政告新尹，使之更進入狀況，得心應手，此「忠」於職守的表現，與能棄祿位如敝屣，灑然一身，心無窒礙之至「淸」，皆同出於人臣之剛，此剛表現爲「忠」、「淸」的情操，雖仍只是偏德，然已邁向全德之仁境一步矣。

唯剛，亦才能無倦，而有持久的毅力，盡忠職守，爲民表率，論語：

子路問政。子曰：「先之，勞之。」請益，曰：「無倦。」（子路1）

子張問政。子曰：「居之無倦，行之以忠。」（顏淵14）

「居」是存諸心，「行」乃發於事，「無倦」，則始終如一，「以忠」，則表裏一致，人若能剛健而無倦怠，自然精進不已，反之，必厭煩而行事苟且，雖忠亦難持久，故剛乃人臣從政首當講求的態度，況理想的政治是一無盡的實踐歷程，無剛，如何可以貫徹始終？故論語：

曾子曰：「士不可以不弘毅，任重而道遠。仁以爲己任，不亦重乎？死而後已，不亦遠乎？」（泰伯7）

剛是剛毅果斷，不是勇烈鹵莽，剛毅則知所循序漸進，強力而堅靭，故能任重道遠，行事由是而成也；鹵莽則急躁搶功，事前無周延之考量，只圖小利而不能從大處着眼，行事由是而敗也，足爲從政者戒，故論語：

子夏爲莒父宰，問政。子曰：「無欲速，無見小利。欲速，則不達，見小利，則大事不成。

」（子路17）

唯剛，自能心中坦坦蕩蕩，由是而生發諫諍的道德勇氣，直言不諱，故事君有犯而無隱；有意瞞人便是欺，無隱，即不自欺，亦不欺君，論語：

子路問事君。子曰：「勿欺也，而犯之。」（憲問23）

不自欺，不欺君，此乃自消極方面言，爲人臣者尤當積極的推薦人才，知人忘己以事君，論語：

公叔文子之臣、大夫僎與文子同升諸公。子聞之，曰：「可以爲『文』矣。」（憲問19）

子曰：「臧文仲其竊位者與！知柳下惠之賢而不與立也。」（衛靈公14）

公叔文子不念家臣之賤，而引之使與己並立於朝，其忘己推賢之盛德由是可見，故孔子美其可以「文」爲諡。政治屬大衆的，人人原即有參與之權利，爲國舉才，亦是人臣之責，豈可如臧文仲之蔽賢而不舉，成爲尸位素餐之臣？

政治既是衆人之事，則行政必須先滿足人民現實的需要，亦即必須以人民之自然生命要求居首要地位，然後再提撕人民之道德精神於現實之上，以步入理想的境域，論語：

子適衛，冉有僕。子曰：「庶矣哉！」冉有曰：「既庶矣，又何加焉？」曰：「富之。」曰：「既富矣，又何加焉？」曰：「敎之。」（子路9）

一切政事既應以人民爲主體，則爲人臣者當處處爲人民之福祉着想，計利當計天下利，以一切人民之利爲利而全力以赴，即是義，如此，斯可以從政矣，論語：

子張問於孔子曰：「何如斯可以從政矣？」子曰：「尊五美，屏四惡，斯可以從政矣。」子張曰：「何謂五美？」子曰：「君子惠而不費，勞而不怨，欲而不貪，泰而不驕，威而不猛。」子張曰：「何謂惠而不費？」子曰：「因民之所利而利之，斯不亦惠而不費乎？擇可勞而勞之，又誰怨？欲仁而得仁，又焉貪？君子無衆寡，無小大，無敢慢，斯不亦泰而不驕乎？君子正其衣冠，尊其瞻視，儼然人望而畏之，斯不亦威而不猛乎？」子張曰：「何謂四惡？」子曰：「不敎而殺謂之虐，不戒視成謂之暴，慢令致期謂之賊，猶之與人也，出納之吝，謂之有司。」（堯曰2）

「因民之所利而利之」，則養民「惠而不費」，「擇可勞而勞之」，則使民「勞而不怨」，此全以民爲主體的政治措施，正符仁政之實施要領，至於「欲而不貪，泰而不驕，威而不猛」，雖是修身之要，然修身即治民之本，而仁，乃心之德，從政者如能以欲仁之心而保合其德，推廣其愛之理，自可行仁之實，欲而不貪；「凡物本無歧形也，吾處之者不能一念，而衆寡分矣。凡事本無殊勢也，吾應之者不能一心，而大小見矣。操存於此，以待天下之來，既無玩人，則人得而已亦得矣。既無廢事，則事安而心亦安矣。」㊴此所以謂「君子無衆寡，無小大，無敢慢，斯不亦泰而不驕乎？」而威儀者，乃定命之符也，正衣冠，尊瞻視，所以莊以涖之也，以此顯示從政者之自視其職乃是一具有爲民服務之莊嚴神聖性者，故而不敢隨便苟且也。

上述之尊五美，皆尅就正面論從政者的態度，至於曰虐曰暴曰賊曰有司等四惡的負面表現，不只不以人民爲主體，反鄙視之如草芥，此偏離政治意義已甚，從政者實當屛棄之。

人臣從政，要在執行君上之決策，使其「照顧全體人民福祉」之意志得以步步落實，政治之眞義得以處處彰顯，然世間之人事紛雜，落到現實存在面來，管理衆人之事的政治，必有種種的困限，因而人臣之從政，亦自有種種的艱難，唯有時時充實自己，愼言愼行，培養行政的智慧，才能寡尤寡悔，不辱君命，使行政得以減少障蔽，順利推展，論語：

子張學干祿。子曰：「多聞闕疑，愼言其餘，則寡尤；多見闕殆，愼行其餘，則寡悔。言寡尤，行寡悔，祿在其中矣！」（爲政18）

子路使子羔爲費宰。子曰：「賊夫人之子。」子路曰：「有民人焉，有社稷焉，何必讀書，然後爲學？」子曰：「是故惡夫佞者。」（先進25）

人情事變的經驗都是實學，不可捨棄，而書尤爲智慧的結晶，更不可不讀，況實現政治理想是一無限的歷程，只有時時自我充實，精益求精，「患所以立」，不安於小成，他日才可大就，論語：

子使漆雕開仕。對曰：「吾斯之未能信。」子說。（公冶長6）

時時持著「未能信」而自感不足，然後乃可虛懷若谷，在自己的崗位上奮進不懈，一切人臣能如此自我要求，自可以己之誠信，導民以誠信，凝聚民力，搏結其精神，使政治理想走入民間，散於社會，而贏得民衆的眞誠愛戴與支持，論語：

子貢問政。子曰：「足食，足兵，民信之矣。」子貢曰：「必不得已而去，於斯三者何先？」曰：「去兵。」子貢曰：「必不得已而去，於斯二者何先？」曰：「去食，自古皆有死，民

無信不立。」（顏淵7）

「大哉聖言，眞千古治術之大準也。一切生產，皆足食之政，一切軍備，皆足兵之政，此與以強立國者未始有異。而其與強者天壤懸隔處，則歸本民信是已。信者，誠信，孟子曰：『誠者，天之道也；思誠者，人之道也』，民皆盡其誠信，而遠於狡變、猜疑、凶暴等等惡德，則人極立，而太平之休可致也。以民信言於足食足兵之後者，倉廩實而武備修，然後敎化可行，所以異乎後世迂儒之論……。下文自古皆有死，民無信不立，則信乃人之所以立，即謂人必存其誠信，盡其誠信，始得樹立爲人，否則不成爲人……。夫曰自古皆有死，民無信不立，則是以誠信立國，而與以強立國者根本截異，以誠信立國，則不待以民力立強，而實以誠信結集民力，自無不強，而不至爲凶狡、猜刻、暴戾之強；刑措弗用，民力充實，無待驅策，更無可刼持，民皆自由於誠信之中，食足，而將導養其靈性，於美善的創造，非可淪溺於食之中，以厚自利而食人也，兵足，則以禦強暴侵略，非以殺人而動兵也；故以誠信立國，將率人類而皆暢其天性，以強立國者，將率人類趨於自毀，二者，覺與不覺之分，善惡之辨，得失之數，吉凶之應，昭然判矣。」㊵

「以誠信立國，將率人類而皆暢其天性。」此即有道之邦的氣象，亦即是敞開、自由之社會的典型，敞開、自由的社會根於清明的理性，「始生之者，天也。養成之者，人也。能養天之所生而勿攖之，謂之天子。天子之動，以全天爲故者也。此官之所以立也，立官者，以全生也。」㊶君能本乎清明的理性，才能自盡其道以全天，使百官「各得其所」以全生，否則，便碍了百官之事，碍了庶人之事；若然，則此時人臣仍當一本「以道事君」，不可盲從於君之私慾，如無法格君心之非，而不得已須暫留職守，亦須有不黨大逆的決心，論語：

季子然問：「仲由、冉求可謂大臣矣？」子曰：「吾以子爲異之問，曾由與求之問。所謂大臣者，以道事君，不可則止。今由與求也，可謂具臣矣。」曰：「然則從之者與？」子曰：「弑父與君，亦不從也。」（先進24）

「邦有道，穀；邦無道，穀，恥也。」（憲問1）要爲具臣，不如當大臣，大臣者，乃「陳力就列，不能則止。」（季氏1）如時局到了不可挽救的地步，仕爲行道而道不行，人臣義不可素餐，只有退隱一途了，論語：

子曰：「直哉史魚！邦有道，如矢；邦無道，如矢。君子哉蘧伯玉！邦有道，則仕；邦無道，則可卷而懷之。」（衞靈公7）

子曰：「篤信好學；守死善道。危邦不入，亂邦不居。天下有道則見，無道則隱。邦有道，貧且賤焉，恥也；邦無道，富且貴焉，恥也。」（泰伯13）

當然，孔子「天下有道則見，無道則隱。」此「道隱」只因於對現實政治之不滿而隱，心中却仍念念不忘堅守「化民成俗」的社會責任，此與全然棄絕塵世者之「隱」的精神大相異趣，論語：

楚狂接輿歌而過孔子曰：「鳳兮！鳳兮！何德之衰？往者不可諫，來者猶可追。已而！已而！今之從政者殆而！」孔子下，欲與之言。趨而避之，不得與之言。（微子5）

長沮、桀溺耦而耕，孔子過之，使子路問津焉。……（桀溺）曰：「滔滔者天下皆是也，而誰以易之？且而與其從辟人之士也，豈若從辟世之士哉？」耰而不輟。子路行以告。夫子憮然曰：「鳥獸不可與同群，吾非斯人之徒與而誰與？天下有道，丘不與易也。」（微子6）

子路從而後，遇丈人，以杖荷蓧。……止子路宿，……明日，子路行以告。子曰：「隱者也。」使子路反見之，至則行矣。子路曰：「不仕無義，長幼之節，不可廢也，君臣之義，如之何其廢之？欲潔其身，而亂大倫。君子之仕也，行其義也；道之不行，已知之矣！」（微子7）

「桀溺曾勸子路說：『且而與其從辟人之士也，豈若從辟世之士哉？』，孔子的退隱思想與這些隱者的基本不同，即在『辟人』與『辟世』之不同，這是退隱層次的不同，孔子基本上還肯定這個世俗社會，只是堅持自我理想的實現與自我人格的尊嚴，不肯屈道以從君，因此雖不欲隱而不得不隱。故辟人而不辟世，仍不放棄對行道可能性之期望，在態度上是隱居待時，期待『天下有道』的時代之來臨，並不完全放棄或否定世俗社會，我們可稱之為『道隱』或『時隱』。至若桀溺等隱者，基本上已認定『今之從政者殆而』，而對世俗政治社會採取否定的態度，對世俗社會的改善或行道之可能性已不抱期望，只有辟世而隱，全身而退，是一種疏離性的自我放逐，我們可稱之為『身隱』。當然，不管『道隱』或『身隱』，都是對現實政治社會一種無言的抗議。」㊷楚狂接輿、長沮、桀溺、荷蓧丈人之屬的隱者，其不羨慕一切，視外界為無物，而若恬然自安，蕭然自得，此犧牲聞達，犧牲世俗人所營求之一切熱絡的東西，固可養成一深沈的世故，而此中亦自有其道德價值在（此所以孔子尊崇之而「欲與之言」，「使子路反見之」），然尅就其態度之自身而論，其外面却是一生命精神的枯萎，內面是生命精神的僵化；「鳥獸不可與同群，吾非斯人之徒與而誰與」，個人畢竟有其對國家政治的責任，人可隱退，但不應在開始點即以離群索居爲人生最高理想，在消極退隱中當時時抱懷俟時而出的積極精神，「隱居以求其志，行義以達其道。」（季氏11）不忍天下之亂長此終古，此即是儒者「道隱」的情調，故論語：

子貢曰：「有美玉於斯，韞匵而藏諸？求善賈而沽諸？」子曰：「沽之哉！沽之哉！我待賈者也。」（子罕13）

時時抱持俟時而出的積極精神，必有着一股「知其不可而爲之」（憲問39）的衝動，此衝動乃因於人臣深信在一切不能不承擔的不合理之後之上，應有一絕對合理的彼界，故而生發一承擔世運責任之永無息肩之大雄無畏的毅力，此與難忍一時之亂的憤激，自不可同日而語，「小不忍，則亂大謀。」（衛靈公27）懂得暫時將此承擔世運的心志往內斂，不順氣質生命的慣性，掉入性格的坎陷中，而與周遭的黑暗洪流作無效的周旋，以致受到無謂的傷害，此乃儒家「道隱」之一情調，論語：

子謂南容：「邦有道，不廢；邦無道，免於刑戮。」以其兄之子妻之。（公治長2）

子曰：「甯武子，邦有道，則知；邦無道，則愚。其知可及也，其愚不可及也。」（公治長21）

子曰：「邦有道，危言危行；邦無道，危行言孫。」（憲問4）

子謂顏淵曰：「用之則行，舍之則藏，唯我與爾有是夫！」子路曰：「子行三軍，則誰與？」子曰：「暴虎馮河，死而無悔者，吾不與也。必也臨事而懼，好謀而成者也。」（述而11）

「免於刑戮」、「守愚」、「言孫」、「舍藏」貌似明哲保身，自潔其身之道家色彩，然其內中所涵蘊之「要爲社會人群天下國家之治亂負責」之宏願，則爲道家所不具，「無可無不可」、「義之與比」，儒家「時隱」的精神，即在此中凸顯。

## 八、結論

總上所論，論語所持的政治理念，即在求仁政之得以實施，從而展現一「王道的社會」，在此氛圍中，政治資源無固定化，有德者皆可有機會得位，此深具民主精神之「開放領袖」的主張，自與柏拉圖「閉鎖領袖」的主張迥異。而「王道社會」亦與「多元社會」不同，今日由民主制度所產生的所謂「多元社會」，乃是多個利益集團依於各自不同的價值和目標，在一種公平合理的競賽規則中爭取各自不同的利益，在此社會中，不分什麼君子小人，只是讓好事壞事、正義邪惡都有公平競爭的機會，如是的「多元社會」，未必眞能讓人有機會成其爲具有「精神生命」的人，故未必即是一種有價值的多元，而「王道社會」不只肯定了人人皆有仁心，肯定了人之人格皆具有無上的價值尊嚴，更予人以向上奮發的激勵，由是而創發了自由社會的生機，此「王道社會」保住了「人統之正」，保住了仁心仁性的大本原，樹立了人性的尊嚴，使整個社會「道並行而不相悖，萬物並育而不相害。」此正可補救今日 多元社會之「把人互視爲『抽象人』、『概念人』，而不知相互欣賞對方所具有之人的『主體精神』」的流弊。

且所謂仁政，即君臣、庶人之「德德相扶」也，君之行政雖是一「發」、「施」之被覆的舉措，其德亦爲「風行草偃」之德，人民似始終處於一消極、被動的地位，然眞正的用意，在於德治禮敎，使君「無爲而無不爲」，使社會上不見有政治力量的存在，只見人民生趣盎揚於其中，而感其自身有更多之自動自主自樂自在的生活，如是，社會自能保存文化的生機，過着禮樂的生活，故吾人可謂儒家之「無爲而治」，實具最自由最民主的政治型態㊸。

復次，論語之視政治乃因於它間接爲了護持文化價值的創造而具價值，故其理想即是着重將政治地位限制規定在全面的人文社會中，用「道統」來領導「政統」，以提高政治的品質，而要求從政者當培養恢宏的識量，使其心胸衣被整個文化宇宙，兢兢業業以政治力量去護持社會文化的自由發展，此「爲天地立心，爲生民立命，爲往聖繼絕學，爲萬世開太平」的理想精神，正可糾正今人「把政治權力的追求視爲最高價值」的狹窄從政心態，而其「孝乎唯孝，友于兄弟，施於有政，是亦爲政」之無待的從政意識，及禮讓爲國的精神，亦正可消弭人人追求政治權利所引生之衝突於無形。

至於論語所論之君臣關係，雖是一種上下隸屬的關係，然此隸屬關係，不是互爲對立的政體，而是互爲內在的關係，彼此之間並未有「權利與義務相對」的自覺，而是一種替對方設想、體諒的「無對精神」，觀乎今日社會組織，未必具有此「無對」的倫理關係，上下之間往往因權力關係所形成的「對列之局」造成了組織內部疏離的現象，而儒家「無對」的政治格局，正可補救此中的缺憾㊹。

當然，論語之論政，亦有盲點，其「因民之所利而利之」的理念，雖具民主精神，然由於未能發展出一客觀的憲政架構，使眞正「以民爲主」的政治體制建立起來，從而規定、限制政權運用的限度，以致當君之政治權力濫用而陷天下於無道之時，有志之士毫無有效的對治方法，只有「無道則隱」的無奈，其「天下有道，則庶人不議」（季氏2）之主張，雖肯定了人民有批評政治的言論權利，然未兼以強調結社的自由，致使人民之言論無法主動積極透過一有力團體去影響權威性政策的制定與執行，人民建設性之言論是否被採納，全憑君上之好惡，此無法使輿論有效監糾政府，人民一直處於被動、消極的地位等等缺失，皆因於未能從統治者與被統治者雙方立場作一通盤的體認與考量，而建立一客觀的民主架構所致，故要使論語所論之理想政治理念落實，乃必須參擷西方民主制度之長，而今日西方之民主政治，尤當識取論語所論的政治崇高理念，使道德的自覺涵攝在政治之中，如是，民主政體才眞正有其精神根基，並採政敎合一的措施，以人文敎養提高民衆價值判斷的素質，使多數的量（選票）眞能決定「賢能」的品質，以達到「質」、「量」合一的保證，如是，方不致流於「庸俗的民主」，同時亦當培養、倡導論語所論的從政情操，以使人與人、人與社會、人與國家之間產生相互融通的情誼，視對方爲一目的，不視對方爲一工具，彼此不成敵體，則組織內外部之間自不因激烈的競爭而生疏離感，個人、社會與國家的生命在仁心既內在又超越的聯貫下，成爲一體的存在，主客合一，國家社會自能穩定悠久。

總之，論語所持之政治理念與從政情操，在在爲民主制度輸入了精神生命與理想價值，吾人本乎其學術論點以行，當能補濟西方之「只重形式架構」的缺憾，而使民主政治走出更完美的康莊大道來。

## 註釋

①義大利政治學者馬基維里的主張。引自黃奏勝先生著「倫理與政治之整合與運作」（台北・中央文化供應社・民國七十一年出版），頁一一四。

②當代政治學者威拉斯威爾的見解。同上。

③美國學者彌勒特的看法。同上，頁一一五。

④美國學者雷比可夫與紐門的見解。同上，頁一一三。

⑤見國父全集「民權主義」第一講。

⑥同①，頁一一二。

⑦同上。

⑧參見唐君毅先生著「人文精神之重建」（台北・學生書局・民國七十三年六版）中「人文與民主之基本認識」一文之三「政治之消極功能與積極功能」。

⑨引自唐君毅先生著「文化意識與道德理性（上）」（台北・學生書局・民國六十九年四版）第四章「政治及國家與道德理性」一文之五，頁一〇二－一〇三。

⑩引自宋・黎靖德編「朱子語類（百衲本）」（台北・漢京文化事業有限公司・民國六十九年初版），頁二六八。

⑪引自錢穆先生著「論語新解」（台北・東大圖書公司・民國七十七年初版），頁六〇。

⑫參見唐君毅先生著「中國人文精神之發展」（台北・學生書局・民國七十三年六版）中「理性心靈與個人、社會組織及國家（下）」一文之十一。

⑬黃宗羲「明夷待訪錄」「原君」篇云：「有生之初，人各自私也，人各自利也。天下有公利，而莫或興之，有公害，而莫或除之。有人者出，不以一己之利爲利，而使天下受其利，不以一己之害爲害，而使天下釋其害，此其人之勤勞，必千萬于天下之人。夫以千萬倍之勤勞，而己不享其利，必非天下之人情所欲居也。故古之人君，量而不欲入者，許由、務光是也；入而又去之者，堯舜是也；初不欲入而不得去者，禹是也。豈古之人有所異哉？好逸惡勞，亦猶夫人之情也。」黃氏言君乃是爲天下興公利除公害者，此論具「以天下爲主，君爲客」之精神，見解甚諦，唯將禪讓釋爲出於「好逸惡勞」之倦勤意識，則差矣。

⑭參見牟宗三先生著「政道與治道」（台北・學生書局・民國七十二年再版）第九章「社會世界實體性的律則與政治世界規約性的律則」一文之二。

⑮引自日人竹添光鴻著「論語會箋（上）」（台北・廣文書局・民國六十六年再版），頁二三五。

⑯語見孟子萬章上。

⑰同⑭，頁一三三—一三四。

⑱引自熊十力先生著「明心篇」（台北・學生書局・民國六十八年景印三版），頁一八〇—一八

一。

⑲同⑭，參見第二章「論中國的治道」一文之三。

⑳此章何晏「論語集解」引包氏謂：「德者無爲，猶北星之不移，而衆星共之。」刑昺「論語集解疏」謂：「德者，得也。物得以生謂之德。淳德不散，無爲化淸，則政善矣。」二說大抵偏向道家之「無爲」思想。朱子「四書集註」謂：「政之爲言正也，所以正人之不正也。德之爲言得也，行道而有得於心也。北辰北極，天之樞也，居其所不動也。共，向也，言衆星四面旋繞而歸向之也，爲政以德，則無爲而天下歸之，其象如此。」將「德」釋爲「行道有得於心」，正符孔子之義，然朱子語類卷二十三云：「爲政以德，不是欲以德去爲政，亦不是塊然全無所作爲，但德脩於己，而人自感化，然感化不在政事上，却在德上，蓋政者，所以正人之不正，豈無所作爲？但人所以歸往乃以其德耳，故不待作爲而天下歸之，如衆星之拱北極也。」此將德行與政事打成兩橛，似有未妥。王船山「讀四書大全說」卷四云：「夫子將此擬『爲政以德』者之治象，取類不虛。『爲政以德』而云不動，云無爲，言其不恃賞勸刑威而民自正也。蓋以施於民者言，而非以君德言也。若夫德之非無爲，則與北辰之非不動均也，不顯篤恭之德，原靜存、動察之極功，而況『德之爲言得』者，即『政之爲言正』之意，故言『爲』言『以』。如欲正人以孝，則君必行孝道而有得於心；欲正人以慈，則君必行慈道而有得於心。其以此爲政也，動之於微而未嘗有及於民之事，而理之相共爲經綸、氣之相與爲鼓盪者，以居高主倡，自有以移風易俗而天下動矣。故其不急於動民者，『北辰居其所』之象也；天下共效其

動者，『衆星共』之象也。『居其所』云者，猶言自做自事，無牽帶衆星之事也。北辰即不爲衆星須動之故，而彼亦自不容不運於微。人君即不爲人有不正而須正之故，亦自不容不內脩其德。各脩其所當爲，而星之環繞以動者，自與北辰俱轉，民之自新不已者，自與人君同正。只此乃德之用微，而其化顯。……程子曰『爲政以德，然後無爲』，朱子曰『則無爲而天下歸之』，無爲者，治象也，非德體也。動於微而不動於顯，動於獨而不動於衆，北辰之與君德合者，愼動以不息而已矣。」所論稱詳勝，然似仍未脫朱子之窠臼。人之德行原本內外合一，居家如此，從政亦然，君子既居位，總離不開政事（衆人之事），雖云「自做自事，無牽帶衆星之事」，然於其職位上所施，即皆「動於衆」之政事，豈可謂「動於微而不動於顯，動於獨而不動於衆」也哉？

㉑參見徐復觀先生著「儒家政治思想與民主自由人權」（台北·學生書局·民國七十七年增訂再版）中「孔子德治思想發微」一文之三。

㉒參見謝仲明先生著「儒學與現代世界」（台北·學生書局·民國七十五年初版）第六章「儒學與法律」一文之三「儒家的刑法觀」，頁一四〇—一四四。

㉓見大戴禮記卷二，禮察第四十六。

㉔牟宗三先生語。見所著「歷史哲學」（台北·學生書局，民國七十三年八版）第二部第三章之四，頁一三七。

㉕參見吳瓊恩先生著「儒家政治思想與中國政治現代化—其內在結構關係及轉化發展」（台北·中

央文物供應社・民國七十四年初版」第六章「儒家政治精神與中國民主的前途」一文之五。頁一八三—一八五。

㉖引自錢穆先生著「湖上閒思錄」（台北・東大圖書公司・民國七十七年三版）中「禮與法」一文，頁五六。

㉗同㉑，參見「中國的治道—讀陸宣王傳集書後」一文。

㉘引自王船山著「讀四書大全說」（台北・河洛圖書出版社，民國六十三年台景印初版），卷六，頁三九二。

㉙同㉔，參見第三部第二章第二節。

㉚引自唐・吳兢撰「貞觀政要」（台北・黎明文化事業公司・民國七十八年初版），卷一，「論君道第一」，頁二。

㉛同⑮，下册，頁一〇二三。

㉜參見徐復觀先生著「學術與政治之間」（台北・學生書局・民國六十九年台一版）中「政治上的識與量」一文，頁三二七—三三〇。

㉝程伊川語，見宋・朱熹編，（清・張伯行集解）「近思錄集解」（台北・世界書局・民國七十年三版），卷十，頁二八二—二八四。

㉞參見錢穆先生著「文化與教育」（台北・東大圖書公司・民國六十五年初版）中「政治家與政治風度」一文，頁一二六—一二七。

㉟參見成中英先生著「中國哲學與中國文化」（台北・三民書局・民國七十年再版）中「論孔子的正名思想」一文，並見所著「中國哲學的現代化與世界化」（台北・聯經出版事業公司・民國七十四年初版）中「論孔子的政治哲學與中華文化復興」一文，及所著「知識與價值——和諧、眞理與正義之探索」（台北・聯經出版事業公司・民國七十五年初版）中「論孔子的正義觀」等文。

㊱參見高樹藩編「正中形音義綜合大字典」（台北・正中書局・民國六十六年增訂二版）中「政」字之解說，頁六二三。

㊲語出顧炎武著「日知錄（第二册）」（台北・商務印書館・民國六十七年台一版），二上，「周室班爵祿」，頁四十八。

㊳參見陳立夫先生等著「孔子學說與中華文化」（台北・中央文物供應社・民國六十八年初版）中胡一貫先生之「孔子之民主精神」一文。

㊴同⑮，下册，頁一二二—一二三。

㊵語見熊十力先生著「十力語要」（台北・洪氏出版社・民國七十二年再版），卷四（尊聞錄），頁六六八—六六九。

㊶語出呂氏春秋本生篇。

㊷引自黃俊傑先生主編之「理想與現實—中國文化新論（思想篇一）」（台北・聯經出版事業公司・民國七十一年初版）中劉紀曜先生著「仕與隱—傳統中國政治文化的兩極」一文，頁二九

五—二九六。

㊸同㉕，參見第三章「儒家政治思想之背景特徵及仁政的發揚」一文。

㊹同㉕，參見第六章「儒家政治精神與中國民主的前途」全文。

——鵝湖月刊第二一五、二一六、二一七號・民國八十二年五、六、七月

# 本書徵引書目

1. 十五經古注易讀　鄭玄等注　永康出版社影印
2. 漢書　班固撰　鼎文書局
3. 法言義疏　揚雄撰・汪榮寶疏　藝文印書館
4. 貞觀政要　吳競撰　黎明文化事業公司
5. 二程集　程顥・程頤撰　漢京文化事業公司
6. 朱子語類（百衲本）　黎靖德編　漢京文化事業公司
7. 張載集　張載撰　漢京文化事業公司
8. 四書集注　朱熹撰　世界書局
9. 近思錄集解　朱熹編・張伯行集解　世界書局
10. 詩集傳　朱熹撰　中華書局
11. 盱壇直詮　羅近溪著　廣文書局
12. 讀四書大全說　王夫之撰　河洛圖書出版社
13. 讀通鑑論　王夫之撰　里仁書局

14.宋元學案　黃宗羲撰　華世出版社
15.（重編）明儒學案　黃宗羲撰・李心莊重編　正中書局
16.明夷待訪錄　黃宗羲撰　廣文書局
17.王陽明全集　王陽明著　宏業書局
18.論語正義　劉寶楠撰　世界書局
19.日知錄　顧炎武撰　商務印書館
20.論語會箋（上、下）　竹添光鴻撰　廣文書局
21.禮記今註今譯（上、下）　王夢鷗註譯　商務印書館
22.呂氏春秋探微　田鳳台著　學生書局
23.詩經釋譯　屈萬里撰　文化大學出版部
24.古史辨　顧頡剛編著　明倫出版社
25.新約・舊約全書（聖經）
26.佛教大辭典—卷中　丁仲佑編　新文豐出版公司
27.佛學小辭典　孫繼之編　高雄佛教堂
28.說文解字　許愼撰・段玉裁注　藝文印書館
29.正中形音義綜合大字典　高樹藩主編　正中書局
30.國父全集　孫文著

31. 原儒　熊十力著　史地教育出版社
32. 十力語要　熊十力著　洪氏出版社
33. 讀經示要　熊十力著　洪氏出版社
34. 新唯識論　熊十力著　學生書局
35. 明心篇　熊十力著　學生書局
36. 東西文化及其哲學　梁漱溟著　九鼎出版社
37. 中國人生哲學　方東美著　黎明文化事業公司
38. 中國哲學原論——原道篇　唐君毅著　學生書局
39. 中國哲學原論——導論篇　唐君毅著　學生書局
40. 中國哲學原論——原敎篇　唐君毅著　學生書局
41. 哲學概論（上、下）　唐君毅著　學生書局
42. 人生之體驗（續篇）　唐君毅著　學生書局
43. 中華人文與當今世界（上、下）　唐君毅著　學生書局
44. 中華人文與當今世界補篇（上、下）　唐君毅著　學生書局
45. 道德自我之建立　唐君毅著　學生書局
46. 中國文化之精神價值　唐君毅著　學生書局
47. 文化意識與道德理性（上、下）　唐君毅著　學生書局

48. 中國人文精神之發展　唐君毅著　學生書局
49. 病裏乾坤　唐君毅著　鵝湖出版社
50. 說中華民族之花果飄零　唐君毅著　三民書局
51. 青年與學問　唐君毅著　三民書局
52. 人文精神之重建　唐君毅著　學生書局
53. 心體與性體(一)　牟宗三著　正中書局
54. 圓善論　牟宗三著　學生書局
55. 現象與物自身　牟宗三著　學生書局
56. 道德的理想主義　牟宗三著　學生書局
57. 中國哲學十九講　牟宗三著　學生書局
58. 中國哲學的特質　牟宗三著　學生書局
59. 生命的學問　牟宗三著　三民書局
60. 歷史哲學　牟宗三著　學生書局
61. 政道與治道　牟宗三著　學生書局
62. 靈魂與心　錢穆著　聯經出版社
63. 論語新解　錢穆著　東大圖書公司
64. 孔子與論語　錢穆著　聯經出版社

65.雙溪獨語　錢穆著　學生書局
66.湖上閒思錄　錢穆著　東大圖書公司
67.歷史與文化論叢　錢穆著　東大圖書公司
68.中國歷史研究法　錢穆著　東大圖書公司
69.中國歷史精神　錢穆著　東大圖書公司
70.文化與教育　錢穆著　東大圖書公司
71中國人性論史（先秦篇）　徐復觀著　商務印書館
72.中國文學論集　徐復觀著　學生書局
73.中國藝術精神　徐復觀著　學生書局
74.學術與政治之間　徐復觀著　學生書局
75.儒家政治思想與民主自由人權　徐復觀著　學生書局
76.儒家思想—性情之教　程兆熊著　明文書局
77.中國哲學的現代化與世界化　成中英著　聯經出版社
78.知識與價值—和諧、眞理與正義之探索　成中英著　聯經出版社
79.中國哲學與中國文化　成中英著　三民書局
80.道德與道德實踐　曾昭旭著　漢光文化事業公司
81.論語的人格世界　曾昭旭著　尚友出版社

82. 且聽一首樵歌　曾昭旭著　漢光文化事業公司
83. 王船山哲學　曾昭旭著　遠景出版社
84. 性情與文化　曾昭旭著　時報文化事業公司
85. 孔子學說與中華文化　陳立夫等著　中央文物供應社
86. 國史要義　柳詒徵著　中華書局
87. 歷史的理念　柯林烏著（陳明福譯）　桂冠圖書公司
88. 歷史哲學　黑格爾著（王造時譯）　里仁書局
89. 精神現象學　黑格爾著（賀自昭・王玖興譯）　里仁書局
90. 倫理與政治之整合與運作　黃奏勝著　中央文物供應社
91. 儒學與現代世界　謝仲明著　學生書局
92. 孔學抉微　王甦著　黎明文化事業公司
93. 現實與理想—中國文化新論（思想篇一）　黃俊傑主編　聯經出版社
94. 儒家政治思想與中國政治現代化—其內在結構關係及轉化發展　吳瓊恩著　中央文物供應社
95. 中國文化論文集(四)　東大哲學系主編　東海大學出版部
96. 孔孟學報第六期、第五十二期　孔孟學會主編　孔孟學會
97. 孔孟月刊第二十三卷第十期　孔孟學會主編　孔孟學會

# 本書徵引論語原文篇章索引

國立中央圖書館出版品預行編目資料

儒家的生命情調：論語義理論叢／戴朝福著.--初版，
--臺北市：臺灣學生，民82
面；　公分.--(中國哲學叢刊；36)
參考書目：面
含索引
ISBN 957-15-0558-7 (精裝). ISBN 957-15-0559-5 (平裝)

1.論語-批評,解釋等

121.227　　82005985

儒家的生命情調（全一冊）
——論語義理論叢

著作者：戴朝福
出版者：臺灣學生書局
發行人：丁文治
發行所：臺灣學生書局
臺北市和平東路一段一九八號
郵政劃撥帳號〇〇〇二四六六八號
電話：三六三四一五六・三六三三〇九七
傳眞：(〇二)三六三六三三四
本書局登記證字號：行政院新聞局局版臺業字第一一〇〇號
印刷所：淵明印刷廠
地址：永和市成功路一段43巷五號
電話：九二八七一四五
香港總經銷：藝文圖書公司
地址：九龍偉業街九十九號連順大厦五字樓及七字樓
電話：七九五九五九五
定價　精裝新臺幣三〇〇元
　　　平裝新台幣二四〇元

中華民國八十二年八月初版

12029


ISBN 957-15-0558-7 (精裝)
ISBN 957-15-0559-5 (平裝)

㉑道墨新詮　光　晟 著
㉒中國心性論　蒙培元 著
㉓管子思想研究　徐漢昌 著
㉔譚嗣同變法思想研究　王　樾 著
㉕明清之際儒家思想的變遷與發展　林聰舜 著
㉖張載哲學與關學學派　陳俊民 著
㉗道教新論　龔鵬程 著
㉘儒釋道與中國文豪　王　煜 著
㉙帛書老子校注析　黃　釗 著
㉚中國古代崇祖敬天思想　王祥齡 著
㉛黃老學說與漢初政治平議　司修武 著
㉜近思錄詳註集評　陳榮捷 著
㉝老莊研究　胡楚生 著
㉞莊子氣化論　鄭世根 著
㉟韓非之著述及思想　鄭良樹 著
㊱儒家的生命情調　戴朝福 著